"一带一路"建设背景下
中国新疆—中亚跨境农产品供应链
运行模式与路径研究

李凤 苏洋 张晟义 刘春华 著

西南财经大学出版社
Southwestern University of Finance & Economics Press
中国·成都

图书在版编目(CIP)数据

"一带一路"建设背景下中国新疆—中亚跨境农产品供应链运行模式
与路径研究/李凤等著.—成都:西南财经大学出版社,2023.5
ISBN 978-7-5504-5591-7

Ⅰ.①—… Ⅱ.①李… Ⅲ.①丝绸之路—经济带—农产品—供应
链管理—研究—中国②丝绸之路—经济带—农产品—供应链管理—
研究—中亚 Ⅳ.①F752.736

中国版本图书馆 CIP 数据核字(2022)第 202957 号

"一带一路"建设背景下中国新疆—中亚跨境农产品
供应链运行模式与路径研究
"YIDAIYILU" JIANSHE BEIJING XIA ZHONGGUO XINJIANG—ZHONGYA KUAJING NONGCHANPIN
GONGYINGLIAN YUNXING MOSHI YU LUJING YANJIU

李凤　苏洋　张晟义　刘春华　著

策划编辑:王甜甜
责任编辑:李特军
责任校对:陈何真璐
封面设计:何东琳设计工作室
责任印制:朱曼丽

出版发行	西南财经大学出版社(四川省成都市光华村街55号)
网　　址	http://cbs.swufe.edu.cn
电子邮件	bookcj@swufe.edu.cn
邮政编码	610074
电　　话	028-87353785
照　　排	四川胜翔数码印务设计有限公司
印　　刷	郫县犀浦印刷厂
成品尺寸	170mm×240mm
印　　张	15
字　　数	280 千字
版　　次	2023 年 5 月第 1 版
印　　次	2023 年 5 月第 1 次印刷
书　　号	ISBN 978-7-5504-5591-7
定　　价	88.00 元

参与人员

（按照姓氏拼音字母排序）

陈雪静　程春龙　郭烨锋　李孟琪　刘　通
舒　芹　谢亚红　谢亚燕　徐敬文　徐媛媛
熊媛媛　张　璐　赵珊珊

前　言

自 2013 年习近平总书记提出"一带一路"倡议以来，中亚国家积极响应，中国新疆与中亚国家农业合作的层次进一步提升。新疆农产品对外贸易取得了显著的发展，据乌鲁木齐海关统计，截至 2020 年年底，新疆果蔬产品进出口总额达到 15.7 亿美元。提升农业发展质量及对外经济合作水平，已成为改善民生、助农增收、推动乡村振兴，进而助力新疆社会稳定和长治久安的重要抓手，对新疆丝绸之路核心区建设意义重大。展望未来，在丝绸之路经济带建设不断推进的背景下，中国新疆—中亚跨境农产品供应链所面临的外部环境将得到巨大改善，以政策沟通、设施联通、贸易畅通、资金融通、民心相通为重点内容的建设，将使得农产品供应链的稳定性显著提高。不仅如此，供应链各主体之间的合作意愿、关系资本、利益预期等也将得到提升。

但是，从宏观层面看，新疆对外农业合作中仍然存在农产品贸易结构不合理、农业投资分散、农业技术扩散不足、农业技术转化速度慢及适应性差等问题。新疆农业对外经济发展更多的是在贸易领域，而如何从农业产业全局出发，构建全方位的农产品供应链体系是摆在当前的一个重要问题。从运营管理层面看，新疆农业发展存在出口基地建设滞后、备案基地数量减少、农产品商品率低、跨境企业实力较弱、跨境主体间合作不稳定、农产品物流损耗大、跨境供应链构架不合理、供应链运行效率偏低等问题。目前，跨境农产品供应链作为我国农产品供应链参与全球贸易经济产业分工及竞争的重要工具，已成为实现我国农业产业转型升级的基础性、服务性、组织性载体，对我国农产品进出口的影响与日俱增。

就新疆丝绸之路经济带核心区建设而言，随着我国经济向高质量发展转型，农产品国际市场竞争加剧，如何提升新疆—中亚农产品供应链绩效，已成为当前迫切需要解决的问题。从理论界研究现状看，目前的农产品供应链研究领域，一方面，对于跨境农产品供应链运营管理问题的关注还比较少；另一方面，缺乏对新疆及中亚国家农业资源禀赋、农产品供需差异、农业投资环境等方面客观数据的系统整理和深入剖析，特别是不能有效地把这些数据运用于跨境农产品供应链构架及运营模式决策方面。理论研究滞后于产业实践，难以对跨境农产品供应链的发展和完善提供有效的指导。因此，本书的研究拟提出新疆—中亚跨境农产品供应链的推进难点和改善措施，以期为实践提供理论参考。

基于此，本书的研究聚焦"一带一路"建设背景下中国新疆与中亚国家跨境农产品供应链运行模式及路径等关键性问题，主要从以下几个方面展开研究：

一是在前期对中国新疆与中亚国家农业资源禀赋差异性探析的基础上，利用中亚各国农产品生产供给数据资料，从生产总量和人均生产量等角度对各国的农产品生产效率进行 DEA 分析。

二是根据各国的消费特征和人均主要农产品消费量，对中亚国家农业消费水平进行评价，并基于对人口增长等的大数据分析，对各国农产品需求情况进行精准预测，然后通过中亚各国农产品供需差额判断出中亚各国的农产品供需缺口，寻找中国新疆与中亚国家农产品供需的异同点。

三是从政治环境、经济发展、对外开放与市场化、公共服务、物流水平、农业生产要素等方面分析中亚国家农业投资环境现状；构建中亚国家农业投资环境评价指标体系，运用 RCA 指数衡量中亚国家农业投资环境竞争力，对比分析各国农业投资环境的优劣。

四是对新疆果蔬出口贸易结构、出口区域、贸易方式进行深入分析，选择山东、四川、湖北三个果蔬大省作为参照对象，借助熵值法构建果蔬产品出口竞争力综合评价指标，对 2012—2020 年新疆果蔬产品出口贸易进行纵向时间序列比较和横向省际比较，剖析了制约新疆果蔬产品出口的因素。

五是对新疆—中亚跨境农产品供应链发展环境与现状进行分析。本书的研究首先运用 SWOT 分析法对新疆跨境农产品供应链发展环境进行探讨；其次对新疆跨境农产品供应链发展现状进行梳理；最后对当前新疆—中亚跨境农产品供应链中存在的问题进行归纳总结。

六是对"一带一路"倡议下中国—中亚"五通"进展与指数进行评价。从政策沟通、设施联通、贸易畅通、资金融通、民心相通五个方面对中亚国家"五通"进展情况进行综合分析，构建"五通"评价指标体系，对"一带一路"倡议下中国—中亚"五通"指数进行评价分析。

七是对中国新疆—中亚跨境农产品供应链绩效进行评价。本书的研究选取新疆具有代表性的 20 家跨境农产品出口企业为研究对象，从物流指标、通关指标、运营指标、合作稳定性四个方面构建供应链绩效评价指标体系，运用专家打分法、层次分析法进行实证评价。

八是对丝绸之路经济带背景下中国新疆——中亚跨境农产品供应链运行模式进行设计。根据前文分析结果，首先提出丝绸之路经济带背景下中国新疆——中亚跨境农产品供应链运行模式的前提假设；其次，提出丝绸之路经济带背景下中国新疆——中亚跨境农产品供应链运行模式的总体目标；再次，指出中国新疆——中亚跨境农产品供应链运行模式设计的基本思路；最后，给出丝绸之路经济带背景下中国新疆——中亚跨境农产品供应链运行模式的设计结果，包括供应链模式（集成式、独立式）框架的设计和中间环节的优化，对当前较为普遍的跨境农业龙头企业主导、出口基地主导、口岸主导和跨境电商四种模式进行详细探讨。

九是从基础设施、供应链主体、流通标准、专业技术人才和体系建设等方面提出丝绸之路经济带背景下中国新疆——中亚跨境农产品供应链的发展路径。

本书主要得到以下结论：

一是中亚国家果蔬产品供需缺口较大，各国差异明显。哈萨克斯坦蔬菜与水果供给大量依赖国外进口，中国与其合作具体可以从反季节蔬菜、苹果、香蕉、红枣和葡萄市场入手；乌兹别克斯坦的大部分蔬菜和水果能够做到自给自足，并没有过多市场剩余空间，但在橙子、西柚、香蕉、菠萝和海枣市场存在一定的供给缺口；吉尔吉斯斯坦的西红柿等蔬菜，以及柠檬、酸橙、苹果、菠萝、海枣、橙子、香蕉、葡萄等水果的市场存在一定供给缺口；塔吉克斯坦目前的蔬菜市场没有出现供需缺口，但供给量在逐年下降，在未来几年可能会出现潜在的市场需求，在水果方面香蕉和苹果市场不能做到自给自足，依赖国外进口；土库曼斯坦的洋葱、橙子、苹果出现明显供需缺口，具有较大市场潜力。

二是新疆农产品出口竞争力呈稳步上升态势，但与山东、四川、湖北三个农业大省相比优势不明显。从综合竞争力指数来看，2012—2020 年，得益于丝绸之路经济带核心区建设和外向型农业的快速发展，新疆果蔬产品出口竞争力呈稳步上升态势。综合来看，与果蔬大省山东、四川、湖北相比，新疆果蔬产品出口竞争力位居第三位，仅高于湖北，且自 2018 年以来，新疆果蔬产品出口竞争力指数与其他三省逐渐拉开差距，并开始被湖北赶超。

三是中亚五国"五通"指数进展总体情况较好，但各国差异较大。哈萨克斯坦与吉尔吉斯斯坦为快速推进型；塔吉克斯坦与乌兹别克斯坦仍处于逐步拓展型；土库曼斯坦属于有待加强型。中亚五国的国别合作度排名基本保持稳定，哈萨克斯坦得分 75.92 分，排名位列第一，土库曼斯坦排名最靠后。其中，塔吉克斯坦、乌兹别克斯坦以及土库曼斯坦的国别合作指数明显低于中亚五国国别合作度指数的平均分54.586，且与上一年同期相比，中亚五国除吉尔吉斯斯坦外，国别合作度指数均有一定程度的下降。

四是新疆与中亚的吉尔吉斯斯坦、乌兹别克斯坦、哈萨克斯坦等国农产品贸易处于潜力再造状态，需要保持现有积极因素，同时发展和培育其他促进贸易发展的因素；新疆对土库曼斯坦、塔吉克斯坦等国农产品贸易处于潜力挖掘状态，说明双方的农产品贸易还不足，还有合作拓展的空间。

五是新疆—中亚跨境农产品供应链绩效评价综合得分为0.370分，等级得分为2，属于一般水平，发展潜力较大。其中，运营指标是最重要的因素，权重为0.42；物流指标占第二位，权重为0.28；合作稳定性占第三位，权重为0.22；通关指标占第四位，权重是0.08。

六是跨境农产品供应链运行模式选择评价指标分为三个层次：一级指标（目标层）为供应链运行模式选择，二级指标（主准则层）有3个，分别为自身实力、供应链成本以及农产品质量绩效，三级指标（子准则层）有7个，分为自身规模与实力、供应链管理能力、供应链协调成本、供应链功能成本、农产品出口标准、农产品出口资质以及ISO9000系列认证。

七是从加强出口农产品生产基地的建设、强化供应链战略合作伙伴的协作、优化物流系统、实行标准化生产、扩大农产品贸易规模、优化农产品贸易结构等方面提出实现路径，以期为新疆跨境农产品供应链高质量发展提供决策参考。

李凤

2023 年 3 月

目　录

引　言

随着经济全球化的深入发展，全球化生产运作和消费方式的多样化以及运输与信息技术的快速发展，推动了生产、贸易和投资全球经济系统的形成与发展。在其推动下，国际贸易持续繁荣，占全球生产总值的比重已接近20%，国内供应链延伸成为一个全球性的供应链。

跨境农产品供应链作为我国农产品供应链积极参与全球农业产业运行的重要工具，促使我国农业产业转型升级，为实现农业转型升级提供了具有基础性、服务性、组织性的载体，对加快我国农产品进出口有重要意义。不同于国内农产品供应链的是，跨境农产品供应链涉及的环节更多，订单的交付时间更长，因此不确定性因素增多，供应链的稳定性经常受到外部因素的影响。尤其在"9·11"事件之后，恐怖袭击的威胁使得世界各国对进口货物加大了检查力度，并开展了一系列的供应链安全项目，导致进口货物通关时间有所延长，这对于易腐易坏、更注重时间效率的农产品贸易是非常不利的。此外，农产品与其他产品相比，拥有更为严格的流通标准和贸易壁垒，使得跨境农产品供应链与其他产品的供应链有较大的差别，因此跨境农产品供应链成为政府、企业、学术界共同关注和探讨的热点问题。

2013年9月，习近平主席在出访中亚国家期间，提出共建"丝绸之路经济带"的重大倡议，提出希望通过政策沟通、设施联通、贸易畅通、资金融通、民心相通的措施，促使中亚地区合作的蓬勃发展。"丝绸之路经济带"倡议的提出为国内外的发展提供了方案，不仅得到了国内各省份的积极响应和支持，而且沿线各国也积极参与。

本书所研究的中亚指中亚地区的哈萨克斯坦、乌兹别克斯坦、吉尔吉斯斯坦、塔吉克斯坦、土库曼斯坦五国。中亚地区作为欧亚大陆中心地带，自古以来便是陆上商业贸易路线——古丝绸之路的必经之地。同时，中亚是丝绸之路经济带向西延伸的域外起点，也是丝绸之路经济带的核心地带。目前，中国已同中亚国家建立了战略伙伴关系，这在中国周边外交中是绝无仅有的。共建

"丝绸之路经济带"的共识均已载入多方共同签署的宣言和声明等政治文件中。中国还同哈萨克斯坦、塔吉克斯坦、吉尔吉斯斯坦先后签署了共建"丝绸之路经济带"双边合作协议。哈萨克斯坦、塔吉克斯坦及土库曼斯坦提出的国家发展战略都与"丝绸之路经济带"战略有共通之处，这使得双方合作具有良好的政治基础。

新疆位于中国与中亚、西亚、东欧等区域陆上互联互通的前沿和门户，与中亚国家接壤；同时，新疆是我国传统的农业大区。长期以来，中国新疆与中亚国家跨境农产品贸易规模日趋扩大，2014—2018年，新疆农产品进出口总额从51.64亿元增长到63.75亿元，年均增长8.80%。进出口总额保持双增长，出口额在2018年达到38.93亿元，较2014年增长6.24亿元；进口额在2018年达到24.82亿元，较2014年增长5.89亿元。贸易一直保持着顺差的优势，顺差均维持在10亿元以上，出口成为近几年新疆农产品贸易增长的主要动力。新疆出口的农产品主要是干鲜果及其制品、蔬菜及其制品，进口的农产品主要是粮食、植物油、油料、皮毛、棉花。可以说，新疆与中亚跨境农产品贸易不仅量大，而且品种多、涉及面广。

在"丝绸之路经济带"建设的战略背景下，中国新疆—中亚跨境农产品供应链所面临的外部环境将得到巨大改善，政策沟通、设施联通、贸易畅通、资金融通、民心相通五大重点内容的建设，将使得新疆—中亚跨境农产品供应链的稳定性得到巨大提高。不仅如此，供应链各主体之间的合作意愿、关系资本、利益预期等都将得到提高。可以判断，未来一段时期，"丝绸之路经济带"建设将使得新疆—中亚农产品供应链建设的重点从过去注重供应链稳定性转变为注重供应链绩效，从而对当前新疆—中亚跨境农产品供应链提出了更高要求。但目前对于农产品供应链的研究还比较少，理论研究滞后于产业实践，难以对跨境农产品供应链的发展和完善提供有效的指导。因此，本书拟提出新疆—中亚跨境农产品供应链的推进难点和改善措施，以期为实践提供理论参考。

1 国内外研究现状及相关概念界定

1.1 国内外研究现状

工业品供应链作为农产品供应链的研究基础，为现阶段的农产品供应链的相关概念界定提供了借鉴。概念内涵、稳定性、绩效评价、供应链风险、生鲜供应链等是现阶段工业品供应链的研究热点。

文献查阅结果表明，目前有关农产品供应链的相关研究已比较丰富，但有关跨境农产品供应链的研究还有较大空白。国外比较有代表性的研究主要是解释"跨境生鲜食品供应链""跨境农业供应链"等概念，这些概念由 Van Roekel 于 2007 年相继提出。国内则以罗必良（2012）和隋博文（2016）的研究为代表。然而国内现有研究仍集中于构成农产品供应链理论的稳定性、联盟绩效（主要是对绩效进行评价）、供应链优化（结构和流程优化）三个方面（吴孟霖，2015；常冉，2013），因此，本书将主要从这三个方来梳理学者们的研究。农产品供应链相关文献检索如表 1-1 所示。

表 1-1 农产品供应链相关文献检索

英文关键字	篇数/篇	中文关键词	篇数/篇
supply chain	587 246	供应链	252 315
food supply chain	184 002	农产品供应链	4 701
agricultural supply chain	108 488	跨境供应链	1 698
agri-supply chain	7 762	跨境 & 供应链	1 614
agribusiness supply chain	2 412	跨境农产品供应链	52

表1-1(续)

英文关键字	篇数/篇	中文关键词	篇数/篇
food and agriculture supply chains	74 027	农产品贸易	11 209
cross border supply chain	26 555	跨境电商	10 869
cross border agricultural products supply chain	5 965	跨境物流	1 922
cross border agricultural supply chain	7 076		
trade of agricultural products	111 220		
cross-border e-commerce	6 449		
cross border logistics	5 920		

注：文献来源于 Science Direct 数据库和知网（CNKI）数据库检索，文献截至 2021 年 3 月 23 日。

1.1.1 关于农产品供应链内涵的研究

农产品供应链的概念来自国外。1996 年，Zuurbier 首次提出食品供应链（food supply chain）的概念，之后有学者相继提出"农业供应链""农业综合供应链"及"食品和农业供应链"等概念性描述；国内学者对有关农产品供应链的研究相对较晚，形成了农产品供应链概念体系，主要包括农产品供应链、涉农供应链、农业供应链、农产食品供应链、农业综合企业、农产品物流网络、农产品物流体系等多种概念。冷志杰（2007）将这些概念统称为农产品供应链，这些概念均是根据产品自身特征和不同的研究角度而给出的。

表 1-2 农产品供应链概念内涵研究

研究主题	主要构成	研究内容	主要观点	代表人物
农产品供应链概念内涵	农产品供应链概念称谓	国外	国外称谓有"food supply chain""agricultural supply chain""agri-supply chain""agribusiness supply chain"及"food and agricultural supply chains"等概念性描述等	Zuurbier（1996）等
		国内	国内称谓有农产品供应链、涉农供应链、农业供应链、农产食品供应链、农产综合企业、农产品物流网络、农产品物流体系等多种概念	冷志杰（2007）
	农产品供应链概念界定	战略联盟角度定义	对农产品从原料供应到最终销售的所有环节中参与者的关系的管理，具体可以表现为纵向一体化及横向一体化两种战略联盟形态	Johnson，Hofman（2004）
		链状结构	将农产品供应链定义为一个链状结构，主要包括生产资料供应环节、农产品种植生产环节、农产品加工增值环节、农产品分销流通环节以及最终的产品终端销售环节	王宇波（2004）
		网状结构	将农产品供应链定义为上下游所有成员组成的网络结构	刘秀玲（2006）；冷志杰（2007）；胡莲（2008）；游军（2009）
		完备体系结构	基于信息化平台重构农产品供应链中渠道、组织、服务和监管	赵晓飞（2009）
		产品属性角度	主要从易腐烂、周期长、受自然环境影响的产品属性角度，区域性、季节性、分散性的生产角度，以及其生活必需品、消费普遍且弹性小的消费角度三个方面来体现	李彩凤（2009）
		供应链直接对比	主要从供应链成员构成、流通品种数量、流通条件要求、供应链环节体系协调、资产专用性、市场不确定性和供应链稳定性等角度来分析其与工业品供应链的差异。	沈厚才、陶青（2005）

1.1.2 关于农产品供应链稳定性的研究

根据研究的侧重点和研究方向等的不同，将有关农产品供应链稳定性的现有研究成果划分成以下两类：一类是用定性与定量研究法对农产品供应链稳定性的概念、特点等方面的研究；另一类则是探讨供应链主体间利益分配情况、合作行为等对农产品供应链稳定性的影响。

1.1.3 关于农产品供应链绩效的研究

随着供应链管理的不断完善发展，国内外研究学者和企业管理人员逐渐提升了对供应链管理的重视程度，研究内容与方向亦不再局限于企业内部管理和绩效，企业所在的供应链上下游的整体绩效成为新的研究热点。而农产品供应链绩效的研究通常是借鉴一般供应链绩效的相关成果，结合农产品供应链的运作实际，对农产品供应链绩效进行评价（房丽娜、郭静，2016）。农产品供应链的绩效评价和绩效的影响因素成为主要的研究内容。

学者们主要从两个方面着手对农产品供应链绩效评价进行了研究。一方面是如何确定农产品供应链绩效评价体系；另一方面是如何选择农产品供应链绩效评价方法。

影响农产品供应链绩效的因素中，出现频率较多的为合作关系稳定性、供应商行为、利益分配、承诺与信任、政策、努力水平和剩余系数等。许多学者通过研究已经证实这些因素的确对供应链绩效有比较显著的影响。由于目前这方面的研究内容比较宽泛，尚没有形成一个固定的、统一的理论框架。

1.1.4 关于农产品供应链组织模式的研究

1.1.4.1 关于农产品供应链组织模式设计的研究

国内外学者针对农产品供应链的组织模式进行了相对广泛的探讨，但在研究内容的侧重点上差异较大。国外学者更多地从纵向协作的维度对农产品供应链组织模式进行探讨，特别是对"公司（加工、零售）+农户"这种典型的农业垂直协作模式进行了相对丰富的定性研究（Morrison et al.，2006；Oya，2012）、实证研究（Bellemare，2012；Morrison et al.，2006）和案例研究（Raynolds，2002）。国内学者从我国国情出发，依据农产品供应链核心组织的类型及在供应链中所处的地位，把农产品供应链运作模式分成以龙头企业主导型、批发市场主导型、超市主导型、物流企业主导型、农民合作组织主导型以及电子商务等模式。关于农产品供应链组织模式设计的研究如表 1-3 所示。

表 1-3　关于农产品供应链组织模式设计的研究

研究主题	主要内容	主要观点	代表人物
农产品供应链组织模式	龙头企业主导型模式	龙头企业主导模式是农产品加工（流通）企业通过与农户的契约安排，规定了产品的生产数量、价格、质量、交易时间以及各方在产品生产过程中的责任与义务等，将分散经营的农户组织起来，通过区域化布局、专业化生产和一体化经营，实现生产、加工和销售的一条龙服务，为产品在农户与市场乃至与消费者之间进行流通的一体化模式	Raynolds（2002）；Morrison et al.（2006）；Oya（2012）；Bellemare（2012）；陈超（2002）；谭涛、朱毅华（2004）；陈敏（2010）；朱艳新、黄红梅（2011）；张敏（2014）
	批发市场主导型模式	批发市场主导型模式是由批发市场作为连接上游生产者和下游流通企业或消费者的核心，实现农产品有效供应的模式	邓俊淼（2006）；陈小霖、冯俊文（2007）；李季芳（2007）；韩耀、杨俊涛（2010）；陈敏（2010）；朱艳新、黄红梅（2011）
	超市主导型模式	超市主导型模式是农户与供应链终端的超市之间达成协议，建立一种长期的、稳定的供应一定品种、数量、规格的农产品的流通模式，是通过生产者与零售商直接对接的方式获得合理收益的模式	Alvarado，Charmel（2002）；邓俊淼（2006）；Hanf（2008）；Neven，Reardon（2008）；陈敏（2010）
	物流企业主导型模式	物流企业主导型模式是以物流中心为核心，在供应链各节点间建立一种战略伙伴关系，联结供应链上下游环节，使从生产者、物流企业、分销商、零售商到最终顾客的工作流、物流、信息流和资金流在整条供应链中畅通无阻，实现整条供应链资源的优化配置，实现价值增值的模式	杨学义（2011）；谭涛、朱毅华（2004）
	农民合作组织主导型模式	农民合作组织指在家庭承包经营的基础上，农民为了共同的经济利益，在生产技术、资金、购销、加工、储运等环节，按照入社自愿、退社自由、民主管理的原则组建，实行独立核算、自负盈亏的互助性经济组织，为社员提供批量农业生产资料的购买和规模经营，从而降低交易成本，提高竞争能力，适应市场经济条件下农业生产社会化和现代化的需求	罗恋（2010）；朱艳新、黄红梅（2011）
	电子商务模式	电子商务模式是农产品经营企业在确定细分市场和目标顾客之后，通过企业内部特定的组织结构和在价值网中的定位，运用网络信息技术与价值网上的各合作成员整合相关的流程，最终满足顾客的需要，并给企业带来利润的模式	谭晓林、谢伟（2010）；魏来（2011）；于宏新（2010）；杨芳（2011）；陈汇才（2011）；赵晓飞（2012）；王静（2012）；韩剑鸣（2013）；孔令夷（2013）

1.1.4.2 关于农产品供应链设计与优化策略的研究

供应链的设计与优化是进行供应链研究的最终目的。国内外学者就供应链的设计与优化进行了广泛的研究，给出了诸多供应链设计与优化的方法，并越来越多地利用从现实中抽象建立数学模型及相关算法去解决问题和利用计算机相关软件进行仿真分析论证的方法，将现代信息技术（互联网、物联网、大数据、区块链、人工智能等）应用于农产品供应链的研究使得供应链更有效率、更加智能化。

1.1.5 关于跨境农产品供应链的研究

国内外学者对跨境农产品供应链的概念的提出相对较晚，一般认为如果农产品供应链的地理（空间）界限跨越了边境或国界，就视其为发生了跨境视角的农产品供应链。国外研究学者 Van Roekel 等于 2007 年最早提出了"跨境生鲜食品供应链""跨境农业供应链"等概念。国内则主要以罗必良和隋博文的研究为代表。跨境农产品供应链概念内涵研究概况见表 1-4。

总体来看，我国跨境农产品供应链的发展尚处于起步阶段，不管是理论还是实践，发展相对滞后，研究也还比较浅显。当前我国农产品跨境物流的理论研究主要集中于概念、流通模式与流通主体、发展状况以及政策建议等宏观层面。

表 1-4 跨境农产品供应链概念内涵研究概况

研究主题	主要内容	主要观点	代表人物
跨境农产品供应链概念内涵	基本概念	跨境农产品供应链是围绕进出口农产品展开信息流、物质流、资金流的运作，将生产（种植或养殖）、加工储运、分销等环节的参与成员连接而成的一个具有利益关系和整体功能的网络	Van Roekel（2007）；隋博文（2016）
	主要类型	跨境农产品供应链的主要类型有物流园区主导型供应链、仓储基地主导型供应链、农产品出口企业主导型供应链、国际物流公司主导型供应链、口岸主导型供应链、批发市场主导型供应链、电商平台主导型供应链七种	隋博文（2016）

表1-4(续)

研究主题	主要内容	主要观点	代表人物
理论框架体系	关系稳定性、联盟绩效与跨境农产品供应链优化	跨境农产品供应链关系稳定性因素分为承诺与信赖、联盟预期、关系资本及利益分享四个方面。 联盟绩效评价测度分为财务绩效、运营绩效、绿色绩效三个方面。 供应链优化维度分为结构和流程两个方面	隋博文（2017）

1.1.6 关于中国新疆与中亚国家农业合作的研究

"丝绸之路经济带"是具有全球视野的战略倡议，自被提出后，得到了沿线国家的普遍响应，并且在上海合作组织成员国元首理事会上达成共识。此后，沿线国家和国内省市积极响应，纷纷举办高层论坛，制订一揽子计划，共谋丝绸之路经济带的发展大计。

受"一带一路"倡议的带动，依托地域优势和特色，中国新疆与中亚国家的农业合作在跨境区域合作中逐渐成为亮点与热点，其中农业合作主要指的是不同地域间依托农产品贸易、农业投资、农业科技交流合作等多样方式，确保各国在充分发挥自身竞争优势的基础上，最大限度地提高国内资源配置整体效益，从而促使国内与国际接轨，提升自身农业生产、交换、消费的国际水平，从而促使世界范围内农业资源的合理优化配置，提高农业资源利用率，实现资源和产品在国际市场上的双向流动。

随着丝绸之路经济带热点聚焦，关于这方面的研究迅速展开，研究内容从内涵界定、区域划分、战略构想逐步拓展到可行性分析、区域合作模式探讨，进而延伸至我国相关地区在经济带建设中的战略定位与设计。朱显平、邹向阳（2006）在国内最早提出丝绸之路经济发展带概念；胡鞍钢、马伟等（2014）对丝绸之路经济带的战略内涵和定位进行了解析，并提出了丝绸之路经济带的战略设计；丁晓星（2014）从全球视野、交通联动、战略倡议、合作方式与前景展望五个方面对丝绸之路经济带的战略性与可行性进行了分析；王保忠、何炼成等（2013）从交通、能源等八大方面提出了丝绸之路经济带一体化战略路径，并指出实施重点与优先方向；孙壮志（2014）就丝绸之路经济带的区域合作模式进行了探讨；李金叶、舒鑫（2013）对新疆在丝绸之路经济带建设中的定位和着力点进行了探讨；秦放鸣、孙庆刚（2013）提出了新疆在丝绸之路建设中的定位和选择；唐立久、穆少波（2014）提出新疆"丝绸之路经济带核心区"战略定位和实现路径。高志刚、杨习铭（2019）以霍尔果斯经济开发区为例，提出了打造"丝绸之路经济带"特色商圈的构想。石岚（2020）基于中国新疆与中亚国家农业在生产、投资和贸易三大领域合作的总结分析，就双方目前合作的基础、现状、方式、取得的成绩等展开深入研究，指出了当前双方合作存在的问题，提出了打造农业合作示范区以加强双方未来农业合作。部分学者的研究重点集中在广泛探讨中国新疆与中亚国家农业合作的影响因素，并给出了诸多推动双边农业合作的方法，提出了"互联网+"农产品模式及中亚农业科技合作的路径（朱新鑫，2017）。就推动中国新疆与中亚国家农业合作的"互联网+"农产品贸易，有关学者探讨了"互联网+"农产品贸易所存在的问题，并提出了相应的政策建议（阿布都瓦力·艾百，2017）。

总体来看，目前的研究极大地丰富了关于丝绸之路经济带建设的相关研究，但主要停留在宏观战略定位层面，研究具体领域或产业合作的文献相对较少，王晓鸿（2019）、蒿红可（2019）、蔡青青（2019）等学者分别就文化、物流、金融、能源合作等方面进行了相对深入的探讨，但这方面的研究着实有限，针对农业这一新疆传统优势产业对外合作的探讨仍然不足。

1.1.7 文献述评

从现有文献来看，学者们对跨境农产品供应链的研究比较宏观，需要进一步细化和深入，可以从以下三个方面来深化研究：

（1）研究范围方面。学界对于跨境农产品供应链的探讨还非常有限，只是近几年才开始关注跨境农产品供应链的相关问题，已有的研究主要是从农产品贸易、跨境电商、跨境物流等角度来探讨，这些问题虽然都与跨境农产品供应链息息相关，但毕竟是相互独立的研究内容且对跨境农业投资的研究较少。因此加强对跨境农产品供应链的研究很有必要。

（2）研究视角方面。已有的研究中，学者们对于农产品供应链发展影响因素的研究主要从内部因素着手，主要考虑链条上各主体行为选择对供应链的影响，而对于政策、市场环境等外部环境的影响探讨不足。笔者认为，这可能是由于农产品供应链的研究都是以某一国为外部条件，这就暗含了不同农产品供应链所面对的外部政策环境或营商环境基本一致，即外部政策环境的影响恒定为1。但是，由于涉及跨境的问题，不同国家的政策环境、营商环境一般会有较大差别，特别是中国新疆—中亚这一区域，区情差异比较大，供应链运行中所面临的是多个国家的外部约束，这种情况下，跨境农产品供应链中各厂商的行为表现和策略选择会同国内农产品供应链有较大差异，传统农产品供应链研究中所得出的一些结论很难有效地用来指导新疆—中亚跨境农产品供应链中的厂商行为。因此关注影响农产品供应链发展的外部因素非常重要。

（3）研究方法方面。对于中国新疆与中亚国家的农业合作的研究，学者们主要采用定性分析对双边合作的制约因素进行分析，而定量研究相对较少，可能导致研究结论不准确或不科学。因此，在研究方法上应更多使用定量分析法来提高研究结论的可参考性。

1.2 相关概念界定

1.2.1 跨境农产品供应链

围绕整个链条上的核心企业，对信息流、物流以及资金流加以控制，以采购原材料这一环节为开端，通过加工环节，生产出中间以及最终产品，最后经销售网络将产品送到消费者手中，在这一系列过程中，参与的主体如供应商、制造商形成了一个整体的功能网链结构（马士华，2010）。农产品供应链的形成离不开农产品，其主要包括生产资料供应、农产品生产、农产品加工、农产品流通（包括批发和零售）、农产品消费等环节，上述环节环环相扣形成了供应链结构，该结构又并非单独存在，还受到其他因素的影响（陈静，2019）。

农产品供应链从原材料供应，一直到最终的销售环节，包含多个成员且整个环节过程繁杂，其中不仅包含了物资供应、松土、种植、看护、检验、采摘，还包括了分装加工及运输等多个环节，且由于农产品的特性，还需根据其不同特征选择不同的物流方式以及操作方式。同时，现有研究也发现在整个动态过程中还存在着众多威胁农产品供应链安全的未知因素。第一，及时性。农产品从种植、生产到采摘、销售具有明显的季节性和区域性。但由于全球气候变暖等问题的存在，气候极其不稳定，仅仅依靠农民自身的种植经验，无法及时判断下游消费者需要多少产品，农民的收成也会有较大的波动。第二，全国农产品的配送主要采取分段的方式，这样不仅降低了物流节点相关作业的集聚性，还降低了组织结构的集聚性。第三，市场需求波动较大，信息明显不对称。由于众多因素的存在，农民获得产品信息的途径有限，无法准确预测市场需要什么以及需要多少等信息，容易加深市场的供需矛盾。在其他方面，如果整个行业缺少统一的准则和标准，无法对行业恶性竞争加以控制，可能会导致生产、分销、加工、销售和其他业务流程不受控制，各环节的相应物流特点没有得到很好的处理，从而致使生产流程混乱。

　　跨境农产品供应链主要指的是在不同国家或地区进行的农产品贸易活动，这一活动的主体是农产品，由农产品的种植、加工、检验、国际物流与跨国销售等环节构成。各个相关节点上的主体主要包括农户、农产品加工企业、分销商、跨国消费者以及物流商等，主要包括农产品采购、生产、销售与通关四个环节。首先是采购环节，该环节是在种植的基础上进行的，农户在农产品加工企业的帮助下，通过合同确定双方的合作关系，加工企业为农产品的生产提供技术、资金等方面的帮助和支持，提高农产品的数量与质量。为了确保农户的基本权益，农产品加工企业以高于市场的价格收购农户手中的产品，同时也更有利于吸引其他农户也与其签订合作协议，为整个市场的规模化、优质化种植做好准备。其次是生产环节。该环节一般会用到较多的供应链技术，其主要目的是保证农产品质量和可追溯性。第一，为了尽可能防止农产品变质，不仅需要对分级精选的农产品进行保鲜储存，还需要对农产品保鲜的温度和湿度进行实时调节和监控；第二，在运输之前，还需要对农产品进行包装、贴 RFID 标签，保证农产品可追本溯源，该过程还有利于促进农产品增值。再次是销售环节。当前我国农产品跨国贸易的渠道主要包括各国的农产品展销会、为农产品企业与农户搭建合作平台、国内农产品企业与国内分销商合作，通过国内分销商将农产品分销至国外、通过跨境电商平台，实现农产品的跨国贸易等几种方式。最后是通关环节。通关，顾名思义，就是指跨境农产品通过物流这一渠道进入他国市场。在通关过程中，农产品进入市场的渠道不同，导致通关模式也存在差别。根据农产品销售渠道不同，其通关主要由农产品企业、农产品分销商、跨境电商平台以及进出口代理公司去完成农产品的报关报检过程（唐海琳，2015）。

1.2.2　供应链绩效评价

　　供应链绩效所说的就是供应链从初期到最后获得的成绩或结果，它不仅仅指的是经济效益，还包括许多社会效益。供应链的绩效目标是高效、稳定、低成本，合理的绩效评价可以有效地将事前准备、事中监督、事后反思相结合，形成对供应链全体的有机调控。供应链绩效评价是指把供应链涉及的成员作为一个整体，对这一整体的运作效益做出评价，重点在于整体的长期盈利。供应链绩效评价的流程大体能够分成五个：计划、采购、生产、发运、退货。供应链对应一条价值链，在产品流通时，价值逐步增加，供应链因此增值，客户看中的就是产品的价值，所以供应链绩效评价注重客户的要求符合企业的可持续发展目标（马士华，2007）。

1.2.3 供应链组织模式

供应链组织模式是指各节点企业以不同的形式联合，并基于相互之间的信任关系，以专用资产投资、知识交换和跨组织合作为途径，实现帕累托最优（李季芳、冷霄汉，2016）。孙梅（2020）指出当前农产品供应链组织模式主要包括"农超对接"模式、"公司+农户"模式、"农户+合作社+超市"模式、"农户+合作社+公司"模式、借助电商平台的双渠道模式、"农户+餐饮企业"模式。不同学者也根据不同的研究侧重点，构建了不同的农产品供应链组织模式，主要有农产品生产企业和农户主导的组织模式、农产品加工龙头企业主导的组织模式、农产品批发市场（农贸市场）主导的组织模式、零售连锁企业主导的组织模式、农产品物流中心主导的组织模式五种。不同的组织模式都有其自身的特点，其中大型生产组织为供应链链主是农产品生产企业和农户主导的组织模式的特点，农业生产活动的稳定性高是产品加工龙头企业主导的组织模式独有的特性，且一般通过契约的方式规定双方的权利和义务，降低农户的市场风险。以超市为终端的农产品流通渠道是零售连锁企业主导的组织模式的特征。农产品物流中心主导的组织模式使农产品的配送快速高效，流通环节少等特点也保证了农产品的新鲜度和质量。这些模式在一定程度上可以缓解供应链不确定性高的风险，降低农产品生产的市场风险（王影，2013）。

2 中国新疆与中亚国家农业资源禀赋条件

自然资源是农业生产和发展的基础，是传统农业布局的依据。农业资源的空间分布及其组合对区域农产品生产与发展的影响主要表现为：自然条件的地理差异是农业生产地域分工的自然基础。由于农业生产的最基本特点就是经济再生产过程同自然再生产过程的一致性，因此，影响动植物生长的光、热、水、土、地貌等自然因素就成为影响农业生产与发展的重要资源条件，其时空分布及组合直接影响到农业生产布局和区域间的农业生产分工。依据自然资源禀赋论，各国的地理位置、气候条件、自然资源蕴藏等方面的不同会导致各国专门从事不同部门产品生产的格局。在这个基础上形成的国际分工包含两个层面的含义：第一是自然资源的"有与无"的分工。这种"有与无"决定了一些国家要生产这种产品，而另一些国家根本不能生产这种产品，只能依赖进口。第二是"多与少"的分工。一些国家虽然蕴藏着较少的自然资源，但其需要量很大，另一些国家虽然自然资源的蕴藏量比较大，但其需要量相对比较小，因此一些国家要向国内生产小于国内需要的国家提供一部分资源产品。

因此，本章的研究内容以中国新疆和中亚国家农业生产条件为研究对象，首先，对中亚五国农业基础条件进行综合分析，针对光热资源、地貌特征、土地资源、水资源分布等基本情况，建立聚类分析模型，对各国农业生产条件进行科学排序筛选。其次，对新疆农业资源禀赋特征从气候资源、土地资源、水资源、生物资源四个方面进行分析。最后，确定评价指标。气候资源，即太阳辐射、热量、降水等气候因子的数量及其特定组合，选取各地区长期年平均气温和年降水量为指标（权重各50%）。土地资源方面选取中亚各国与中国新疆地区农业用地总面积作为指标。水资源选取可再生水资源总量作为指标。生物资源，即农业生产经营对象的野生动物、植物和微生物的种类及群落类型，生物资源除用作育种原始材料的种质资源外，主要包括：森林资源、草地资源、水产资源，以各区域森林、草地、水域总面积作为评价指标。本章运用雷达图法对中国新疆和中亚农业资源禀赋条件进行对比分析，寻找中国新疆与中亚国家农业生产条件的异同点，为挖掘合作潜力提供思路参考。

2.1 农业自然资源概述

农业自然资源指自然界可被用于农业生产的物质和能量来源。农业自然资源一般包括各种气象要素和水、土地、生物等自然物，不包括用以制造农业生产工具或用作动力能源的煤、铁、石油等矿产资源和风力、水力等资源。

2.1.1 气候资源

气候资源即太阳辐射、热量、降水等气候因子的数量及其特定组合，太阳辐射是农业自然再生产的能源，植物体的干物质有 90%~95% 系利用太阳能通过光合作用合成。水既是合成有机物的原料，也是一切生命活动所必需的条件；陆地上的水主要来自自然降水。温度也是动植物生长发育的重要条件，在水分、肥料和光照都满足的情况下，在一定适温范围内，许多植物的生长速度与环境温度成正比。因此，气候资源在相当大的程度上决定农业生产的布局、结构以及产量的高低和品质的优劣。农业气候资源通常采用具有一定农业意义的气象（气候）要素值来表示。例如，热量条件以生长期长短、总热量多少以及热量的季节分布和强度等表示；其中生长期和总热量分别指植物生长起止温度之间所经历的天数和日平均气温的积累值（积温）；热量强度指最热月和最冷月的平均气温、平均极端最低气温或气温日较差等。热量条件能否满足作物生长需要，还与其季节性变化能否与作物生育动态相适应有关。降水同农作物生长和产量有密切关系的值是降水量、降水日数、降水变率、相对湿度等。有时还可以用综合因子表示，如用干燥度，即最大可能蒸发量对同期降水量的比值来表示干湿程度等。表示光照条件的指标有太阳辐射强度、光合有效辐射、日照时数、日照百分率等。各个气候因素之间相互联系、相互制约，如下雨日多，光照便少，温度也偏低。因此，在评价气候资源时，还必须考虑它的组合特征。

2.1.2 水资源

水资源即可供工农业生产和人类生活开发利用的含较低可溶性盐类而不含有毒物质的水分来源，通常指逐年可以得到更新的那部分淡水量。这是一种动态资源，包括地表水、土壤水和地下水，以大气降水为基本补给来源。地表水指河川、湖泊、塘库、沟渠中积聚或流动的水，一般以常年的径流量或径流深度表示；土壤水指耕层土壤土粒的吸湿水和土壤毛管水；地下水指以各种形式存在于地壳岩石或土壤空隙（孔隙、裂隙、溶洞）中可供开发利用的水。

2.1.3　土地资源

土地资源一般指能供养生物的陆地表层，包括内陆水域，但不包括海域。土地除非农业用地外，还有一部分是难于利用或基本不能利用的沙质荒漠、戈壁、沙漠化土地、永久积雪和冰川、寒漠、石骨裸露山地、沼泽等。随着科学技术和经济的发展，有些难于利用的土地正在变得可以逐步用于农业生产。

农业用地按其用途和利用状况，可以分为：①耕地，指种种农作物的土地，包括水田、水浇地、旱地和菜地等。②园地，指连片种植、集约经营的多年生作物用地，如果园、桑园、茶园、橡胶园等。③林地，指生长林木的土地，包括森林、林地、灌木林地、疏林地和疏林草地等。④草地，指生长草类可供放牧或刈割饲养牲畜的土地，不包括草田轮作的耕地。⑤内陆水域，指可供水产养殖、捕捞的河流、湖泊、水库、坑塘等淡水水面以及苇地等。⑥沿海滩涂，又称海涂或滩涂，是海边潮涨潮落的地方，位于大潮高低潮位之间，海岸地貌学上称其为潮间带，是沿海可供水产养殖、围海造田、喜盐植物生长等的特殊自然资源。

2.1.4　生物资源

生物资源即可作为农业生产经营对象的野生动物、植物和微生物的种类及群落类型。但广义上，人工培养的植物、动物和农业微生物品种、类型，也可包括在生物资源的范畴之内。

生物资源除用作育种原始材料的种质资源外，主要包括：①森林资源，指天然或人工营造的林木种类及蓄积量。②草地资源，指草地植被的群落类型及其生产力。③水产资源，指水域中蕴藏的各种经济动植物的种类及数量。

2.2　中亚五国农业资源概况

从地理区域来看，"丝绸之路经济带"东起中国，途经中亚、南亚、中东、俄罗斯，西达欧洲发达经济圈，是横贯亚欧两洲的经济大陆桥。

中亚地区与中国有着 3 000 多千米的边境线，中亚五国是指中亚地区的哈萨克斯坦、乌兹别克斯坦、吉尔吉斯斯坦、塔吉克斯坦、土库曼斯坦五国，地处亚欧大陆中心，是连通亚欧的重要桥梁，其北接俄罗斯，东邻中国新疆，面积辽阔，总面积达400.61万平方千米，人口约7 200万。中亚地区作为欧亚大陆中心地带，自古以来便是陆上商业贸易路线——古丝绸之路的必经之地。同时，中亚是"丝绸之路经济带"向西延伸的域外起点，也是"丝绸之路经济带"的核心地带。

中亚五国皆为多民族、多信仰国家，其中伊斯兰教为信仰范围最大的宗教；五国政治格局基本稳定，经济发展程度不均衡，其中哈萨克斯坦为五国中最富裕的国家，塔吉克斯坦是五国中最贫穷的国家。

中亚资源禀赋方面各有特点。当地光热资源丰富，昼夜温差大，农业生产条件良好，具有优越的土地、水、劳动力等农业生产要素，在世界上有"资源之乡"的美誉，农业类型以种植业和畜牧业为主，近年来正逐步成为全球重要的小麦、棉花和畜牧业生产基地与出口国。

中国新疆是中国与中亚、西亚、东欧等区域陆上互联互通的前沿和门户，与中亚国家接壤；同时，新疆又是我国传统的农业大区，以生产粮、棉、果、畜及特色农业著称。

2.2.1　哈萨克斯坦

"哈萨克"在突厥语中意为"漂泊""避难"，转义为"自由之民"；"斯坦"为国家之意。两者合起来指"自由之民生活的地方"或"哈萨克的国家"。

哈萨克斯坦位于欧亚大陆的中心地带，北邻俄罗斯，南与乌兹别克斯坦、土库曼斯坦、吉尔吉斯斯坦接壤，西濒里海，东接中国。领土横跨亚欧两洲，以乌拉尔河为洲界，国土面积约272.5万平方千米，居世界第9位，约占地球陆地表面积的2%，是世界上最大的内陆国。东西宽约3 000千米，南北长约1 700千米。哈萨克斯坦境内多平原和低地，全境处于平原向山地过渡地段，境内60%的土地为沙漠和半沙漠。最北部为平原，中部为东西长1 200千米的哈萨克丘陵，西南部多低地，东部多山地。欧亚次大陆地理中心位于哈萨克斯坦，哈萨克斯坦约有15%的土地属于欧洲部分。

努尔苏丹位于哈萨克斯坦中部、伊希姆河畔，是哈萨克斯坦的政治、文化、教育、经济贸易和旅游中心。哈萨克斯坦全国划分为14州、3个直辖市。14州分别为：阿克莫拉州、阿克纠宾州、阿拉木图州、阿特劳州、图尔克斯坦州、东哈萨克斯坦州、江布尔州、西哈萨克斯坦州、卡拉干达州、克孜勒奥尔达州、科斯塔奈州、曼吉斯套州、巴甫洛达尔州、北哈萨克斯坦州。3个直辖市分别为努尔苏丹市、阿拉木图市和奇姆肯特市。

根据最新的人口普查统计，截至2020年1月1日，哈萨克斯坦人口为

1 863.22万，同比增长 1.3%。其中女性占 51.5%，男性占 48.5%；城市人口
1 089.386万人，农村人口 773.84 万人。人口数量在独立国家联合体（独联
体）国家中排名第 4 位。

哈萨克斯坦是一个多民族国家，共有 140 个民族，主要有哈萨克族、俄罗
斯族、乌孜别克族、乌克兰族、维吾尔族等。截至 2020 年 1 月 1 日，哈萨克斯
坦人口中，哈萨克族占 68.51%，俄罗斯族占 18.85%，乌孜别克族、乌克兰
族、维尔族、鞑靼族、日耳曼族等其他民族占 12.64%。

2.2.1.1 气候资源

哈萨克斯坦位于北温带，为典型的大陆性气候，全国年平均气温 7.07℃
（1991—2020 年）。夏季漫长炎热，冬季寒冷，1 月平均气温为-10℃，7 月平均
气温为 23℃。有历史记录的最高和最低气温分别为 49℃和-57℃。北方最短的季
节是春季，持续 1.5 个月，夏季持续 3 个月，冬季从 10 月持续到第二年 4 月。降
雪主要在 11 月，可能会持续到第二年 4 月。哈萨克斯坦境内各地气候又有比较
大的差异，北部地区（如彼得罗巴甫洛夫斯克、科斯塔奈、科克奇塔夫、巴甫洛
达尔和努尔苏丹等）因接近西伯利亚，气候较为寒冷，1 月平均气温为-19℃，7
月平均气温为 19℃；南部地区（如阿拉木图、奇姆肯特、克孜勒奥尔达等地）
气候比较温和，1 月平均气温为-4℃，7 月平均气温为 26℃。哈萨克斯坦 1991—
2020 年最低气温、平均气温、最高气温和降水量的信息见图 2-1。

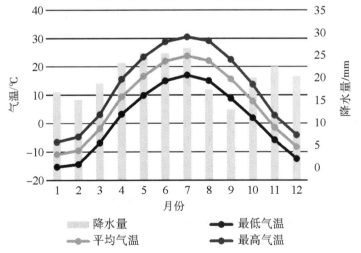

图 2-1 哈萨克斯坦 1991—2020 年最低气温、
平均气温、最高气温和降水量的月气候学

注：数据来自 AQUASTAT-粮农组织全球水和农业信息系统。

哈萨克斯坦全年降水量很少，1991—2020 年年平均降水量为 255.62 mm，月平均降水量为 14~30 mm，但由于降雨增加和冬季积雪融化，春季可能会发生洪水。年降水量在不同地区差别较大，如中部和南部沙漠地区，年降水量仅为 100~200 mm，而草原地区年降水量为 200~500 mm，北方地区为 300~400 mm，山区可达 1 000~2 000 mm。

2.2.1.2　土地资源

哈萨克斯坦国土面积约为 272.5 万平方千米，居世界第 9 位。东西宽约 3 000 千米，南北长约 1 700 千米。哈萨克斯坦境内多平原和低地，全境处于平原向山地过渡地段，境内 60% 的土地为沙漠和半沙漠。最北部为平原，中部为东西长 1 200 千米的哈萨克丘陵，西南部多低地，东部多山地。哈萨克斯坦土地面积约为 26 997 万公顷，农业用地为 21 445.32 万公顷，占土地面积的 79.44%。农田面积为 2 998.92 万公顷，耕地面积为 2 985.72 万公顷。哈萨克斯坦地广人稀，全国可耕地面积超过 2 000 万公顷，每年农作物播种面积约为 1 600 万~1 800 万公顷。哈萨克斯坦土地资源具体信息见表 2-1。

表 2-1　哈萨克斯坦土地资源

土地类型	面积
国土面积/万平方千米	272.5
土地面积/万公顷	26 997
农业用地/万公顷	21 445.32
农田/万公顷	2 998.92
耕地/万公顷	2 985.72
休耕地/万公顷	397.82

注：数据来自联合国粮食及农业组织（FAO）。

2.2.1.3　水资源

哈萨克斯坦共有大小河流 1.1 万多条，大部分为内陆河和季节性溪流。最主要的河流有锡尔河、乌拉尔河、恩巴河、伊犁河、额尔齐斯河，其中伊犁河和额尔齐斯河与中国新疆相连。水量最大的为额尔齐斯河，全长 4 248 千米，在哈萨克斯坦境内有 1 700 千米。其次为伊希姆河，全长 2 450 千米，在哈萨克斯坦境内约有 1 400 千米。其他较大河流还有乌拉尔河，全长 2 428 千米，在哈萨克斯坦境内有 1 082 千米；锡尔河全长 2 219 千米，在哈萨克斯坦境内有 1 400 千米；伊犁河全长 1 001 千米，在哈萨克斯坦境内有 815 千米；楚河全长 1 186 千米，在哈萨克斯坦境内有 800 千米；托博尔河全长 1 591 千米，在哈萨克斯坦境内有 800 千米；努拉河全长 978 千米。哈萨克斯坦不少河流夏季干涸，只有在化雪季节才有水，虽河流不少，但仍属于缺水国家。

哈萨克斯坦水域总面积达 4.5 万平方千米。其中内陆水域总面积 252.02 万公顷，其中 1 公顷以上水面的湖泊、水塘、水库共有 4.8 万多个。里海面积为 37.4 万平方千米，部分属于哈萨克斯坦，其他所属国为阿塞拜疆、伊朗、土库曼斯坦和俄罗斯。除此以外，面积较大的湖泊有：巴尔喀什湖，1.82 万平方千米；阿拉湖，2 650 平方千米；田吉兹湖，1 162 平方千米；谢列特田吉兹湖，750.3 平方千米；萨瑟湖，736 平方千米；库什穆伦湖 460.1 平方千米；马尔卡湖，455 平方千米；萨雷利帕湖，336 平方千米。巴尔喀什湖是世界上极少数咸、淡湖水各占一半的湖。

可再生内部淡水资源流量（IRWR）是指该国长期年平均内部可再生资源（内部河流流量和降雨产生的地下水）。外部可再生水资源（ERWR）是指该国长期平均年可再生水资源中未在该国产生的部分，它包括来自上游国家的流入（地下水和地表水），以及边境湖泊或河流的部分水。可再生水资源总量（TRWR）是指内部可再生水资源（IRWR）和外部可再生水资源（ERWR）之和。它对应于一个国家在给定时刻的最大理论年可用水量。如表 2-2 所示，哈萨克斯坦可再生淡水资源总量为 108.4 亿立方米/年，内部可再生淡水资源总量为 64.35 亿立方米/年，占总量的 59.36%，外部可再生淡水资源总量为 44.06 亿立方米/年，占总量的 40.64%，人均可再生淡水资源总量为 5 918 立方米/年。

表 2-2　哈萨克斯坦可再生水资源

可再生水资源类型	总量
内部可再生淡水资源总量	64.35 亿立方米/年
外部可再生淡水资源总量	44.06 亿立方米/年
可再生淡水资源总量	108.4 亿立方米/年
人均可再生淡水资源总量	5 918 立方米/年

注：数据来自 AQUASTAT-粮农组织全球水和农业信息系统。

2.2.1.4　生物资源

本书以森林、草场以及内陆水域的面积来衡量哈萨克斯坦的生物资源。哈萨克斯坦草场资源最为丰富，草场总面积为 18 446.4 万公顷，有畜牧业发展的资源基础。在森林资源方面，哈萨克斯坦森林总面积为 342.54 万公顷，其中包括自然再生森林（300.46 万公顷）和人工林（42.08 万公顷）。在水产资源方面，哈萨克斯坦内陆水域面积广，共有 252.02 万公顷，有一定的水产养殖资源禀赋。

表 2-3　哈萨克斯坦生物资源　　　　　单位：万公顷

生物资源类型	面积
草场	18 446.4
森林及林地	342.54
内陆水域	252.02

注：数据来自 FAO。

2.2.2　乌兹别克斯坦

"乌兹别克斯坦"是乌语"自己统治自己""自己是自己的主人"，即"独立"之意。乌兹别克斯坦地处中亚腹地，位于北纬 41°16′，东经 69°13′，与中亚其他四国和阿富汗接壤，历史文化悠久，文物古迹众多，是古丝绸之路的关键枢纽和各种文化交汇地，也是世界著名旅游胜地之一。乌兹别克斯坦属于"双内陆国"，其自身和周边五个邻国均无出海口。北部和东北与哈萨克斯坦接壤，东部、东南部与吉尔吉斯斯坦和塔吉克斯坦相连，西部与土库曼斯坦毗邻，南部与阿富汗接壤。国土面积 44.89 万平方千米，东部为山地，海拔 1 500~3 000 米，最高峰 4 643 米；中西部为平原、盆地、沙漠，海拔 0~1 000 米，约占国土面积的 2/3。全境平均海拔 200~400 米。

首都塔什干是中亚最大的城市，面积为 334 平方千米，是其政治、经济、金融、商业、文化、教育和交通中心。乌兹别克斯坦共划分为 1 个自治共和国（卡拉卡尔帕克斯坦自治共和国）、12 个州（花剌子模州、纳沃伊州、布哈拉州、撒马尔罕州、卡什卡达里亚州、苏尔汉河州、吉扎克州、锡尔河州、塔什干州、纳曼干州、安集延州、费尔干纳州）和 1 个直辖市（塔什干市）。

乌兹别克斯坦是中亚人口最多的国家，截至 2021 年 4 月 1 日，人口有 3 469.56 万，城市人口占总人口的 50.7%，劳动力人口占比为 58.2%，大学以上劳动力占劳动力总数不足 10%。乌兹别克斯坦人口主要集中在中部、东部和南部，其中，首都塔什干市人口为 271.6 万，是乌兹别克斯坦最大的城市。人口超过 300 万的州有撒马尔罕州（人口第一大州，占总人口的 11.4%）、费尔干纳州（11.1%）、卡什卡达里亚州（9.6%）和安集延州（9.2%），西部和北部沙漠地区人烟稀少。

乌兹别克斯坦共有 134 个民族。乌孜别克族占 78.8%，塔吉克族占 4.9%，俄罗斯族占 4.4%，哈萨克族占 3.9%，卡拉卡尔帕克族占 2.2%，鞑靼族占 1.1%，吉尔吉斯族占 1%，朝鲜族占 0.7%。此外，还有土库曼族、乌克兰族、维吾尔族、亚美尼亚族、土耳其族、白俄罗斯族等。

2.2.2.1 气候资源

乌兹别克斯坦属严重干旱的大陆性气候，其特点是几天内的温差和季节之间的温差都很大。如图 2-2 所示，夏季漫长、炎热和干燥，昼夜温差大，最热月份（7 月）的月平均气温为 27.2℃，许多主要城市的日最高气温为 35℃。冬季寒冷，雨雪不断，12 月至 2 月的月平均气温为 -1℃ 至 -3℃，最冷时，地面最低温度可达-30℃。该国西部地区冬季气温相对较低，而南部地区靠近土库曼斯坦和阿富汗边境，气温最高。1991—2020 年乌兹别克斯坦年平均气温为 13.37℃。

1991—2020 年乌兹别克斯坦年平均降水量为 206.90 毫米，降雨季节主要在春秋季，夏季降水量相对较少。降水量空间变化很大，西部地区每年的降水量不到 100 毫米，而东部和东南部的部分地区每年的降水量可达 800~900 毫米，其中平原地区年降水量为 90~580 毫米，山区为 460~910 毫米。

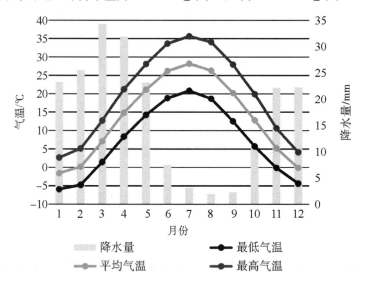

图 2-2　乌兹别克斯坦 1991—2020 年最低气温、
平均气温、最高气温和降水量的月气候学

2.2.2.2　土地资源

乌兹别克斯坦全境地势东高西低。大部分地区（大约占国土面积的79%）是半沙漠草原或沙漠地带的平坦地形，包括由于咸海干涸而形成的最西部的沙漠地区。东部、南部和东南部地区为大陆性气候，包括覆盖最大城市塔什干和撒马尔罕的地区，并包含高山，构成天山山脉和吉萨尔阿莱山脉的一部分，内有著名的费尔干纳盆地和泽拉夫尚盆地，有自然资源极其丰富的肥沃谷地。乌兹别克斯坦土地面积为4 405.55万公顷，农业用地为2 555.53万公顷，约占土地面积的58%。农田面积为443.73万公顷，耕地面积为403.35万公顷（见表2-4）。

表2-4　乌兹别克斯坦土地资源

土地类别	面积
国土面积/万公顷	4 489
土地面积/万公顷	4 405.55
农业用地/万公顷	2 555.53
农田/万公顷	443.73
耕地/万公顷	403.35
休耕地/万公顷	397.82
其他土地/万公顷	1 483.64

乌兹别克斯坦是传统的农业国，粮食可自给自足。2020年谷物产量约为756.7万吨，同比增长1.7%；籽棉产量约为308.2万吨，同比增长9%。乌兹别克斯坦还是中亚地区重要的水果和蔬菜产地，2020年生产蔬菜约1 046万吨，同比增长2.4%；瓜果213.4万吨，同比增长3.2%；水果286.4万吨，同比增长4%；葡萄163.2万吨，同比增长2.2%。2020年，乌兹别克斯坦果蔬出口10.2亿美元，占出口总额的6.8%；谷物出口2.4亿美元，占出口总额的1.6%。

2.2.2.3　水资源

乌兹别克斯坦境内主要河流有阿姆河、锡尔河和泽拉夫尚河，均为内陆河。乌兹别克斯坦可再生淡水资源总量为48.87亿立方米/年，其中年平均内部可再生淡水资源总量为16.34亿立方米，约占可再生水资源总量的33.43%。年平均外部可再生淡水资源总量为32.53亿立方米，约占可再生水资源总量的66.56%。年人均可再生淡水资源总量为1 505立方米（见表2-5）。

表 2-5　乌兹别克斯坦可再生水资源

可再生水资源类型	总量
内部可再生淡水资源总量	16.34 亿立方米/年
外部可再生淡水资源总量	32.53 亿立方米/年
可再生淡水资源总量	48.87 亿立方米/年
人均可再生淡水资源总量	1 505 立方米/年

2.2.2.4　生物资源

本书以森林、草场以及内陆水域的面积来衡量乌兹别克斯坦的生物资源。乌兹别克斯坦草场资源比较丰富，草场总面积为 2 111.8 万公顷，有一定的畜牧业发展的资源基础。森林资源方面，乌兹别克斯坦森林总面积为 366.38 万公顷。内陆水域面积共有 83.69 万公顷，有一定的水产养殖资源禀赋（见表 2-6）。

表 2-6　乌兹别克斯坦生物资源

生物资源类型	面积/万公顷
草场	2 111.8
森林及林地	366.38
内陆水域	83.69

2.2.3　塔吉克斯坦

塔吉克斯坦是位于中亚东南部的内陆国家（北纬 36°40′至 41°05′，东经 67°31′至 75°14′），国土面积 14.31 万平方千米，是中亚面积最小的国家。境内多山，山脉面积约占国土面积的 93%，海拔从 300 米到 7 000 米不等，素有"高山之国"的美誉。其东部、东南部与中国新疆接壤（边境线 430 千米，首都杜尚别距离中国边境口岸 1 009 千米），南部与阿富汗交界（边境线 1 030 千米，首都杜尚别距离阿富汗边境 185 千米），西部与乌兹别克斯坦毗邻（边境线 910 千米，塔吉克斯坦首都为杜尚别，杜尚别距离西部乌兹别克斯坦口岸 70 千米），北部与吉尔吉斯斯坦相连（边境线 630 千米，首都杜尚别距离边境城市卡拉梅克 368 千米）。

塔吉克斯坦全国分为 3 州 1 区 1 直辖市：索格特州（原列宁纳巴德州）、哈特隆州、戈尔诺-巴达赫尚自治州、中央直属区和杜尚别市。

截至 2021 年 1 月 1 日，塔吉克斯坦全国总人口约 953.76 万，劳动力人口约 247 万，占总人口的 25.9%。人口较为密集的城市主要包括杜尚别、库利亚布、胡占德市、波赫塔尔（原名库尔干秋别）等。

塔吉克斯坦是个多民族国家，有 86 个民族。塔吉克族人口最多，占总人口的 85% 以上；其次是乌孜别克族，占总人口的 13% 左右。此外，占总人口比重较大的还有俄罗斯族、鞑靼族、吉尔吉斯族、乌克兰族、土库曼族、哈萨克族、白俄罗斯族、亚美尼亚族等民族。在塔吉克斯坦定居的华人很少，主要从事小生意、餐饮服务和种植、养殖，经济状况较好。

塔吉克斯坦近 50% 的领土海拔至少 3 000 米，有大约 1 300 个湖泊，中亚的两条主要河流阿姆河和锡尔河都流经该国。冰川、融雪和永久冻土是咸海河流域补给水的重要来源。塔吉克斯坦分为四个区域：塔吉克斯坦北部、塔吉克斯坦南部、塔吉克斯坦中部和帕米尔高原。该国西部被山麓和草原占据，低海拔地区位于塔吉克斯坦西南部的河谷沿线。东部的帕米尔山脉人烟稀少，冬季极冷，积雪量大，夏季短暂。塔吉克斯坦的人口和农业活动集中在山谷和该国西部。塔吉克斯坦拥有重要的自然资源，如水、煤、汞、金、银、盐、石灰石、大理石和黏土。

2.2.3.1　气候资源

干旱、极端气温以及显著的年内和区域变化是塔吉克斯坦气候的主要特征。变化是由塔吉克斯坦位于从热带到东南部和西伯利亚到北部的大气环流交汇处的位置驱动的。东部气温高，西部气温低，年平均气温从南部的 17℃ 到帕米尔高原下游的 -6℃ 不等。在东帕米尔高原，最低气温低于 -50℃，而在南部，最高地表气温可能超过 40℃。塔吉克斯坦全境年平均气温为 3.74℃（1991—2020 年），见图 2-3。

塔吉克斯坦北部低地、炎热沙漠和帕米尔东部寒冷山地沙漠的年降水量平均为 70~160 mm，而塔吉克斯坦中部的年降水量可超过 1 800 mm。冬、春两季雨雪较多，夏、秋季节干燥少雨，年降水量约为 150~250 mm。塔吉克斯坦长期年平均降水量为 522.58 mm（1991—2020 年）。

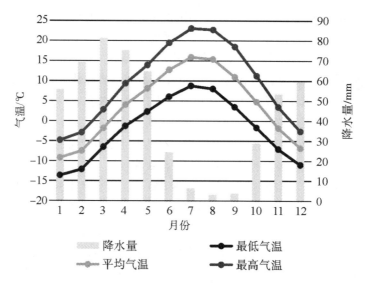

图 2-3 塔吉克斯坦 1991—2020 年最低气温、
平均气温、最高气温和降水量的月气候学

2.2.3.2 土地资源

塔吉克斯坦地处山区，境内山地和高原占 90%，其中约一半在海拔 3 000 米以上。塔吉克斯坦土地面积为 1 387.9 万公顷，农业用地面积为 472.77 万公顷，占土地面积的 34%；耕地面积为 69.99 万公顷，约占土地面积的 5%（见表 2-7）。

表 2-7 塔吉克斯坦土地资源

土地类别	面积
国土面积/万公顷	1 431
土地面积/万公顷	1 387.9
农业用地/万公顷	472.77
耕地/万公顷	69.99

2.2.3.3 水资源

塔吉克斯坦水资源丰富，占整个中亚水资源的 60% 左右，居世界第 8 位，人均拥有量居世界第 1 位，但开发量不足实际的 10%。其水源主要来自冰川，主要有三大水系，分别属阿姆河流域、泽拉夫尚河流域和锡尔河流域。长度 500 千米以上的河流有 4 条，长度在 100～500 千米的河流有 15 条。主要有喷赤-阿姆河（921 千米）、泽拉夫尚河（877 千米）、瓦赫什河（524 千米）、锡尔河（110 千米）。国内湖泊颇多，最大的湖泊为凯拉库姆湖（即喀拉湖，素有"塔吉克海"之称），海拔最高的湖泊为恰普达拉湖（海拔 4 529 米），也是独联体最高湖。塔吉克斯坦可再生淡水资源总量为 21.91 亿立方米/年，其中年平均内部可再生淡水资源总量为 63.46 亿立方米，是可再生水资源总量的 2.89 倍。年平均外部可再生淡水资源总量为−41.55 亿立方米，可以看出塔吉克斯坦约有 65.47%内部可再生水资源流出。年人均可再生淡水资源总量 1 505 立方米（见表 2-8）。

表 2-8　塔吉克斯坦可再生水资源

可再生水资源类型	总量
内部可再生淡水资源总量	63.46 亿立方米/年
外部可再生淡水资源总量	−41.55 亿立方米/年
可再生淡水资源总量	21.91 亿立方米/年
人均可再生淡水资源总量	1 505 立方米/年

2.2.3.4　生物资源

本书以森林、草场以及内陆水域的面积来衡量塔吉克斯坦的生物资源。塔吉克斯坦草场资源丰富，草场总面积为 387.5 万公顷，具有畜牧业发展的资源基础。在森林资源方面，塔吉克斯坦森林总面积为 42.28 万公顷。内陆水域面积只有 25.9 万公顷（见表 2-9）。

表 2-9　塔吉克斯坦年生物资源

生物资源类型	面积/万公顷
森林及林地	42.28
草场	387.5
内陆水域	25.9

2.2.4　吉尔吉斯斯坦

吉尔吉斯斯坦位于中亚东北部，属内陆国家，位于天山和帕米尔高原之间，国土面积为 19.99 万平方千米。北部与哈萨克斯坦毗邻，南部与塔吉克斯坦相连，西南部与乌兹别克斯坦交界，东部和东南部与中国接壤，边界线全长 4 170 千米，其中与中国的共同边界线长 1 096 千米。

吉尔吉斯斯坦全国划分为 7 州 2 市：楚河州、塔拉斯州、奥什州、贾拉拉巴德州、纳伦州、伊塞克湖州、巴特肯州；比什凯克市、奥什市。州、市下设区，区行政公署为基层政府机构。

吉尔吉斯斯坦共和国人口 663.7 万（截至 2021 年 1 月底）。其中大部分人口居住在山脚下，并以北部的比什凯克和西部的奥什和贾拉拉巴德之间的两个大都市为中心。比什凯克市是吉尔吉斯斯坦首都，全国政治、经济、文化、科学中心，主要的交通枢纽。奥什市是吉尔吉斯斯坦第二大城市，人口 32 万，位于南部的费尔干纳盆地中，常常被称作"吉尔吉斯斯坦的南方之都"。该城市拥有至少 3 000 年的历史，从 1939 年开始就是奥什州的行政中心。

根据吉尔吉斯斯坦国家统计委员会数据，截至 2021 年 1 月 1 日，吉尔吉斯斯坦常住人口登记数量 663.7 万人，人口主要集中在奥什州（139 万）、贾拉拉巴德州（126 万）、比什凯克市（107 万）和楚河州（97 万）。其中劳动力人口约 260 万，约占吉尔吉斯斯坦总人口的 40%。

吉尔吉斯斯坦是一个多民族国家，全国有 84 个民族，其中吉尔吉斯族占总人口的 74%，乌孜别克族占 15.4%，俄罗斯族占 5%，东干族占 1.1%，维吾尔族占 0.9%，塔吉克族占 0.9%，土耳其族占 0.7%，哈萨克族占 0.5%，其他为鞑靼族、阿塞拜疆族、朝鲜族、乌克兰族等民族。70% 以上居民信仰伊斯兰教，多数属逊尼派。在吉尔吉斯斯坦的华人从事一般贸易、经商的较多，经济和社会地位较高。

各种各样的自然灾害也影响着吉尔吉斯斯坦。地震很常见，通常每 5 到 10 年发生一次，导致生命财产、基础设施和生计严重受损。与气候有关的危害也很常见且多种多样。其中包括干旱、泥石流、山洪暴发和冰川湖溃决引发的洪水，所有这些都会导致重大的灾害风险。

2.2.4.1 气候资源

吉尔吉斯斯坦的气候属大陆性气候，与该国的地形一样多变，可分为四个主要区域，每个区域各有特色。山谷-亚山区（海拔 900~1 200 米）夏季炎热，冬季无雪且温和，降水量几乎为零。山区（海拔在 900~1 200 米和 2 000~2 200 米这两个区间）以温带气候为特征，夏季温暖，冬季寒冷多雪。高山地区（海拔在 2 000~2 200 米和 3 000~3 500 米这两个区间）夏季凉爽，冬季相对寒冷，无雪，温度在 0℃~16℃。尼瓦尔带区（海拔 3 500 米及以上）为极地气候，被众多雪原和冰川所覆盖，温度具有季节性，2 月是最冷的月份，平均温度为 -3℃。昼夜温差较大，晴天多，少刮风，1 月平均气温为 -14℃，7 月平均气温为 16℃，1999—2020 年平均气温为 2.22℃。

吉尔吉斯斯坦是极端的大陆性气候。这个国家的大部分地区是干旱的，它的气候取决于它在北半球的位置，位于欧亚大陆的中心，远离主要的水体，靠近沙漠。云量和降水量受高山地形的影响，根据最新的气候学资料，长期（1999—2020）年平均降水量为417.35 mm，然而，降水量因地区而异，通常在100~1 000 mm，贾拉拉巴德周边地区最高。图2-4显示了吉尔吉斯斯坦1991—2020年的历史温度和降雨量。

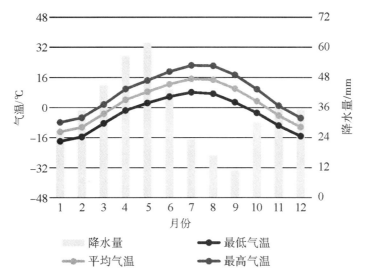

图2-4 吉尔吉斯斯坦1991—2020年最低气温、平均气温、最高气温和降水量的月气候学

2.2.4.2 土地资源

吉尔吉斯斯坦全国山地占国土总面积的90%，终年可见雪山，素有"中亚瑞士"之称。大约94%的地区海拔在1 000米以上，40%的地区海拔在3 000米以上。全国80%以上的国土面积在天山山脉内，4%的国土面积永久处于冰雪之下。吉尔吉斯斯坦共有土地面积1 918万公顷，其中，农业用地面积为1 036.84万公顷，占土地面积的54%；耕地面积为69.99万公顷（见表2-10）。

表2-10 吉尔吉斯斯坦土地资源

土地类别	面积
国土面积/万公顷	1 999
土地面积/万公顷	1 918

表2-10(续)

土地类别	面积
农业用地/万公顷	1 036.84
耕地/万公顷	69.99

2.2.4.3　水资源

吉尔吉斯斯坦可再生淡水资源总量为23.62亿立方米/年,其中年平均内部可再生淡水资源总量为48.93亿立方米,是可再生水资源总量的2.07倍。年平均外部可再生淡水资源总量为-25.31亿立方米,可以看出吉尔吉斯斯坦约有51.72%的内部可再生水资源流出。年人均可再生淡水资源总量3 746立方米(见表2-11)。

吉尔吉斯斯坦境内河流湖泊众多,水资源极其丰富,蕴藏量在独联体国家中居第三位,仅次于俄罗斯和塔吉克斯坦,潜在的水电蕴藏量达1 425亿千瓦。主要河流有纳伦河、恰特卡尔河、萨雷查斯河、楚河、塔拉斯河、卡拉达里亚河、克孜勒苏河等。主要湖泊有伊塞克湖、松格里湖、萨雷切列克湖等,多分布在海拔2 000米以上地区,其中伊塞克湖为世界第二大高山湖,现为中亚旅游胜地,常年吸引来自俄罗斯、哈萨克斯坦等国的大批游客。吉尔吉斯斯坦正在经营的水电站有18座,2019年吉尔吉斯斯坦发电量为150.5亿千瓦·时,其中90%来自水电。

表2-11　吉尔吉斯斯坦可再生水资源

可再生水资源类型	总量
内部可再生淡水资源总量	48.93亿立方米/年
外部可再生淡水资源总量	-25.31亿立方米/年
可再生淡水资源总量	23.62亿立方米/年
人均可再生淡水资源总量	3 746立方米/年

2.2.4.4　生物资源

吉尔吉斯斯坦境内生长着3 786种植物,其中草本植物3 175种,约1 600种具有经济价值,包括具有药用价值的甘草、麻黄、沙棘等,并拥有世界上最大的野生核桃林和野生苹果林。本书以森林、草场以及内陆水域的面积来衡量吉尔吉斯斯坦的生物资源。吉尔吉斯斯坦草场资源富足,草场总面积为900.44万公顷,有一定的畜牧业发展的资源基础。森林资源方面,吉尔吉斯斯坦森林及林地总面积为 129.71 万公顷。内陆水域面积共有 81.49 万公顷（见表 2-12）。

表 2-12 吉尔吉斯斯坦生物资源

生物资源类型	面积/万公顷
草场	900.44
森林及林地	129.71
内陆水域	81.4

2.2.5 土库曼斯坦

土库曼斯坦位于中亚西南部，科佩特山以北，为内陆国家；东接阿姆河，东北部与哈萨克斯坦、乌兹别克斯坦接壤，西濒里海与阿塞拜疆，和俄罗斯隔海相望，南邻伊朗，东南与阿富汗交界。土库曼斯坦国土面积 49.12 万平方千米，是仅次于哈萨克斯坦的第二大中亚国家，约80%的国土被卡拉库姆大沙漠覆盖。土库曼斯坦人善于编织地毯，以细羊毛编织的地毯闻名于世。历史上波斯人、马其顿人、突厥人、阿拉伯人、蒙古鞑靼人曾在此建立国家。

行政区划上，土库曼斯坦全国分为 5 个州（阿哈尔州、巴尔坎州、达绍古兹州、列巴普州和马雷州）和 1 个直辖市（阿什哈巴德市）。土库曼斯坦首都阿什哈巴德始建于1881年，意为"爱之城"，是位于卡拉库姆沙漠中的一个绿洲城市。

人口分布上，据土库曼斯坦官方数据，2020年人口总量约为600万，由于土库曼斯坦的气候极其干燥，大部分领土是沙漠，该国的人口密度非常低，每平方千米仅为12人。除首都阿什哈巴德（约100万人）外，人口较为集中的城市还有土库曼纳巴特、马雷、达绍古兹等。土库曼斯坦主要民族有土库曼族（约占总人口的94.7%）、乌孜别克族（约占总人口的2%）、俄罗斯族（约占总人口的1.8%），此外，还有哈萨克族、亚美尼亚族、鞑靼族、阿塞拜疆族等120多个民族（约占总人口的1.5%）。

2.2.5.1 气候资源

土库曼斯坦属于寒冷的半干旱气候，卡拉库姆沙漠是其地形的主要特征，长期（1999—2020 年）年平均气温为 16.17℃，最冷月份为 1 月（平均气温为3℃），最热月份为 7 月（平均气温在 30.13℃ 左右）。它地处大陆内部意味着夏季炎热、干燥且漫长，6月至8月的平均气温为27℃~29℃，该国最热地区的最高气温偶尔会接近 50℃。土库曼斯坦北部地区经历更长、更冷的冬季和更多的降雪，以及更短、相对温和的夏季，北部平均气温为 12℃~17℃。南部地区的冬季较为温和，平均气温远高于冰点，夏季最热，东南部平均气温为 15℃~18℃。里海沿岸地区的夏季温度比内陆地区略温和。

土库曼斯坦长期（1999—2020 年）年平均降水量为 153.70 mm。虽然土库曼斯坦的年降水量总体偏低，但季节性趋势一致。每年的大部分降雨集中在 1 月至 4 月，而该国许多地区在 6 月至 9 月几乎没有降雨。该国主要是平坦的地形，经常刮强风，引起沙尘暴。土库曼斯坦降水量的地区差异很小，该国的山区，如与伊朗接壤的南部边境的科佩特山脉，降水量较其他地区略高（年平均降雨量 300~400 mm）。图 2-5 显示了土库曼斯坦的气候特征。

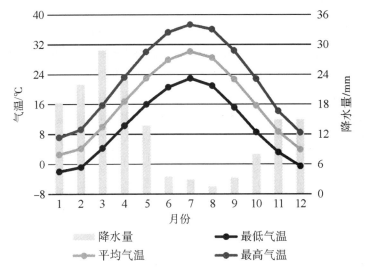

图 2-5　土库曼斯坦 1991—2020 年最低气温、
平均气温、最高气温和降水量的月气候学

2.2.5.2　土地资源

土库曼斯坦是中亚五国中地形最为平坦的国家，平均海拔仅为 100~200 米。北部和中部大部分地区位于图兰低地，80% 的领土被卡拉库姆沙漠覆盖。南部为丘陵和科佩特山前地带，东南部是帕鲁帕米苏斯山前地带。西部为盐沼地和松散沙地，其间坐落着大小巴尔汉山脉。南部和西部为科佩特山脉和帕罗特米兹山脉。土库曼斯坦共有土地面积 4 699.3 万公顷，现有农业用地 3 383.8 万公顷，农业用地占土地面积的 72%（见表 2-13）。主要农产品有棉花、小麦、稻米、瓜果和蔬菜等。

表 2-13　土库曼斯坦土地资源

土地类别	面积
国土面积/万公顷	4 912
土地面积/万公顷	4 699.3
农业用地/万公顷	3 383.8
耕地/万公顷	194

2.2.5.3　水资源

土库曼斯坦是整个中亚水资源最为匮乏的国家，水是国家最宝贵的财富之一，水对于土库曼斯坦来说，不但具有经济意义，更具战略意义。土库曼斯坦气候干燥，水分蒸发快，地表径流微乎其微，在中亚五国中河网密度最低，为数有限的河流主要分布在东部和南部，且发源地均不在境内。阿姆河是土库曼斯坦的生命之河，也是境内最大的河流，发源于帕米尔山区，全长 1 415 千米，其中约 1 000 千米流经土库曼斯坦，90%~95% 土地靠阿姆河河水灌溉。如果缺乏了河水灌溉，土库曼斯坦的棉花会减产 10~15 倍。其他河流有捷詹河、穆尔加布河及阿特列克河等，主要分布在东部。横贯东南部的卡拉库姆大运河长达 1 450 千米，灌溉面积约 30 万公顷，是世界上最大的灌溉及通航运河之一。土库曼斯坦可再生淡水资源总量为 24.77 亿立方米/年，其中年平均内部可再生淡水资源总量为 1.405 亿立方米。年平均外部可再生淡水资源总量为 23.36 亿立方米，约占总量 94.3%，土库曼斯坦可再生淡水资源主要靠外部流入，年人均可再生淡水资源总量 3 746 立方米（见表 2-14）。

表 2-14　土库曼斯坦可再生水资源

可再生水资源类型	总量
内部可再生淡水资源总量	1.405 亿立方米/年
外部可再生淡水资源总量	23.36 亿立方米/年
可再生淡水资源总量	24.77 亿立方米/年
人均可再生淡水资源总量	3 746 立方米/年

2.2.5.4　生物资源

本书以森林、草场以及内陆水域的面积来衡量土库曼斯坦的生物资源。土库曼斯坦有充裕的草场资源，草场总面积为 3 183.8 万公顷，有农牧业发展的资源基础。森林资源方面，土库曼斯坦森林总面积为 412.7 万公顷。内陆水域面积共有 181.7 万公顷（见表 2-15）。

表 2-15　土库曼斯坦生物资源

生物资源类型	面积/万公顷
森林	412.7
草场	3 183.8
内陆水域	181.7

2.3　中国新疆农业自然资源禀赋特征

　　新疆维吾尔自治区，简称"新"，首府乌鲁木齐市，位于中国西北地区，是中国五个少数民族自治区之一，面积 166.49 万平方千米，是中国陆地面积最大的省级行政区，约占中国国土总面积的六分之一。据 2020 年第七次全国人口普查新疆常住人口为 2 585.23 万人。中国新疆地处亚欧大陆腹地，陆地边境线 5 600 多千米，周边与俄罗斯、哈萨克斯坦、吉尔吉斯斯坦、塔吉克斯坦、巴基斯坦、蒙古、印度、阿富汗八国接壤，在历史上是古丝绸之路的重要通道，现在是第二座"亚欧大陆桥"的必经之地，战略位置十分重要。

　　中国新疆与中亚五国在居民的生活习惯、语言、民族风俗、人文等方面的相似性，使各方易于沟通。

2.3.1　气候资源

　　新疆远离海洋，深居内陆，四周有高山阻隔，海洋气流不易到达，形成明显的温带大陆性气候。气候温差较大，日照时间充足（年日照时间达 2 500~3 500 小时），根据 1991—2020 年中国新疆平均气温观测气候学，新疆年平均气温为 6.52℃。1 月份最冷（月平均气温为-11.37℃），准噶尔盆地平均气温在-20℃以下，该盆地北缘的富蕴县最低气温曾达到零下 50.15℃，是全国最冷的地区之一。7 月份最热（月平均气温为 21.04℃），号称"火洲"的吐鲁番平均气温在 33℃以上，绝对最高气温曾达到 49.6℃，居全国之冠。由于新疆大部分地区春夏和秋冬之交昼夜温差极大，故历来有"早穿皮袄午穿纱，围着火炉吃西瓜"之说。新疆在全国主要农业区名列前茅，年日照时数居全国首位，年平均日照率 60%~80%，作物生长季节为 4~9 月，日照百分率大于全国平均值。

新疆年平均降水量为 150 毫米左右, 降水量较少, 各地降水量相差很大, 北疆的降水量高于南疆。夏季降水量多, 7 月降水量最多 (月平均降水量为 20.64 mm), 具体情况如图 2-6 所示。

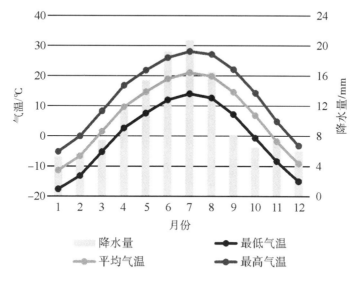

图 2-6　中国新疆 1991—2020 年最低气温、
平均气温、最高气温和降水量的月气候学

2.3.2　土地资源

根据《中国统计年鉴 2021》, 新疆土地面积为 16 315.43 万公顷, 占全国陆地面积的 1/6, 农用地面积为 5 171.57 万公顷。新疆耕地面积 524.23 万公顷, 约占全国耕地面积的 3.12%, 宜农荒地 933 万公顷, 占全国宜农荒地面积的 26.39%。但新疆各县市土地资源差异较大, 以耕地为例, 最多的莎车县耕地面积约 5.44 万公顷, 最少的奎屯市耕地面积仅为 0.12 万公顷, 两者相差 44 倍。新疆园地 61.97 万公顷, 林地 895.73 万公顷, 草地 3 571.02 万公顷。

2.3.3　水资源

新疆三大山脉的积雪、冰川孕育汇集为 500 多条河流, 分布于天山南北的盆地, 其中较大的有塔里木河 (中国最大的内陆河)、伊犁河、额尔齐斯河 (流入北冰洋)、玛纳斯河、乌伦古河、开都河等 20 多条。许多河流的两岸都有无数的绿洲, 颇富"十里桃花万杨柳"的塞外风光。新疆有许多自然景观优美的湖泊, 总面积达 9 700 平方千米, 占新疆总面积的 0.6% 以上, 其中著名的十大湖泊是：博斯腾湖、艾比湖、布伦托海、阿雅格库里湖、赛里木湖、阿其格库勒湖、鲸鱼湖、吉力湖、阿克萨依湖、艾西曼湖。

根据《新疆统计年鉴2021》，新疆水资源年总流量811.94亿立方米，地表水资源总量711.48亿立方米，地下水资源总量503.5亿立方米，地表水与地下水资源重复量为463.05亿立方米，人均水资源量为3 111立方米，为全国平均量的1.4倍，但水资源分布不均衡，主要分布在北疆伊犁和阿勒泰地区及一些山区。

2.3.4 生物资源

新疆生物资源丰富。新疆有野生动物699种，其中鱼类85种、两栖类7种、爬行类45种、哺乳类137种。野生植物已查明有4 000余种，其中有特殊经济价值的有罗布麻、橡胶草等1 000余种。

新疆草地资源丰富，是我国著名的五大牧区之一。草场面积较大，但优良草场比重小，分布不均衡。草地总面积达5 198.6万公顷，约占土地总面积的30%。其中改良草地和人工草地约83万公顷，山区草地面积约占新疆草地面积的58%，可利用草地面积仅次于内蒙古、西藏，居全国第三位。但优良草场比重小，中等以上草地面积仅占新疆草地面积的65%，优良草地占可利用草地的38.4%，且分布不均衡，主要分布在伊犁、阿勒泰地区及一些山区。

新疆森林资源少，林地面积小，森林覆盖率低，仅分布于气候凉爽、降水较多的山地中山带和平原的大河沿岸，北疆的森林资源多于南疆的森林资源，山地多于平原，针叶林多于阔叶林，且树种单一，主要造林树种约57种，林业用地面积137.13万公顷，森林面积80.22万公顷，人工林面积为12.14万公顷，新疆森林覆盖率为4.87%，是全国森林资源较贫乏的省区之一。

新疆水域总面积为463.05万公顷，约有57%为冰川及积雪（263万公顷）。其中河流面积46.2万公顷，约占水域总面积的10%。沟渠面积40.89万公顷，约占水域总面积的9%。此外，湖泊面积共47.42万公顷，水库面积共16.6万公顷，滩涂面积共24.96万公顷。

2.4 中国新疆与中亚五国自然资源对比分析

本书从气候资源、土地资源、水资源、生物资源四个方面对中亚五国和中国新疆的农业资源禀赋进行分析。气候资源即太阳辐射、热量、降水等气候因子的数量及其特定组合，选取各地区长期年平均气温和年降水量为指标（权重各 50%）。土地资源方面选取中亚五国与中国新疆地区农业用地总面积作为指标。水资源选取可再生水资源总量作为指标。生物资源即农业生产经营对象的野生动物、植物和微生物的种类及群落类型，生物资源除用作育种原始材料的种质资源外，主要包括：森林资源、草地资源、水产资源，以各区域森林、草地、水域总面积作为评价指标。

在气候资源方面，塔吉克斯坦最为突出（见图 2-7），因为塔吉克斯坦有较丰富的降水量，年平均降水量高达 522 毫米。新疆的气候资源条件相对来说较差。

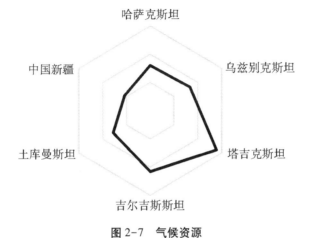

图 2-7　气候资源

在土地资源方面，哈萨克斯坦最为丰富（见图 2-8），农业用地面积高达 21 445.32 万公顷。其中，草场面积 18 446.4 万公顷，占农业用地的 86%。哈萨克斯坦有着农牧业发展的土地资源禀赋。

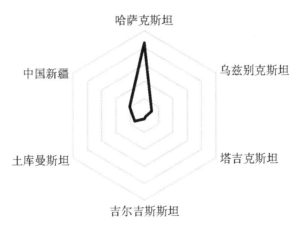

图 2-8　土地资源

在水资源方面，哈萨克斯坦可再生水资源总量最高（见图 2-9），为108.4 亿立方米。塔吉克斯坦、吉尔吉斯斯坦、土库曼斯坦水资源总量相当，为 20 亿~25 亿立方米。

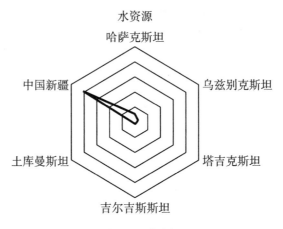

图 2-9　水资源

在生物资源方面，哈萨克斯坦最为突出（见图 2-10），因为哈萨克斯坦草场面积高达 18 446.4 万公顷，是新疆的 3.5 倍。

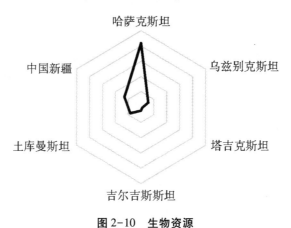

图 2-10　生物资源

3 中亚五国农产品供需概况及供需缺口分析——以果蔬产品为例

根据前文的分析，中国新疆和中亚国家农业资源条件接近，这些农业资源条件为新疆开展跨境农产品供应链合作奠定了坚实的基础。从农产品贸易来看，新疆出口的农产品主要是干鲜果及其制品；蔬菜及其制品。2018 年干鲜果及其制品出口额为 20.46 亿元，占出口总额的 52.54%，蔬菜及其制品出口额为 10.32 亿元，占出口总额的 26.50%。因此，以果蔬产品为例，科学分析中亚国家农产品供需情况，探明其供需缺口，对新疆农产品出口、进一步提升国际竞争力具有重要意义。

本书的研究内容基于中亚各国农业生产数据，包括各类蔬菜以及水果生产供给情况，首先，从生产总量和人均生产量等角度对各国的果蔬产品生产效率进行 DEA 分析；其次，根据各国的消费特征及人均主要果蔬产品消费量，对中亚国家农业消费水平进行评价，并基于人口增长等大数据分析，对各国果蔬产品需求情况进行精准预测；最后，通过中亚各国果蔬产品供需差额判断出中亚各国的果蔬产品供需缺口，划分不同国家不同产品市场潜力类型，寻找中国新疆与中亚国家农产品供需的异同点，为发现合作机会提供思路参考。

3.1 生产供给情况分析

3.1.1 哈萨克斯坦果蔬产品生产供给情况

哈萨克斯坦的农业基本情况：哈萨克斯坦地广人稀，全国可耕地面积超过 2 000 万公顷，每年农作物播种面积约 1 600 万~1 800 万公顷。主要农作物包括小麦（占粮食作物产量的 90%左右）、玉米、大麦、燕麦、黑麦。粮食主产区在北部的科斯塔奈州、北哈萨克斯坦州和阿克莫拉州。南方部分地区可种植水稻、棉花、烟草、甜菜、葡萄和水果等。2019 年哈萨克斯坦农业产值约136.29 亿美元，同比增长 0.9%。2019 年，哈萨克斯坦粮食总产量 1 742.9 万吨，同比下降 14.05%；小麦产量 1 145.16 万吨，同比减少 17.87%；油料作物产量 258.37 万吨，同比减少 4.08；棉花产量 34.44 万吨，同比增加 0.23%。畜禽存栏量 7 537.44 万头（只）。

根据表 3-1 可知，哈萨克斯坦近十年来各类蔬菜生产总量逐年上升，2013—2017 年增速减缓，近两年来增长势头恢复；近十年来哈萨克斯坦各类水果生产总量总体呈上升趋势，但整体增速缓慢，在 2015 年和 2019 年部分水果还出现了生产量降低的情况。

表 3-1　哈萨克斯坦 2010—2019 年各类蔬菜以及水果生产量

单位：千吨

果蔬	2010 年	2011 年	2012 年	2013 年	2014 年	2015 年	2016 年	2017 年	2018 年	2019 年
西红柿	593	609	651	654	690	688	706	739	765	791
洋葱	441	545	573	574	608	686	757	744	814	916
其他蔬菜	2 665	2 974	3 491	3 731	4 102	4 282	4 391	4 378	4 576	4 953
柑橘类	0	0	1	1	1	1	1	1	1	1
苹果	107	115	130	144	158	148	188	181	222	217
葡萄	56	57	72	68	70	63	75	81	89	90
其他水果	71	75	92	88	85	70	73	74	78	81

数据来源：FAO 数据库，笔者整理计算所得。

根据表 3-2 可知，哈萨克斯坦近十年来各类蔬菜国内供给量，除 2012 年、2016 年和 2017 年部分蔬菜有小幅降低外，其余时间均处于上升趋势；哈萨克斯坦 2010—2013 年各类水果国内供给量大多处于增长阶段，在 2014 年及后增长势头减缓甚至供产量下降，近年来的水果国内供给量逐年降低。

表 3-2　哈萨克斯坦 2010—2019 年各类蔬菜以及水果供给量

单位：千吨

果蔬	2010 年	2011 年	2012 年	2013 年	2014 年	2015 年	2016 年	2017 年	2018 年	2019 年
西红柿	659	698	747	760	796	807	805	861	856	850
洋葱	374	580	568	684	690	803	841	760	893	937
其他蔬菜	2 819	3 257	3 751	4 159	4 471	4 540	4 510	4 514	4 663	4 979
橙子	60	70	86	104	87	77	66	49	64	55
柠檬、酸橙	5	5	5	5	4	7	6	6	6	6

表3-2(续)

果蔬	2010 年	2011 年	2012 年	2013 年	2014 年	2015 年	2016 年	2017 年	2018 年	2019 年
西柚	1	1	2	2	2	1	1	1	2	2
柑橘类	1	1	2	1	1	1	1	1	1	1
香蕉	45	45	40	41	46	48	36	32	32	45
芭蕉	0	0	3	6	4	5	3	0	0	0
苹果	265	248	272	292	304	306	311	322	334	344
菠萝	4	5	6	7	6	5	5	6	6	5
海枣	3	2	2	9	10	16	19	22	28	24
葡萄	92	157	209	130	226	325	349	322	268	212
其他水果	199	397	458	532	501	371	423	392	339	305

数据来源：FAO 数据库，笔者整理计算所得。

3.1.2　乌兹别克斯坦果蔬产品生产供给情况

乌兹别克斯坦的农业基本情况：乌兹别克斯坦是传统的农业国，粮食可自给自足。2020 年谷物产量约 756.7 万吨，同比增长 1.7%；籽棉产量 308.2 万吨左右，同比增长 9%。乌兹别克斯坦还是中亚重要的水果和蔬菜产地，2020年生产蔬菜约 1 046 万吨，同比增长 2.4%；瓜果 213.4 万吨，同比增长 3.2%；水果 286.4 万吨，同比增长 4%；葡萄 163.2 万吨，同比增长 2.2%。2020 年，乌兹别克斯坦果蔬出口总额 10.2 亿美元，占出口总额的 6.8%，谷物出口总额 2.4 亿美元，占出口总额的 1.6%。

根据表 3-3 可知，乌兹别克斯坦近十年来的各类蔬菜生产量整体呈平稳发展状态，在 2010—2016 年一直保持 10% 左右的高速增长，在 2017—2018 年生产量下降，2019 年实现小幅增长；乌兹别克斯坦近十年来的各类水果生产量除 2017 年有小幅降低外，其余时间段均处于逐步增长状态，近年来有增速减缓的趋势。

表 3-3　乌兹别克斯坦 2010—2019 年各类蔬菜以及水果生产量

单位：千吨

果蔬	2010 年	2011 年	2012 年	2013 年	2014 年	2015 年	2016 年	2017 年	2018 年	2019 年
西红柿	2 042	1 940	2 125	2 247	2 286	2 562	2 796	2 455	2 284	2 120
洋葱	823	899	1 010	1 067	1 068	1 207	1 273	995	1 464	1 242
其他蔬菜	4 665	5 451	6 052	6 764	7 629	8 215	9 214	8 691	7 224	7 859
橙子	1	1	2	1	1	2	2	1	1	1

表3-3（续）

果蔬	2010 年	2011 年	2012 年	2013 年	2014 年	2015 年	2016 年	2017 年	2018 年	2019 年
柠檬、酸橙	1	1	1	1	1	3	3	5	5	7
西柚	2	2	2	2	3	3	3	3	3	3
柑橘类	2	3	2	1	2	2	6	3	12	10
苹果	712	769	829	894	965	1 060	1 442	1 029	1 130	1 124
葡萄	987	1 090	1 206	1 322	1 441	1 579	1 613	1 626	1 590	1 603
其他水果	993	1 103	1 218	1 362	1 519	1 678	1 676	1 674	1 639	1 823

数据来源：FAO 数据库，笔者整理计算所得。

根据表3-4可知，乌兹别克斯坦各类蔬菜国内供给量在 2016 年之前每年保持稳定增长，从 2017 年开始产量出现小幅下降，2019 年有恢复增长的趋势；乌兹别克斯坦各类水果国内供给量增长从 2015 年开始出现预势，在经历 2016—2017 年的供给量下降后，从 2018 年开始恢复增长态势。

表 3-4 乌兹别克斯坦 2010—2019 年各类蔬菜以及水果供给量

单位：千吨

果蔬	2010 年	2011 年	2012 年	2013 年	2014 年	2015 年	2016 年	2017 年	2018 年	2019 年
西红柿	1 982	1 884	2 116	2 228	2 266	2 525	2 754	2 409	2 220	2 065
洋葱	799	881	998	1 055	1 073	1 195	1 238	968	1 364	979
其他蔬菜	4 557	5 264	5 953	6 504	7 379	8 006	9 023	8 501	6 912	7 575
橙子	4	4	3	3	8	6	7	17	26	41
柠檬、酸橙	1	1	1	1	0	0	1	1	3	1
西柚	2	2	2	2	3	3	3	3	3	4
柑橘类	2	3	2	1	2	2	6	3	12	10
香蕉	0	0	2	4	3	3	2	18	24	43
苹果	719	765	808	875	932	999	1 140	1 053	1 192	1 212
菠萝	1	2	2	2	2	2	2	1	2	3
海枣	0	0	0	0	1	0	1	1	1	2
葡萄	854	864	961	1 109	1 281	1 204	1 061	1 033	1 046	1 054
其他水果	844	837	1 018	1 121	1 251	1 407	1 301	1 271	1 264	1 471

数据来源：FAO 数据库，笔者整理计算可得。

3.1.3 吉尔吉斯斯坦果蔬产品生产供给情况

吉尔吉斯斯坦的农业基本情况：农业是吉尔吉斯斯坦经济的支柱产业。

2020 年，吉尔吉斯斯坦种植业和畜牧业平稳发展，农林牧业产值为 2 472.98 亿索姆（约合 207.805 亿元人民币），同比增长 1.1%。2020 年，吉尔吉斯斯坦主要农作物产量：小麦 62.9 万吨，同比增长 4.6%；土豆 132.7 万吨，同比下降 3.4%；蔬菜 113.1 万吨，同比下降 0.2%；水果浆果 27.8 万吨，同比增长 3.2%；籽棉 7.3 万吨，同比下降 9.3%；瓜类作物 26.2 万吨，同比增长 6.4%。

根据表 3-5 可知，吉尔吉斯斯坦 2010—2015 年各类蔬菜生产量总体呈稳步增长趋势，在 2016 年之后产量几乎保持同一水平；在各类水果生产量方面，近十年整体呈小幅增长趋势，每年增长或下降幅度不明显。

表 3-5 吉尔吉斯斯坦 2010—2019 年各类蔬菜以及水果生产量

单位：千吨

果蔬	2010 年	2011 年	2012 年	2013 年	2014 年	2015 年	2016 年	2017 年	2018 年	2019 年
西红柿	182	177	192	195	205	227	235	229	225	241
洋葱	132	138	151	152	156	192	185	202	210	201
其他蔬菜	660	663	689	705	767	888	885	892	866	891
苹果	111	128	137	143	145	128	135	147	145	151
葡萄	5	7	8	8	8	6	9	9	9	9
其他水果	84	90	88	94	97	84	82	92	99	100

数据来源：FAO 数据库，笔者整理计算所得。

根据表 3-6 可知，吉尔吉斯斯坦在 2010—2016 年的各类蔬菜国内供给量处于增长状态，在 2016 年后达到了稳定水平；吉尔吉斯斯坦各类水果国内供给量在 2013—2014 年和 2016 年出现两次较大规模增长，在其他时间段几乎处于平稳状态。

表 3-6 吉尔吉斯斯坦 2010—2019 年各类蔬菜以及水果供给量

单位：千吨

果蔬	2010 年	2011 年	2012 年	2013 年	2014 年	2015 年	2016 年	2017 年	2018 年	2019 年
西红柿	176	178	189	198	214	238	247	237	232	250
洋葱	81	91	133	121	130	171	183	193	206	185
其他蔬菜	580	584	610	620	689	809	882	904	892	918
橙子	9	9	12	12	15	13	12	8	12	9
柠檬、酸橙	1	1	1	1	1	1	4	1	1	1
香蕉	9	11	11	6	3	9	7	5	10	21

表3-6(续)

果蔬	2010年	2011年	2012年	2013年	2014年	2015年	2016年	2017年	2018年	2019年
苹果	123	111	114	129	143	130	139	149	146	154
菠萝	0	0	0	0	0	1	1	1	1	2
海枣	0	0	0	0	1	0	2	2	3	4
葡萄	5	4	5	5	9	12	21	27	26	14
其他水果	29	48	37	50	86	89	105	86	99	87

数据来源：FAO数据库，笔者整理计算所得。

3.1.4 塔吉克斯坦果蔬产品生产供给情况

塔吉克斯坦的农业基本情况：2020年塔吉克斯坦农牧业总产值336.2亿索莫尼（约合211.9亿元人民币），同比增长8.8%，其中种植业产值238.8亿索莫尼（约合150.51亿元人民币），同比增长8.2%；畜牧业产值97.38亿索莫尼（约合61.38亿元人民币），同比增长10.7%。目前，影响塔吉克斯坦农业发展的资金和技术等问题仍未得到有效解决。

根据表3-7可知，塔吉克斯坦近十年来各类蔬菜生产量稳步增长，在2012年、2013年和2018年的增速达到了较高水平，其他年份增速较缓但稳定；塔吉克斯坦2010—2012年的各类水果生产量增速处在较高水平，其他年份增速缓慢，2016年出现了产量小幅下降的情况。

表3-7 塔吉克斯坦2010—2019年各类蔬菜以及水果生产量

单位：千吨

果蔬	2010年	2011年	2012年	2013年	2014年	2015年	2016年	2017年	2018年	2019年
西红柿	289	304	346	368	352	369	362	409	444	491
洋葱	302	343	368	435	421	524	557	555	681	642
其他蔬菜	1 072	1 074	1 169	1 285	1 417	1 477	1 535	1 640	1 784	1 915
橙子	1	1	2	2	2	2	2	2	2	2
柠檬、酸橙	5	7	7	6	6	8	4	4	4	4
苹果	156	183	218	227	236	230	224	231	237	243
葡萄	124	155	167	175	189	204	215	228	242	247
其他水果	66	77	92	97	102	101	97	99	101	103

数据来源：FAO数据库，笔者整理计算所得。

根据表3-8可知，塔吉克斯坦2010—2019年各类蔬菜的国内供给量一直处在稳定增长的状态，常年增速保持在10%左右，蔬菜类农业发展情况较好；

塔吉克斯坦 2010—2019 年各类水果国内供给量从总体上看处于上升趋势但增速不快，在 2014—2015 年各类水果的供给量出现小幅下降。

表 3-8　塔吉克斯坦 2010—2019 年各类蔬菜以及水果供给量

单位：千吨

果蔬	2010 年	2011 年	2012 年	2013 年	2014 年	2015 年	2016 年	2017 年	2018 年	2019 年
西红柿	276	295	337	359	352	362	354	400	436	485
洋葱	176	273	320	335	352	418	477	505	603	588
其他蔬菜	1 071	1 075	1 169	1 284	1 414	1 471	1 534	1 639	1 785	1 926
橙子	1	2	2	2	3	3	3	2	3	3
柠檬、酸橙	5	7	7	6	6	7	4	4	4	4
香蕉	0	0	0	0	2	1	1	1	1	3
苹果	196	211	241	249	247	239	235	244	250	244
葡萄	113	149	162	170	185	194	203	215	230	236
其他水果	51	62	74	79	36	4	16	49	48	91

数据来源：FAO 数据库，笔者整理计算所得。

3.1.5　土库曼斯坦果蔬产品生产供给情况

土库曼斯坦农业基本情况：土库曼斯坦主要传统作物为小麦和棉花，2020 年当地共收获小麦 150 万吨、棉花 120 万吨。土库曼斯坦致力于实施"精准"农业战略，大力培育适应本国土壤和气候条件的农作物品种，投资引入数字化农业技术，并为农工综合体采购现代化农用机械，促进了土地、水资源、化肥及化学制剂的有效利用，提高了农作物产量。2021 年，土库曼斯坦全国用于种植各类农作物的耕地面积为 139.3 万公顷。土库曼斯坦重视发展新型农业，大力建设温室大棚，提高蔬菜和水果产量，在保证国内供给的同时，扩大产品出口。2021 年 3 月，土库曼斯坦新投运 6 个温室大棚，总面积 35 公顷，预计年产蔬菜 8 750 吨。截至 2021 年 3 月底，土库曼斯坦建成投产的温室大棚总面积逾 400 公顷。2020 年，土库曼斯坦出口西红柿 3.8 万吨，同比增长 70%。

根据表 3-9 可知，土库曼斯坦对于农业的规划似乎没有变化，近十年来各类蔬菜与各类水果生产量几乎处于同一水平，各年间受天气、气候等不确定因素影响有轻微幅度变化。

表3-9　土库曼斯坦2010—2019年各类蔬菜以及水果生产量

单位：千吨

果蔬	2010 年	2011 年	2012 年	2013 年	2014 年	2015 年	2016 年	2017 年	2018 年	2019 年
西红柿	330	330	330	330	340	340	340	340	350	357
洋葱	114	97	94	92	89	79	87	85	84	74
其他蔬菜	494	487	456	482	487	493	490	494	498	503
苹果	63	63	63	63	63	63	63	63	63	67
葡萄	230	230	230	230	230	235	235	235	240	247
其他水果	96	96	96	96	96	96	96	96	97	99

数据来源：FAO 数据库，笔者整理计算所得。

根据表3-10可知，土库曼斯坦的各类蔬菜国内供给量在十年间总体上没有明显变化，各年间可能由于随机因素影响有轻微变化；土库曼斯坦近十年各类水果国内供给量整体上处于上升趋势，其中2015年、2017年和2019年供给量有小幅下降。

表3-10　土库曼斯坦2010—2019年各类蔬菜以及水果供给量

单位：千吨

果蔬	2010 年	2011 年	2012 年	2013 年	2014 年	2015 年	2016 年	2017 年	2018 年	2019 年
西红柿	330	330	330	330	344	350	347	338	346	336
洋葱	135	113	114	104	143	84	128	118	94	91
其他蔬菜	496	487	456	482	507	525	497	497	520	523
橙子	1	2	2	2	7	5	9	7	5	8
苹果	55	59	63	67	87	85	81	91	84	86
葡萄	230	230	230	230	230	234	236	237	237	246
其他水果	102	100	100	99	108	106	108	114	109	106

数据来源：FAO 数据库，笔者整理计算所得。

3.2　中亚五国农业生产效率分析

3.2.1　中亚五国农业生产效率投入指标概述

投入指标是指反映投向某一社会过程的人力、财力等资源的指标。基于数据的可获得性和研究视角，本书选取中亚五国农业从业人数指标来评估农业生产投入的人力；选取中亚五国农业固定资产形成总额指标来评估农业生产投入的财力。

根据表 3-11 可知,近十年来哈萨克斯坦农业从业人数逐年降低,其中2014—2015 年降幅达到 12% 和 13%,下降幅度较大;乌兹别克斯坦的农业从业人数情况较为稳定,十年来从业人数在 355 万人水平上下浮动,总体变化不大;吉尔吉斯斯坦在 2010—2016 年农业从业人数无论是上升还是下降幅度都较小,在 2017 年和 2018 年间从业人数降幅较大,达到 14% 和 11%;塔吉克斯坦十年来的农业从业人数变化不大,在 100 万人水平上下浮动;土库曼斯坦十年来农业从业人数逐步下降,但下降幅度稳定在 2% 左右。

表 3-11　中亚五国农业从业人数　　　　　　单位:千人

国别	2010 年	2011 年	2012 年	2013 年	2014 年	2015 年	2016 年	2017 年	2018 年	2019 年
哈萨克斯坦	2 314.431	2 195.442	2 145.76	2 056.62	1 805.789	1 563.679	1 491.258	1 421.33	1 358.724	1 284.043
乌兹别克斯坦	3 212.005	3 320.505	3 323.68	3 454.867	3 551.021	3 604.08	3 634.203	3 626.397	3 604.461	3 516.505
吉尔吉斯斯坦	717.52	708.628	689.565	720.47	729.538	689.962	632.951	541.875	479.62	459.351
塔吉克斯坦	976.099	988.484	1 001.929	1 011.287	1 019.97	1 025.661	1 029.739	1 008.505	991.435	971.479
土库曼斯坦	593.914	581.629	570.538	557.511	543.333	531.987	518.297	504.741	490.151	473.812

数据来源:世界银行数据库,笔者整理计算所得。

根据表 3-12 可知,哈萨克斯坦固定资产形成总额除了 2016 年有小幅降低外,其余年份均处于上升状态,其中 2011 年、2013 年、2015 年和 2019 年的增幅较大,均达到 10% 左右的水平;乌兹别克斯坦十年间的固定资产形成总额总体呈上升趋势,其中 2011 年、2014 年和 2017 年增速相对较快,而在 2015年下降幅度较大,降幅达到 13%;吉尔吉斯斯坦在 2010—2019 年的固定资产形成总额上下幅度较大,其中在 2011—2016 年整体处于下降状态,在 2017 年及以后情况开始好转;塔吉克斯坦除 2012—2013 年的两年固定资产投资低迷期之外,整体处于大幅上涨阶段,相比于其他国家增长速度较快;土库曼斯坦除 2011 年有小幅下降外,在十年间固定资产形成总额总体处于稳步上升趋势,其中 2013 年和 2015 年的涨幅相对较高。

表 3-12　中亚五国农业固定资产形成总额　单位:百万美元

国别	2010 年	2011 年	2012 年	2013 年	2014 年	2015 年	2016 年	2017 年	2018 年	2019 年
哈萨克斯坦	547.967 5	616.829 2	624.434 2	689.052 8	704.204 8	768.665 4	757.125	803.960 4	833.674 1	922.038 1
乌兹别克斯坦	1 369.244	1 627.998	1 739.028	1 821.412	2 031.966	1 764.753	1 718.532	1 870.68	1 834.876	1 765.596
吉尔吉斯斯坦	38.317 47	67.209 94	57.895 55	45.270 05	38.458 14	50.572 35	36.017 86	38.623 36	66.595 57	69.806 39
塔吉克斯坦	84.917 94	102.947 8	92.873 38	88.815 54	118.214 9	132.366 5	145.358 4	170.296 1	225.279 4	228.057 1
土库曼斯坦	359.144 3	342.366 8	341.170 6	387.438 9	412.490 2	463.738 3	471.417 6	497.520 2	527.150 1	536.987 9

数据来源:FAO 数据库,笔者整理计算所得。

3.2.2 中亚五国农业生产效率产出指标概述

产出指标是反映某一社会过程产出的行业收入、产品数量等资源的指标。基于数据的可获得性和研究视角，本书选取中亚五国农业增加值指标来评估农业生产产出的行业收入情况；选取中亚五国农业产量指标来评估农业生产的产品数量。

根据表 3-13 可知，哈萨克斯坦近十年农业增加值总体上呈现上升趋势，其中 2011 年的增长势头较好，2012 年出现了增加值下降的情况，其余年份均处于平稳上涨状态；乌兹别克斯坦近十年来的农业增加值在 2010—2016 年在 6%增长水平上平稳上升，在 2017—2019 年农业增加值增长速度减缓，但一直呈现低速增长趋势；吉尔吉斯斯坦除 2014 年农业增加值有小幅度降低之外，其余年份均处于较低水平发展阶段，其中 2015 年发展速度较为突出，达到了 6%；塔吉克斯坦近十年来农业增加值一直处于上升趋势，其中 2012—2014 年、2017—2019 年相比其他年份发展速度较快，涨幅均达到 8%左右；土库曼斯坦农业增加值在 2011 年出现了较大幅度下降，在 2012 年之后除 2016 年有小幅降低外，均处于平稳上升状态。

表 3-13　中亚五国农业增加值　　　单位：百万美元

国别	2010 年	2011 年	2012 年	2013 年	2014 年	2015 年	2016 年	2017 年	2018 年	2019 年
哈萨克斯坦	7 129.841	9 019.249	7 449.899	8 284.288	8 391.984	8 685.703	9 154.731	9 447.683	9 806.695	9 796.888
乌兹别克斯坦	18 546.1	19 673.44	21 043.3	22 398.35	23 738.59	25 187.17	26 740.73	27 048.71	27 117.3	27 807.75
吉尔吉斯斯坦	838.642 8	854.128 5	864.781 9	889.441	884.551 5	939.002 8	965.916 3	987.505 2	1 013.227	1 039.482
塔吉克斯坦	1 288.823	1 293.803	1 416.656	1 525.495	1 665.611	1 722.732	1 812.086	1 963.242	2 115.711	2 265.701
土库曼斯坦	2 479.988	2 228.847	2 368.477	2 600.878	2 809.365	3 352.863	3 327.125	3 571.675	3 858.734	3 917.621

数据来源：FAO 数据库，笔者整理计算所得。

根据表 3-14 可知，哈萨克斯坦近十年来的农业生产量一直处于稳定上升状态，其中 2011 年、2012 年和 2014 年，相比其他年份增长速度较快，均达到 10%左右；乌兹别克斯坦农业生产量在 2017 年前均处于较高速度增长阶段，每年增幅均达到 10%左右，在 2017—2018 年农业生产量出现低幅度下降情况，2019 年农业生产量恢复到 2015 年水平；吉尔吉斯斯坦近十年来除 2018 年农业生产量有小幅降低之外，其余年份产量一直处于稳定上升阶段，其中 2015 年的生产量增幅达到了 10%的较高水平；塔吉克斯坦 2010—2019 年的农业生产量一直处于稳定上升状态，在 2012 年、2013 年和 2018 年的生产增幅均达到了 10%水平；土库曼斯坦近十年来的农业生产量没有太大起伏，均在 130 万吨左右浮动。

表 3-14　中亚五国农业产量　　　　　单位：千吨

国别	2010 年	2011 年	2012 年	2013 年	2014 年	2015 年	2016 年	2017 年	2018 年	2019 年
哈萨克斯坦	3 933	4 375	5 010	5 260	5 714	5 938	6 191	6 198	6 545	7 049
乌兹别克斯坦	10 228	11 259	12 447	13 661	14 915	16 311	18 028	16 483	15 352	15 792
吉尔吉斯斯坦	1 174	1 203	1 265	1 297	1 378	1 525	1 531	1 571	1 554	1 593
塔吉克斯坦	2 015	2 144	2 369	2 595	2 725	2 915	2 996	3 168	3 495	3 647
土库曼斯坦	1 327	1 303	1 269	1 293	1 305	1 306	1 311	1 313	1 332	1 347

数据来源：FAO 数据库，笔者整理计算所得。

3.2.3 中亚五国农业生产效率分析

3.2.3.1 效率测度方法概述

①数据包络分析法（DEA）是由美国运筹学家 Charnes、Cooper 等于 1978 年在相对效率评价的基础上提出的一种新的评价方法。DEA 将一个"可以通过一系列决策后，投入一定数量生产要素，并产出一定数量产品"的经济系统称为决策单元（DMU），因此它可以直接评价具有多个输入和多个输出决策单元之间的相对效率。

②经典 DEA 模型，比如投入导向的 CCR 或 BCC 模型就是径向、角度 DEA 模型。当存在投入过度或者产出不足，即存在投入或产出的非零松弛时，径向 DEA 会高估 DMU 的效率值；而角度 DEA 必须要忽视投入或产出的变动情况，计算出的结果并不符合客观实际。因此，为了克服上述问题，Tone 创造了一种基于松弛变量的效率测度方法（Slacks-Based-Measure），即 SBM 模型。具体模型如下：

假设有 n 个决策单元，其投入和产出向量 $X = (x_{ij}) \in R^{m \times n}$，$Y = (y_{kj}) \in R^{s \times n}$，令 $X > 0$，$Y > 0$，则生产可能性集：$P = \{ (x, y) \mid x \geq X\Lambda, y \leq Y\Lambda, \Lambda \geq 0 \}$，其中 $\Lambda = [\lambda_1, \lambda_2, \cdots, \lambda_n] \in R^n$ 表示权系数向量 P 函数中的两个不等式分别表示实际投入水平大于前沿水平，实际产出小于前沿产出水平。根据 Tone 理论模型，使用 SBM 模型评估 DMU (x_0, y_0) 如下方程所示：

$$\min\rho = \frac{1 - \dfrac{1}{m} \sum_{i=1}^{m} \dfrac{s_i^x}{x_{i0}}}{1 + \dfrac{1}{s} \sum_{k=1}^{s} \dfrac{s_k^y}{y_{k0}}}$$

$$s. \ t. \ x_{i0} = \sum_{j=1}^{n} \lambda_j x_j + s_i^x, \ \forall i;$$

$$y_{k0} = \sum_{j=1}^{n} \lambda_j y_j - s_k^y, \ \forall k;$$

$$s_i^x \geq 0, \ s_k^y \geq 0, \ \lambda_j \geq 0, \ \forall i, j, k;$$

$S^x \in R^m$，$S^y \in R^s$ 分别表示投入和产出的松弛变量，ρ 表示决策单元的效率值，m、s 代表投入和产出的变量个数。公式满足规模报酬不变（CRS）假设。在上述公式中添加约束，即 $\sum_{j=1}^n \lambda_j = 1$，则公式满足规模报酬可变情形（VRS）。

当 $\rho=1$，也就是 $s^x=0$，$s^x=0$ 代表 DMU 是有效的；当 $\rho<1$ 时，代表 DMU 是非有效的，存在改善空间。通过减去投入的过剩量以及加上产出的不足量即可获得最优投入和最优产出：

$$x_0^* = x_0 - s^{x*}$$

$$y_0^* = y_0 + s^{y*}$$

3.2.3.2 中亚五国生产效率结果分析

本书的研究采用 SBM 模型，以农业从业人数和农业固定资产形成总额作为模型的投入变量；以农业增加值和农业生产量作为模型的产出变量，对中亚五国农业生产效率进行测度，结果如表 3-15 所示。

表 3-15　中亚五国农业生产效率

国别	2010年	2011年	2012年	2013年	2014年	2015年	2016年	2017年	2018年	2019年
哈萨克斯坦	0.565	0.631	0.627	0.652	0.718	0.772	0.839	0.881	0.963	1.000
乌兹别克斯坦	0.748	0.728	0.767	0.795	0.801	0.915	1.000	0.934	0.915	1.000
吉尔吉斯斯坦	0.705	0.544	0.609	0.691	0.777	0.744	1.000	1.000	0.950	1.000
塔吉克斯坦	0.707	0.652	0.830	1.000	0.869	0.865	0.839	0.809	0.701	1.000
土库曼斯坦	0.553	0.539	0.572	0.620	0.676	0.764	0.791	0.854	0.935	1.000

从表 3-15 可知，从总体效率均值来看，中亚五国近十年来的农业生产效率呈上升趋势，除去 2011 年和 2018 年效率有小幅下降之外，其余年份都有增长；乌兹别克斯坦在中亚五国内的农业生产效率值最高，充分利用了其投入变量，达到了资源配置最优化；哈萨克斯坦和土库曼斯坦位于农业生产效率值的尾列，这说明其不能够合理利用投入变量，无法将有限的投入资源有效转化成自身农业生产资料。从各国农业生产效率值来看，哈萨克斯坦除 2012 年农业生产效率值有小幅下降外，其余年份均处于效率增长状态；乌兹别克斯坦在经历了 2010—2015 年的发展后，在 2016 年达到了农业生产效率前沿面，随后两年的效率值出现了小幅下降；吉尔吉斯斯坦在 2010—2015 年农业效率值起伏不定，最终在经历了 2016 年的效率高速发展后，2017—2019 年农业生产效率

处在前沿面，几乎没有变化；塔吉克斯坦在经历 2010—2012 年的发展后，在 2013 年达到了农业生产效率值的前沿面，随后在 2014—2018 年效率值持续走低，最终在 2019 年恢复到生产效率前沿面；土库曼斯坦除 2011 年生产效率出现小幅下降外，其余年份均处于持续小幅增长状态，最终在 2019 年达到了农业生产效率前沿面。

3.3　中亚五国果蔬产品消费水平评价及预测

3.3.1　哈萨克斯坦农业消费水平评价及预测

哈萨克斯坦近十年人口增长率一直为正，在可预期的未来，消费市场会一直处于不断扩大的状态。

基于表 3-16 的数据具体分析其农产品消费现状及未来预测：①柠檬与酸橙、西柚和柑橘类的市场需求在十年内虽然略有起伏，但总体相对稳定，在未来几年会长期保持现有水平。②西红柿、洋葱、橙子、芭蕉、菠萝和葡萄的市场需求近两年呈下降趋势，未来的需求量可能进一步降低，但不排除会反弹的趋势。③其他蔬菜、香蕉、苹果、海枣的市场消费量近年来呈上升趋势，在未来需求量可能进一步扩大。

表 3-16　哈萨克斯坦农产品人均消费量及人口增长率

人均消费量单位：kg

果蔬	2010 年	2011 年	2012 年	2013 年	2014 年	2015 年	2016 年	2017 年	2018 年	2019 年
西红柿	4.166	5.556	5.955	6.340	6.247	7.068	5.845	7.761	6.785	5.239
洋葱	1.961	3.503	3.514	7.866	7.057	9.007	7.137	4.380	8.262	6.698
其他蔬菜	11.457	17.515	16.198	25.711	22.732	15.505	7.980	10.478	17.181	20.903
橙子	3.615	4.228	5.181	6.164	5.148	4.446	3.709	2.772	4.104	3.565
柠檬、酸橙	0.306	0.302	0.298	0.294	0.231	0.399	0.337	0.333	0.328	0.324
西柚	0.061	0.060	0.119	0.117	0.058	0.114	0.056	0.055	0.109	0.108
柑橘类	0.000	0.000	0.000	0.059	0.000	0.000	0.000	0.000	0.000	0.000
香蕉	2.757	2.718	2.382	2.407	2.661	2.736	2.023	1.774	1.860	2.431
芭蕉	0.000	0.000	0.179	0.352	0.231	0.285	0.169	0.000	0.000	0.000
苹果	9.558	7.731	8.218	8.453	9.428	11.686	6.350	7.817	6.566	8.966
菠萝	0.245	0.362	0.357	0.411	0.347	0.285	0.281	0.333	0.328	0.270
海枣	0.184	0.181	0.238	0.587	0.636	1.026	1.293	1.441	1.806	1.512

表3-16(续)

果蔬	2010 年	2011 年	2012 年	2013 年	2014 年	2015 年	2016 年	2017 年	2018 年	2019 年
葡萄	2.144	6.100	8.337	3.992	9.428	15.220	16.747	14.802	10.888	7.994
其他水果	7.046	22.166	26.739	31.522	27.533	19.951	21.243	19.515	17.181	14.314
人口增长率		0.014	0.014	0.014	0.015	0.015	0.014	0.014	0.013	0.013

数据来源：FAO 数据库，笔者整理计算所得。

3.3.2 乌兹别克斯坦农业消费水平评价及预测

乌兹别克斯坦近十年人口增长率一直为正，在可预期的未来消费市场会一直处于不断扩大的状态。

基于表 3-17 的数据，具体分析其农产品消费现状及未来预测：①柠檬、酸橙和西柚的市场需求在十年内虽然略有起伏，但总体相对稳定，在未来几年会长期保持现有水平。②洋葱的市场需求近两年呈下降趋势，未来的需求量可能进一步降低，但不排除会反弹的趋势。③西红柿、其他蔬菜、橙子、香蕉、苹果、菠萝、海枣、葡萄和其他水果的市场消费量近年来呈上升趋势，在未来需求量可能进一步扩大。

表 3-17 乌兹别克斯坦农产品人均消费量及人口增长率

人均消费量单位：kg

果蔬	2010 年	2011 年	2012 年	2013 年	2014 年	2015 年	2016 年	2017 年	2018 年	2019 年
西红柿	0.035	0.068	0.336	0.033	0.000	0.000	0.000	0.216	0.000	0.238
洋葱	0.000	0.000	0.000	0.000	0.748	0.671	0.314	0.000	0.000	0.000
其他蔬菜	0.140	0.205	0.202	0.231	0.293	0.288	0.220	0.278	0.334	0.536
橙子	0.070	0.068	0.067	0.099	0.228	0.160	0.188	0.463	0.728	1.221
柠檬、酸橙	0.000	0.034	0.034	0.000	0.000	0.000	0.000	0.000	0.000	0.000
西柚	0.000	0.000	0.000	0.000	0.000	0.000	0.000	0.000	0.000	0.000
香蕉	0.000	0.000	0.067	0.132	0.098	0.096	0.063	0.556	0.728	1.281
苹果	0.035	0.034	0.000	0.000	0.000	0.000	0.000	0.031	0.030	0.060
菠萝	0.000	0.068	0.067	0.066	0.098	0.032	0.094	0.062	0.091	0.149
海枣	0.000	0.000	0.000	0.000	0.033	0.000	0.031	0.031	0.030	0.060
葡萄	0.000	0.000	0.000	0.000	0.000	0.000	0.000	0.000	0.000	0.030
其他水果	0.000	0.000	0.000	0.000	0.065	0.000	0.063	0.093	0.091	0.268
人口增长率		0.027	0.015	0.016	0.017	0.018	0.018	0.017	0.018	0.019

数据来源：FAO 数据库，笔者整理计算所得。

3.3.3 吉尔吉斯斯坦农业消费水平评价及预测

吉尔吉斯斯坦近十年人口增长率一直为正，在可预期的未来消费市场会一直处于不断扩大的状态。

基于表3-18的数据，具体分析其农产品消费现状及未来预测：①柠檬与酸橙、西柚和柑橘类的市场需求在十年内虽然略有起伏，但总体相对稳定，在未来几年会长期保持现有水平。②洋葱、橙子和苹果的市场需求近两年呈下降趋势，未来的需求量可能进一步降低，但不排除会反弹的趋势。③西红柿、其他蔬菜、香蕉、芭蕉、菠萝、海枣、葡萄和其他水果的市场消费量近年来呈上升趋势，在未来需求量可能进一步扩大。

表3-18 吉尔吉斯斯坦农产品人均消费量及人口增长率

人均消费量单位：kg

果蔬	2010年	2011年	2012年	2013年	2014年	2015年	2016年	2017年	2018年	2019年
西红柿	0.551	0.544	0.892	0.699	1.542	1.847	2.138	1.613	1.265	2.788
洋葱	0.000	0.000	0.000	0.000	0.514	0.504	0.164	0.807	0.474	0.465
其他蔬菜	0.734	1.088	0.713	0.699	1.542	1.007	3.125	6.292	6.801	8.054
橙子	1.652	1.632	2.140	2.098	2.570	2.182	1.974	1.291	1.898	1.394
柠檬、酸橙	0.184	0.181	0.178	0.175	0.171	0.168	0.658	0.161	0.158	0.155
西柚	0.000	0.000	0.000	0.000	0.000	0.000	0.000	0.000	0.000	0.000
柑橘类	0.000	0.000	0.000	0.000	0.000	0.000	0.000	0.000	0.000	0.000
香蕉	1.652	2.176	1.962	1.049	0.514	1.511	1.151	0.807	1.740	3.253
芭蕉	0.000	0.000	0.000	0.000	0.000	0.000	0.161	0.158	0.155	
苹果	4.589	2.539	1.427	2.623	2.399	0.839	1.316	1.291	1.423	2.168
菠萝	0.000	0.000	0.000	0.000	0.168	0.164	0.161	0.158	0.310	
海枣	0.000	0.000	0.000	0.000	0.171	0.000	0.329	0.323	0.474	0.620
葡萄	0.367	0.181	0.178	0.175	0.171	1.175	2.138	3.549	4.428	3.562
其他水果	1.468	1.088	0.357	1.224	1.371	2.854	5.922	4.517	6.010	6.196
人口增长率		0.012	0.017	0.020	0.020	0.021	0.021	0.020	0.020	0.021

数据来源：FAO数据库，笔者整理计算所得。

3.3.4 塔吉克斯坦农业消费水平评价及预测

塔吉克斯坦近十年人口增长率一直为正，在可预期的未来内消费市场会一直处于不断扩大的状态。

基于表3-19的数据，具体分析其农产品消费现状及未来预测：①苹果的市场需求在十年内虽然略有起伏，但总体相对稳定，在未来几年会长期保持现有水平。②洋葱的市场需求近两年呈下降趋势，未来的需求量可能进一步降低，但不排除会反弹的趋势。③西红柿、其他蔬菜、橙子、香蕉、葡萄和其他水果的市场消费量近年来呈上升趋势，在未来需求量可能进一步扩大。

表 3-19　塔吉克斯坦农产品人均消费量及人口增长率

人均消费量单位：kg

果蔬	2010 年	2011 年	2012 年	2013 年	2014 年	2015 年	2016 年	2017 年	2018 年	2019 年
西红柿	1.328	0.520	0.381	0.372	1.454	0.591	0.577	0.338	0.440	0.644
洋葱	0.000	0.000	1.270	0.248	0.242	0.000	0.000	0.113	0.000	0.000
其他蔬菜	0.266	0.260	0.254	0.372	0.606	0.355	0.231	0.450	0.769	1.824
橙子	0.000	0.000	0.000	0.000	0.121	0.118	0.115	0.113	0.000	0.107
香蕉	0.000	0.000	0.000	0.000	0.242	0.118	0.115	0.113	0.110	0.322
苹果	0.000	0.000	0.000	0.000	0.727	0.000	0.115	0.113	0.110	0.107
葡萄	0.000	0.000	0.000	0.000	0.000	0.000	0.000	0.113	0.110	0.215
其他水果	0.000	0.000	0.000	0.000	0.364	0.237	0.115	0.113	0.220	0.429
人口增长率		0.023	0.023	0.023	0.024	0.024	0.025	0.025	0.025	0.024

数据来源：FAO 数据库，笔者整理计算所得。

3.3.5　土库曼斯坦农业消费水平评价及预测

土库曼斯坦近十年人口增长率一直为正，在可预期的未来消费市场会一直处于不断扩大的状态。

基于表 3-20 的数据具体分析其农产品消费现状及未来预测：①洋葱的市场需求在十年内虽然略有起伏，但总体相对稳定，在未来几年会长期保持现有水平。②西红柿、苹果、海枣和其他水果的市场需求近两年呈下降趋势，未来的需求量可能进一步降低，但不排除会反弹的趋势。③其他蔬菜、橙子和葡萄的市场消费量近年来呈上升趋势，在未来需求量可能进一步扩大。

表 3-20　土库曼斯坦农产品人均消费量及人口增长率

人均消费量单位：kg

果蔬	2010 年	2011 年	2012 年	2013 年	2014 年	2015 年	2016 年	2017 年	2018 年	2019 年
西红柿	0.000	0.000	0.000	0.000	1.098	2.156	1.589	0.521	0.684	0.000
洋葱	3.931	3.479	3.797	2.422	9.696	0.898	7.241	5.731	1.880	3.366
其他蔬菜	0.393	0.387	0.380	0.373	4.025	6.109	1.413	0.868	3.760	3.702
橙子	0.197	0.387	0.380	0.373	1.281	0.898	1.589	1.216	0.855	1.346

表3-20（续）

果蔬	2010 年	2011 年	2012 年	2013 年	2014 年	2015 年	2016 年	2017 年	2018 年	2019 年
香蕉	0.000	0.000	0.000	0.000	0.000	0.000	0.000	0.000	0.000	0.168
苹果	0.000	0.193	0.000	0.186	10.610	8.266	7.417	8.510	5.811	1.851
海枣	0.000	0.000	0.000	0.000	0.183	0.180	0.177	0.174	0.513	0.000
葡萄	0.000	0.000	0.000	0.000	0.366	0.000	0.353	0.347	0.171	0.337
其他水果	1.179	0.773	0.569	0.745	2.927	1.617	2.119	3.126	1.880	1.178
人口增长率		0.017	0.018	0.019	0.019	0.018	0.017	0.017	0.016	0.016

数据来源：FAO 数据库，笔者整理计算所得。

3.4 中亚五国果蔬产品供需缺口和市场潜力

3.4.1 哈萨克斯坦供需缺口和市场潜力

根据表3-21可知，哈萨克斯坦 2010—2019 年除芭蕉和柑橘类水果接近自给自足外，其余蔬菜和水果国内存在较大供给缺口。近年来，哈萨克斯坦蔬菜类产量增加，较前几年供给缺口逐渐缩小。然而各类水果的供给缺口仍未得到改善。具体来看，香蕉和橙子市场潜力一直处于稳定水平；苹果、葡萄和其他水果市场潜力较大，需要依靠大量进口弥补国内需求。

表 3-21 哈萨克斯坦农产品供需缺口　　　　　　单位：万吨

果蔬	2010 年	2011 年	2012 年	2013 年	2014 年	2015 年	2016 年	2017 年	2018 年	2019 年
西红柿	66	89	96	106	106	119	99	122	91	59
洋葱	-67	35	-5	110	82	117	84	16	79	21
其他蔬菜	154	283	260	428	369	258	119	136	87	26
橙子	60	70	86	104	87	77	66	49	64	55
柠檬、酸橙	5	5	5	5	4	7	6	6	6	6
西柚	1	1	2	2	2	1	1	1	2	2
柑橘类	1	1	1	0	0	0	0	0	0	0
香蕉	45	45	45	45	45	45	45	45	45	45
芭蕉	0	0	0	0	0	0	0	0	0	0
苹果	158	133	142	148	146	158	123	141	112	127
菠萝	4	5	6	7	6	5	5	6	6	5
海枣	3	2	2	9	10	16	19	22	28	24
葡萄	36	100	137	62	156	262	274	241	179	122
其他水果	128	322	366	444	416	301	350	318	261	224

3.4.2 乌兹别克斯坦供需缺口和市场潜力

根据表3-22可知,在蔬菜生产方面,乌兹别克斯坦近十年来能够在自给自足的基础上出口相当大一部分产量,对于国外出口商而言几乎没有市场潜力;然而在水果生产方面情况较为复杂,对于柠檬、酸橙、柑橘类、苹果、葡萄和其他水果而言,乌兹别克斯坦能够做到产有余量,然而在橙子、西柚、香蕉、菠萝和海枣市场存在一定的供给缺口,有不错的市场潜力。

表3-22 乌兹别克斯坦农产品供需缺口 单位:万吨

果蔬	2010年	2011年	2012年	2013年	2014年	2015年	2016年	2017年	2018年	2019年
西红柿	-60	-56	-9	-19	-20	-37	-42	-46	-64	-55
洋葱	-24	-18	-12	-12	5	-12	-35	-27	-100	-263
其他蔬菜	-108	-187	-99	-260	-250	-209	-191	-190	-312	-284
橙子	3	3	1	2	7	4	5	15	25	40
柠檬、酸橙	0	0	0	0	-1	-3	-2	-4	-2	-6
西柚	0	0	0	0	0	0	0	0	0	1
柑橘类	0	0	0	0	0	0	0	0	0	0
香蕉	0	0	2	4	3	3	2	18	24	43
苹果	7	-4	-21	-19	-33	-61	-302	24	62	88
菠萝	1	2	2	2	2	2	2	1	2	3
海枣	0	0	0	0	1	0	1	1	1	2
葡萄	-133	-226	-245	-213	-160	-375	-552	-593	-544	-549
其他水果	-149	-266	-200	-241	-268	-271	-375	-403	-375	-352

3.4.3 吉尔吉斯斯坦供需缺口和市场潜力

根据表3-23可知,在蔬菜生产方面,吉尔吉斯斯坦的洋葱产量能够做到自给自足并有一部分出口,没有剩余的市场空间,但近年来西红柿和其他蔬菜市场一直出现供给缺口,存在一定的市场潜力;在水果生产方面,吉尔吉斯斯坦近几年并不能做到自给自足,其中柠檬、酸橙、苹果、菠萝和海枣存在较小供给缺口;而橙子、香蕉和葡萄供给缺口较大,有不错的市场潜力。

表3-23 吉尔吉斯斯坦农产品供需缺口 单位:万吨

果蔬	2010年	2011年	2012年	2013年	2014年	2015年	2016年	2017年	2018年	2019年
西红柿	-6	1	-3	3	9	11	12	8	7	9
洋葱	-51	-47	-18	-31	-26	-21	-2	-9	-4	-16
其他蔬菜	-80	-79	-79	-85	-78	-79	-3	12	26	27

表3-23(续)

果蔬	2010年	2011年	2012年	2013年	2014年	2015年	2016年	2017年	2018年	2019年
橙子	9	9	12	12	15	13	12	8	12	9
柠檬、酸橙	1	1	1	1	1	1	4	1	1	1
香蕉	9	11	11	6	3	9	7	5	10	21
苹果	12	−17	−23	−14	−2	2	4	2	1	3
菠萝	0	0	0	0	0	0	1	1	1	2
海枣	0	0	0	0	1	0	2	2	3	4
葡萄	0	−3	−3	−3	1	6	12	18	17	5
其他水果	−55	−42	−51	−44	−11	5	23	−6	0	−13

3.4.4 塔吉克斯坦供需缺口和市场潜力

根据表3-24可知，在蔬菜生产方面，塔吉克斯坦近十年来的西红柿和洋葱一直能够自给自足，但近年来供给剩余量却在不断减少，在可预见的未来几年内可能会存在潜的市场需求；在水果生产方面，橙子、柠檬、酸橙、葡萄和其他水果几乎都能做到自给自足，没有过多市场潜力；而在香蕉和苹果市场一直存在供给缺口，有不错的市场潜力。

表3-24　塔吉克斯坦农产品供需缺口　　　　单位：万吨

果蔬	2010年	2011年	2012年	2013年	2014年	2015年	2016年	2017年	2018年	2019年
西红柿	−13	−9	−9	−9	0	−7	−8	−9	−8	−6
洋葱	−126	−70	−48	−100	−69	−106	−80	−50	−78	−54
其他蔬菜	−1	1	0	−1	−3	−6	−1	−1	1	11
橙子	0	1	0	0	1	1	1	0	0	1
柠檬、酸橙	0	0	0	0	0	−1	0	0	0	0
香蕉	0	0	0	0	2	1	1	1	1	3
苹果	40	28	23	22	11	9	11	13	13	1
葡萄	−11	−6	−5	−5	−4	−10	−12	−13	−12	−11
其他水果	−15	−15	−18	−18	−66	−97	−81	−50	−53	−12

3.4.5 土库曼斯坦供需缺口和市场潜力

根据表3-25可知，在蔬菜生产方面，土库曼斯坦近几年能够做到西红柿市场的自给自足并且能够做到一定量的出口，而对于洋葱和其他蔬菜而言，存在较大供给缺口，有不错市场潜力；在水果生产方面，除了葡萄之外，其余水果都存在较大供给缺口，市场潜力较大。

表 3-25　土库曼斯坦农产品供需缺口　　　　单位：万吨

果蔬	2010 年	2011 年	2012 年	2013 年	2014 年	2015 年	2016 年	2017 年	2018 年	2019 年
西红柿	0	0	0	0	4	10	7	-2	-4	-21
洋葱	21	16	20	12	54	5	41	33	10	17
其他蔬菜	2	0	0	0	20	32	7	3	22	20
橙子	1	2	2	2	7	5	9	7	5	8
苹果	-8	-4	0	4	24	22	18	28	21	19
葡萄	0	0	0	0	0	-1	1	2	-3	-1
其他水果	6	4	4	3	12	10	12	18	12	7

3.5　中亚五国与中国新疆供需异同及合作潜力分析

将中国新疆农产品生产量与中亚五国农产品供需缺口进行比较分析，可得出以下结论：

（1）对于哈萨克斯坦而言，其蔬菜与水果供给大量依赖国外进口。新疆与哈萨克斯坦的农产品贸易合作具体可以从蔬菜、苹果、香蕉、红枣和葡萄市场入手，根据实际情况填补其供给缺口，实现双方共赢。

（2）对于乌兹别克斯坦而言，其大部分蔬菜和水果能够做到自给自足，并没有过多市场剩余空间，但在橙子、西柚、香蕉、菠萝和海枣市场存在一定的供给缺口。结合实际情况，中国新疆与乌兹别克斯坦的农产品贸易可以从红枣市场入手。

（3）对于吉尔吉斯斯坦而言，其西红柿、其他蔬菜、柠檬、酸橙、苹果、菠萝、海枣、橙子、香蕉和葡萄市场存在一定供给缺口，呈现出不错的市场潜力。结合中国新疆的农产品产量，双方农业贸易可以从蔬菜、苹果、红枣和葡萄市场入手，填补吉尔吉斯斯坦的供给缺口，实现共赢。

（4）对于塔吉克斯坦而言，其目前的蔬菜市场没有出现供需缺口，但供给量在逐年下降，在未来几年可能会出现潜在的市场需求；在水果方面，香蕉和苹果市场不能做到自给自足，依赖国外进口。针对塔吉克斯坦农业市场，中国新疆可以先在其蔬菜市场进行战略布局，等待合适贸易机会；对于苹果市场的供需缺口，双方可以通过合作贸易进行填补。

（5）对于土库曼斯坦而言，其洋葱、蔬菜、橙子、苹果和其他水果存在明显供需缺口，具有较大市场潜力。结合中国新疆农产品生产量，双方可以就蔬菜、苹果和其他水果达成贸易合作，填补土库曼斯坦国内供给量的缺口，实现合作共赢。

4 中亚五国农业投资环境评价

4.1 中亚五国投资环境现状

4.1.1 哈萨克斯坦投资环境现状

4.1.1.1 政治与法律环境

哈萨克斯坦为总统制共和国，自独立以来实行渐进式民主政治改革。2007年6月中旬，哈萨克斯坦议会通过宪法修正案，确定哈萨克斯坦政体由总统制向总统议会制过渡。国家政权以宪法和法律为基础，根据立法、司法、行政三权既分立又相互作用和制衡的原则行使职能。哈萨克斯坦于20世纪80年代末至20世纪90年代初开始实行政治多元化，独立后，即推行多党制进程。哈萨克斯坦的政治形势基本稳定，纳扎尔巴耶夫的连任促进了国家政权和中亚地区的社会稳定。2019年3月19日，纳扎尔巴耶夫宣布辞职，时任参议院议长的托卡耶夫成为代理总统。

哈萨克斯坦社会治安总体比较稳定。近年来，随着哈萨克斯坦社会经济下滑，民生问题突出，民族主义情绪有所抬头，非法宗教极端组织活动逐步活跃，社会治安问题明显上升。据哈萨克斯坦官方统计，2019年，全国共发生刑事案件24.15万件。2019年，哈萨克斯坦在所有国家百分位排名中，话语权与问责制得分14.49；政治稳定无暴力得分41.04；政府效率得分57.69；监管效率得分61.06；法制环境得分36.06；腐败控制指数得分44.23。

4.1.1.2 经济与对外开放环境

哈萨克斯坦是中亚地区经济发展较快、政治局势比较稳定、社会秩序相对良好的国家，有着丰富的石油、天然气、煤炭、有色金属等矿产资源，农业基础良好，生态状况优良，地理位置优越。世界经济论坛《2019年全球竞争力报告》显示，哈萨克斯坦在全球最具竞争力的141个国家和地区中排名第55

位。根据国际管理发展学院（IMD）最新发布的全球经济体竞争力排名报告，哈萨克斯坦在全球 63 个国家（地区）排名第 42 位。根据世界银行发布的《2020 年营商环境报告》，哈萨克斯坦在 190 个经济体中排名第 25 位。

2019 年哈萨克斯坦经济增速为 4.5%。失业率为 4.8%，无业人口 44.14 万。哈萨克斯坦 2019 年度财政收入 333.3 亿美元，同比增长了 6.4%，财政支出 353.6 亿美元，同比增长 97.5%，赤字 33.6 亿美元。2019 年 9 月 7 日，标普发布报告，确认哈萨克斯坦本、外币长期和短期主权信用评级为"BBB-/A-3"，评级展望为"稳定"。2019 年 9 月 9 日，惠誉发布报告，确认哈萨克斯坦国家评级为"BBB+"。2020 年 2 月 21 日，穆迪确认哈萨克斯坦主权信用评级为"Baa3"，评级展望为"积极"。

近十年来，哈萨克斯坦国民生活水平不断得到改善。2019 年，哈萨克斯坦职工月平均工资约合 485 美元，同比增长 14.3%；人均可支配收入约合 3 244.38 美元，同比增长 9.64%；最低生活保障标准约合 76.66 美元，同比增长 8.39%。哈萨克斯坦人民的储蓄意识不强，喜欢超前消费。2019 年，哈萨克斯坦通货膨胀率为 5.4%。与年初相比，面粉价格上涨 17.7%，大米价格上涨 20.4%，谷物价格上涨 8.3%，面包价格上涨 10.9%，羊肉价格上涨 12.2%。受坚戈汇率贬值等因素影响，居民实际购买力呈下降趋势。

哈萨克斯坦已与 190 多个国家和地区建立了贸易关系。据哈萨克斯坦国家统计委员会发布的数据，2019 年哈萨克斯坦对外贸易总额为 960.8 亿美元，较上年增长 1.4%。其中出口 577.2 亿美元，下降 5.5%；进口 383.6 亿美元，增长 14%；贸易顺差 193.6 亿美元，下降 32.3%。2019 年，哈萨克斯坦主要出口商品为能矿产品（72.8%）、金属制品（13.5%）、农产品和食品（5.7%）。哈萨克斯坦主要进口商品为机械设备（44.2%）、化工产品（14.2%）、金属及其制品（12%）、农产品及食品（10.2%）。

哈萨克斯坦独立以后，为发展本国经济，一直致力于吸引外资。2019 年，哈萨克斯坦吸引外国直接投资 241.15 亿美元，较上年微降 0.8%。联合国贸易与发展会议发布的《2020 年世界投资报告》显示，2019 年，哈萨克斯坦吸收外资流量为 31.2 亿美元；截至 2019 年年底，哈萨克斯坦吸收外资存量为 1 493.7 亿美元。据中国海关统计，2019 年，中国与哈萨克斯坦双边贸易额为 219.9 亿美元，较上年增长 10.6%，自 2015 年以来首次重回 200 亿美元大关。其中，中国对哈萨克斯坦出口 127.3 亿美元，同比增长 12.1%；自哈萨克斯坦进口 92.6 亿美元，同比增长 8.6%。双边贸易中方顺差为 34.7 亿美元，同比增长 22.7%。目前，中国是哈萨克斯坦第二大贸易伙伴国（仅次于俄罗斯），也是哈萨克斯坦第二大出口目的国（仅次于意大利）和进口来源国（仅次于俄罗斯），在哈萨克斯坦对外贸易中的比重和分量保持稳定。

4.1.1.3 公共服务

哈萨克斯坦的电信行业发展在中亚地区属前列。截至 2019 年年底，哈萨克斯坦拥有固话用户 321 万，同比下降 4.2%；移动用户 2 570 万，同比减少 1.1%；互联网普及率达到 84.2%。2019 年哈萨克斯坦国内总发电量为 1 060 亿千瓦·时，用电量为 1 051 亿千瓦·时。近年来，哈萨克斯坦可再生能源市场正在加速发展。过去三年，哈萨克斯坦可再生能源发电量增长了一倍，从 2017 年的 11 亿千瓦·时增长到 2019 年的 24 亿千瓦·时，2020 年计划达到 31.5 亿千瓦·时。与此同时，可再生能源发电在总发电量中占比仍然较小，2019 年占比约为 2.3%。在教育方面，公共教育支出总额占 GDP 的比重为 2.86%。

4.1.1.4 物流水平

公路是哈萨克斯坦最主要的交通运输方式，其拥有的公路总里程仅次于俄罗斯，在独联体地区居第二位。哈萨克斯坦境内有六条国际公路，总长 8 258 千米，承担着欧亚大陆之间过境货物运输的重要任务，具有极其重要的意义。哈萨克斯坦作为世界上最大的内陆国家，铁路、航空运输在全国交通运输中扮演着重要角色。哈萨克斯坦目前铁路干线总里程 1.51 万千米，其中复线约 5 000千米、电气化线路约 4 100 千米、站线和专用线路约 6 700 千米。2019 年，哈萨克斯坦民航领域主要指标增长稳健。航空公司累计运载旅客 850 万人次，同比增长 7.5%；各大机场接待旅客近 1 700 万人次，同比增长 12.5%；组建首家廉价航空公司"飞狮"航空公司，新开通 11 条国际航线，机票平均价格调降 12%。现有大型机场 21 个，其中 12 个机场提供国际空运服务。全国最主要的机场是阿拉木图机场和努尔苏丹机场。

哈萨克斯坦作为一个内陆国，相比其他运输方式，水运并不发达。哈萨克斯坦里海海上运输主要依靠 3 个港口：阿克套国际商港、包季诺港和库雷克港。阿克套港可装卸各种干货和石油，是航空、铁路、公路、海运和管道多种运输途径的交通枢纽，也是目前哈萨克斯坦唯一的国际海港。哈萨克斯坦目前内河航运总里程 4 054 千米，分布在三个水域，即额尔齐斯河水域（1 719.5 千米）、伊犁河-巴尔喀什水域（1 308 千米）和乌拉尔河-里海水域（956 千米）。

哈萨克斯坦制定实施了《到 2020 年哈萨克斯坦发展战略规划》，对公路、铁路、管道运输、水运、电信、电力等基础设施改造和建设等进行了详细规划。2019 年年底，哈萨克斯坦政府批准实施《2020—2025 年"光明之路"国

家规划》，计划建设、改造、维修 2.1 万千米国家级公路，路况良好率达到
100%；维修 2.7 万千米地方公路，路况良好率达到 95%；实施 112 个基础设
施项目，创造 55 万个长期及临时性工作岗位。未来 5 年内，哈萨克斯坦计划
建设 13 座新机场。

由一国贸易和运输相关基础设施的质量、货运的难易度、物流服务的质
量、追踪查询货物的能力等测定的物流绩效指数来衡量一国的物流水平，2019
年，哈萨克斯坦的物流绩效指数为 2.81。

4.1.1.5　农业生产要素方面

哈萨克斯坦地广人稀，全国可耕地面积超过 2 000 万公顷，每年农作物播
种面积约 1 600 万~1 800 万公顷。主要农作物包括小麦（占粮食作物产量的
90% 左右）、玉米、大麦、燕麦、黑麦。粮食主产区在北部的科斯塔奈州、北
哈萨克斯坦州和阿克莫拉州。南方部分地区可种植水稻、棉花、烟草、甜菜、
葡萄和水果等。2019 年哈萨克斯坦农业产值约 136.29 亿美元，同比增长
0.9%。2019 年，哈萨克斯坦粮食总产量 1 742.9 万吨，同比下降 14.05%；小
麦产量 1 145.16 万吨，同比减少 17.87%；油料作物产量 258.37 万吨，同比减
少 4.08%；棉花产量 34.44 万吨，同比增加 0.23%。畜禽存栏量 7 537.44 万头
（只）。

哈萨克斯坦的水、电、燃气价格相对较低，这也是哈萨克斯坦政府引以为
豪的投资环境优势之一。截至 2019 年年底，哈萨克斯坦劳动力人口约 921 万
人，其中就业人口 877 万人，失业人口 44.1 万人，失业率为 4.8%。从劳动者
的总体素质看，哈萨克斯坦产业工人专业技能素质偏低，存在效率低、流动性
大等问题，专业技术人员、高素质人才匮乏的状况未得到改善。关于土地使用
权，《哈萨克斯坦土地法典》明确规定，外国个人和企业只能租用哈萨克斯坦
的土地，外国个人和企业可以承包经营农业土地，但租用期限不得超过 10 年，
不能拥有土地的所有权。2019 年，哈萨克斯坦的农业用地占土地面积的
80.02%。农业就业人员占就业总人数的比率为 14.85%。每公顷谷类产量为
1 359.4 千克，农业增加值占 GDP 的比率约为 4.47%。

4.1.2　吉尔吉斯斯坦投资环境现状

4.1.2.1　政治与法律环境

吉尔吉斯斯坦属政教分离的国家，政治上推行民主改革并实行多党制。根
据 2021 年 1 月 10 日新宪法全民公投结果，吉尔吉斯斯坦国家体制由议会制改
回总统制。吉尔吉斯斯坦是中国的友好邻邦，政局相对稳定，法律基本健全，

经济保持持续发展。良好的政治关系为推动中吉经贸、投资合作奠定了基础，吉尔吉斯斯坦积极响应中国"一带一路"倡议，并主动进行政策对接。近年来中吉双边经贸合作发展顺利，合作水平不断提高，在双边关系中充分发挥了"压舱石"和"推进器"的作用。

2018年11月，在前总统热恩别科夫执政时期，吉尔吉斯斯坦出台了《2018—2040年国家发展战略》。2018—2023年为战略发展第一阶段，将主要聚焦于建立公正的司法体系、大力发展经济以及大力发展地区三个方面。优先发展能源、制造业、采矿业、轻工业、农业及农产品加工业、旅游业等领域；进一步提高农产品生态标准，加强深加工，扩大优质农产品出口；实施一系列大型项目，如CASA-1000项目、中吉乌铁路项目、卡姆巴拉金1号水电站、纳伦河上游梯级水电站、中吉天然气管道项目等。为促进地区发展，吉尔吉斯斯坦将完善地区基础设施，实施清洁饮用水项目和灌溉系统建设、改良项目，提升地区的医疗和卫生水平等。

吉尔吉斯斯坦是议会制国家，从2005年至今，吉尔吉斯斯坦政权已三次非正常更迭，一度造成社会动荡，经济下滑，形势复杂多变，有可能存在政治风险，对外资企业经营影响极大。2019年，吉尔吉斯斯坦在所有国家百分位得分中，话语权与问责制得分33.33；政府效率得分25.00；监管效率得分38.46；法制环境得分19.23；腐败控制指数得分17.31。

4.1.2.2 经济与对外开放环境

从宏观经济来看，据吉尔吉斯斯坦国家统计委员会统计，2020年全年吉尔吉斯斯坦国内生产总值（GDP）为5 983.44亿索姆（约合503.01亿元人民币），同比下降8.6%。其中，农业增长1.1%，工业下降6.6%，建筑业下降15.9%，服务业下降15.5%。2020年，农业总产值占吉尔吉斯斯坦GDP的比例为13.5%，工业占21.1%，服务业占46.3%。2020年，吉尔吉斯斯坦财政收入128.11亿元人民币，支出134.31亿元人民币，赤字2.5亿美元。2020年吉尔吉斯斯坦国内通货膨胀率为6.3%。截至2021年1月1日，吉尔吉斯斯坦全国登记失业率为3%，在就业部门登记的失业人口总数为7.67万人。截至2021年5月，国际信用评级机构穆迪将吉尔吉斯斯坦本币和外汇贷款长期信用评级确定为"B2"，评级展望从"稳定"调整为"负面"。穆迪认为，吉尔吉斯斯坦政局的不确定性限制了通过融资发展经济的可能性，加之受疫情影响，可能制约投资人的积极性。

农业是吉尔吉斯斯坦经济的支柱产业。2020年，吉尔吉斯斯坦种植业和畜牧业平稳发展，吉尔吉斯斯坦农林牧业产值为2 472.98亿索姆（约合

193.42 亿元人民币），同比增长 1.1%。2020 年，吉尔吉斯斯坦主要农作物产量：小麦 62.9 万吨，同比增长 4.6%；土豆 132.7 万吨，同比下降 3.4%；蔬菜 113.1 万吨，同比下降 0.2%；水果浆果 27.8 万吨，同比增长 3.2%；籽棉 7.3 万吨，同比下降 9.3%；瓜类作物 26.2 万吨，同比增长 6.4%。

2018 年，吉尔吉斯斯坦政府颁布《吉尔吉斯斯坦——绿色经济国家》规划，鼓励发展绿色经济，支持发展绿色交通、绿色能源、绿色农业、绿色工业等，希望吸引投资和高新技术，促进经济社会可持续发展。近十年来，吉尔吉斯斯坦一直保持较高的外贸依存度。据吉尔吉斯斯坦官方统计，其出口总额连续 6 年维持在 GDP 的 40% 左右（高峰年份为 43%，最低年份为 27%）。

据联合国贸易与发展会议发布的《2021 年世界投资报告》显示，2020 年，吉尔吉斯斯坦吸收外资流量为 -3.31 亿美元；2020 年，吉尔吉斯斯坦吸收外资存量为 42.1 亿美元。世界银行发布的《2020 年营商环境报告》显示，吉尔吉斯斯坦在全球 190 个经济体中营商容易度排名第 80 位。

吉尔吉斯斯坦对包括中国在内的 WTO 所有成员以及与吉尔吉斯斯坦达成有关双边协议的国家给予贸易最惠国待遇；对税则规定为零关税的商品则加收 10% 的进口关税。吉尔吉斯斯坦对欧亚经济联盟其他成员实行特殊的关税优惠。即：对原产地为该组织成员的进口商品免征海关税；增值税实行目的地征收制度。

吉尔吉斯斯坦 2003 年颁布《吉尔吉斯斯坦共和国投资法》，对外国投资者实行适用于吉尔吉斯斯坦本国法人和个人的国民待遇制度，为外国投资者提供较广泛的权利和保障，其中包括保证外国投资、财产和信息的汇出或汇入，保障外国投资免被征收，保证赔偿投资者损失，保障外国投资者使用其收入和现金交易自由等。吉尔吉斯斯坦对外国投资者无行业限制。

吉尔吉斯斯坦金融业相对落后，金融业对外国投资者开放，允许并鼓励外国投资者投资，投资政策相对宽松，没有外汇管制，资本可自由汇入汇出，金融领域利润税税率仅为 10%。财务状况稳定、信誉良好的外国银行可在吉尔吉斯斯坦开设分行。外国投资的主要方式为直接投资和间接投资，包括实物、不动产、购买企业股票和债券、知识产权、企业盈利和利润。外国企业或自然人可通过全资收购和部分参股等形式对吉尔吉斯斯坦企业实行并购。根据《吉尔吉斯斯坦投资法》，外国自然人可在吉尔吉斯斯坦开展投资合作，并享受国民待遇。

4.1.2.3 公共服务

2020 年，吉尔吉斯斯坦全国发电 153 亿千瓦·时，同比增长 2%，存在冬季缺电现象。目前，吉尔吉斯斯坦国内电网与哈萨克斯坦、乌兹别克斯坦及中国相联通，吉尔吉斯斯坦每年从乌兹别克斯坦、哈萨克斯坦进口部分电力，并向哈萨克斯坦、中国出口部分电力。2020年，吉尔吉斯斯坦通信业产值为276.08亿索姆（约合21.6亿元人民币），同比增长2.2%。吉尔吉斯斯坦移动通信运营商主要包括"O"公司、Megacom公司和Beeline公司。目前，吉尔吉斯斯坦运营商主要提供3G和4G数据传输，全国有70%以上的居民使用智能手机，收费较低。由于吉尔吉斯斯坦是山地国家，在山区铺设光缆的难度较大，因此逾70%的网络集中在比什凯克等大城市，各地区无线网络需求大，发展快。网络零售、跨境电商、移动支付等服务平台建设发展缓慢。在教育方面，2019年吉尔吉斯斯坦的教育公共支出占GDP的比重约为5.37%。

4.1.2.4 物流水平

吉尔吉斯斯坦是内陆国家，公路运输是其最重要的运输方式。吉尔吉斯斯坦公路总里程约3.4万千米，其中各地州的公路总长1.88万千米，其余1.52万千米为城镇、乡村及各类企业公路。境内无专门的高速公路。据吉尔吉斯斯坦国家统计委员会统计，2020年，吉尔吉斯斯坦公路货物运输量2 454.5万吨，占全国货运总量的90%以上，同比下降22.6%；公路客运量达4.1亿人次。吉尔吉斯斯坦境内铁路交通不发达，铁路总里程423.9千米。2020年，吉尔吉斯斯坦铁路运输量201.6万吨，同比下降10.1%；客运量为7.2万人次，同比下降80%。吉尔吉斯斯坦现有14家航空公司从事民航经营业务。2020年，吉尔吉斯斯坦航空货运量为100吨，同比下降66.7%，客运量为41万人次。吉尔吉斯斯坦内河航运以伊塞克湖为主，港口包括巴雷克奇和卡拉阔尔，航线总长189千米。年货运量不超过5万吨。由一国贸易和运输相关基础设施的质量、货运的难易度、物流服务的质量、追踪查询货物的能力等测定的物流绩效指数来衡量一国的物流水平，2019年，哈萨克斯坦的物流绩效指数为2.55。

4.1.2.5 农业生产要素

吉尔吉斯斯坦水能储量非常丰富，总储量约为1 425亿千瓦·时，目前仅开发10%，但已基本可以保障国内用电需求。现有水电站23座，总装机容量为291万千瓦，基本可满足国内工农业生产需求。托克托库尔水库位于吉尔吉斯斯坦纳伦河下游和锡尔河起点，蓄水规模195亿立方米，水坝高215米，托克托库尔水电站装机容量120万千瓦，年均发电量57亿千瓦·时。该电站负有调节纳伦河、锡尔河流域费尔干纳盆地的农田灌溉职能。

吉尔吉斯斯坦是农业国，约有40%的劳动力务农，加之本国工作机会少、工资低，形成大量的劳动移民。每年在境外谋生的吉尔吉斯斯坦公民约有 70 万人，其中，由于具备语言优势（本国语言及俄语），在俄罗斯工作的吉尔吉斯斯坦人占大多数，约为 50 万人，在哈萨克斯坦工作的有 7 万多人，其余分布在欧盟、美国、阿联酋、韩国等国家和地区。吉尔吉斯斯坦官方统计数据显示，2020 年吉尔吉斯斯坦侨汇收入 23.77 亿美元，其中来自俄罗斯的侨汇收入达 23.2 亿美元，占比 98%。2020 年，吉尔吉斯斯坦全国平均月工资为 1 445.95 美元。截至 2021 年 1 月 1 日，吉尔吉斯斯坦全国登记失业率为 3%，在就业部门登记的失业人口总数为 9.8 万人。2020 年吉尔吉斯斯坦政府最低工资标准为 5 358 索姆，约合 417.45 元。由于出生率较高，吉尔吉斯斯坦本国劳动力在未来一定时期内都将保持供大于求。但由于熟练技工短缺，因此对外来务工人员有一定需求。在吉尔吉斯斯坦生活和工作的中国人约有 2 万人左右，主要从事商贸、餐饮等服务业及建筑业等。

根据《吉尔吉斯斯坦共和国土地法》，国有农业用地租期为 5 年，干旱耕地、种子培育土地、种畜场土地、试验田、科学研究田、经验推广田等租期可达 20 年。吉尔吉斯斯坦禁止向外国人提供或转移农业用地所有权；外国人、外国法人可享有居住区用地临时使用权；居住区外土地临时使用权，除农业用地外，可由政府向外国人提供。其他情况下，居住区外土地可以提供、转交或特定继承权形式供外国人临时使用。外国人土地租赁费用，除农业用地外，按土地税税率，并采用吉尔吉斯斯坦政府确定的核算标准确定。2019 年，吉尔吉斯斯坦的农业用地占土地面积的比重约为 54.96%。农业就业人员占就业总人数的比率为 19.32%。每公顷谷类产量为 3 162.6 千克，农业增加值占 GDP 的比率约为 11.67%。

4.1.3　塔吉克斯坦投资环境现状

4.1.3.1　政治与法律环境

1991 年苏联解体后，塔吉克斯坦独立成为主权国家。塔吉克斯坦实行总统制，现任总统埃莫马利·拉赫蒙于 1994 年 11 月起首任总统，2020 年 10 月第五次获得连任。拉赫蒙总统的长期执政有利于塔吉克斯坦对内对外政策的稳定性和持续性。塔吉克斯坦政局稳定，市场开放，具备较为完善的经贸法律体系，近年来经济总体保持平稳增长，居民购买力不断增强。

2020 年 10 月，塔吉克斯坦总统拉赫蒙第五次当选总统，有利于塔吉克斯坦今后几年社会稳定和经济发展。但塔吉克斯坦也存在一些不稳定因素，如贫困人口较多、贫富差距较大、廉政建设有待加强等。另外，塔吉克斯坦国内国际政治因素对经济活动也会产生影响，2017 年，塔吉克斯坦境内发生恐怖分子袭击杀害西方游客事件；2019 年，塔吉克斯坦境内发生武装人员袭击边防哨所事件，反恐安全风险不容忽视。2019 年，塔吉克斯坦在所有国家百分位排名中，话语权与问责制得分 3.86；政治稳定无暴力得分 26.89；政府效率得分 14.42；监管效率得分 12.02；法制环境得分 8.65；腐败控制指数得分 9.13。

塔吉克斯坦的吸引外资政策不稳定，如塔吉克斯坦 1992 年颁布的《塔吉克斯坦共和国投资法》中有塔方员工总数不得少于 70% 的规定，为吸引外资，塔吉克斯坦在 2007 年颁布的《塔吉克斯坦共和国投资法》中取消了这个限制。但在实际执行中，塔吉克斯坦政府通过投资协议和办理劳务许可等方式仍然要求 1∶9 的外籍员工和本地员工用工比例。塔吉克斯坦政府近年来财政紧张，海关、税务等部门存在对外资企业和承包工程企业不合理征税和罚款现象，造成企业经营成本增加，一定程度上影响了企业日常生产活动。塔吉克斯坦本土制造产业较少，大多数商品依赖周边国家进口，塔吉克斯坦政府提出《塔吉克斯坦至 2030 年国家发展战略》，大力推动本国工业发展，解决进口替代。中资企业在塔经营需发掘投资规模合理、市场和生产条件成熟的优选投资项目，主动对接塔吉克斯坦国家发展战略规划，找准产业空白，充分研究塔吉克斯坦产业发展趋势和市场需求潜力，结合自身产能和技术优势，兼顾企业创造效益和促进当地经济发展。近年来，塔吉克斯坦政府在地方各州市设立自由经济区，为园区提供税收减免、廉价土地租金等系列优惠政策，以吸引更多当地和外资企业入园，对国家战略发展领域和具有特殊意义的投资项目给予减免税收的待遇。

4.1.3.2　经济与对外开放环境

2020 年，塔吉克斯坦国内生产总值为 825.43 亿索莫尼（约合人民币 558.48 亿元），同比增长 4.5%，其中工业生产总值同比增长 9.7%；农业生产总值同比增长 8.8%；外贸总额 275.8 亿元，同比增长 0.8%。2020 年，塔吉克斯坦固定资产投资总额 116.17 亿索莫尼（约合人民币 78.6 亿元），同比减少 4.6%。据塔吉克斯坦统计署数据，2020 年，国内生产总值中，工业占 17.4%，农业占 22.6%，服务业占 43.4%。根据产业结构划分，第一产业占 22.6%，第二产业占 24.9%，第三产业占 52.5%。2020 年塔吉克斯坦投资占 GDP 的比重为 14.1%，出口占 GDP 的比重为 17.6%。财政收入为 142.6 亿元，占 GDP 的 29.47%，财政支出 146.11 亿元，赤字 3.51 亿元；通货膨胀率为 9.4%。截至 2020 年 4 月 30 日，国际评级机构标普对塔吉克斯坦主权信用评级为 B−，展望为稳定。

塔吉克斯坦主要收入来源是农业生产、铝材出口和境外侨民汇款。2020年，为应对新冠病毒感染疫情影响，塔吉克斯坦加大了对农业生产的支持力度，特别是扩大了粮食和土豆的种植面积。2020年，塔吉克斯坦农牧业总产值336.2亿索莫尼（约合人民币197.23亿元），同比增长8.8%，其中种植业产值238.8亿索莫尼（约合人民币161.6亿元），同比增长8.2%；畜牧业产值97.38亿索莫尼（约合人民币65.89亿元），同比增长10.7%。目前，影响塔吉克斯坦农业发展的资金和技术等问题仍未得到有效解决。

塔吉克斯坦实行对外开放的经济政策，有利于中国公司参与经济建设。近年来为发展经济，塔吉克斯坦奉行开放的对外经济政策，积极寻求国际社会支持，开展对外经济合作，努力改善投资环境。塔吉克斯坦社会经济发展现状为中资企业进入塔吉克斯坦市场参与其经济建设提供了条件。

联合国贸易与发展会议发布的《2021年世界投资报告》显示，2020年，塔吉克斯坦吸收外资流量为6.47亿元；截至2020年年底，塔吉克斯坦吸收外资存量为189.3亿元。目前，塔吉克斯坦吸引外资的重点领域是水电站建设、公路修复及隧道建设、通信网改造、矿产资源开采和加工、农产品加工等。

4.1.3.3 公共服务

2020年，塔吉克斯坦116亿索莫尼（约合人民币78.48亿元）的固定资产投资中，电力建设所占比例为41.2%，同比增长5%。塔吉克斯坦独立后，陆续出台了一系列相关的法律法规，鼓励外资及本国私营企业发展通信信息技术，培育通信服务市场。

塔吉克斯坦移动电话共采用5种技术标准，移动电话网络基本形成，信号已能覆盖全国各大中城市、主要交通干线及其邻近地区和居民点，但广大农村地区和偏远山区仍是一片空白。目前，塔吉克斯坦分布最广泛的是2G网络，特别是在人口占比超过73%的农村地区，正在开展的3G/4G网络建设将有助于互联网的普及。塔吉克斯坦3G网络覆盖超过90%，4G仅覆盖主要城市，目前4G网络仍是建设重点。Tcell在塔吉克斯坦拥有最广泛的4G网络覆盖。5G建设开始站点布置，总计12个站点，仍处于试用阶段。近年来，塔吉克斯坦网络基础设施建设取得极大进展，互联网服务用户数量不断增加，居民上网比例约35%，多使用移动设备上网。在教育方面，教育公共支出总额占GDP的比例为5.71%。

4.1.3.4 物流水平

塔吉克斯坦国土面积的93%为山地，地形地貌复杂，筑路困难，交通条件较差。交通主要以公路为主。塔吉克斯坦现有4条公路干线，均以首都杜尚别为中心，向周边国家辐射。2020 年，塔吉克斯坦货运量 7 990 万吨，同比减少 0.3%；客运量 6.55 亿人次，同比减少 2.5%，其中 96.96% 为公路客运量。塔吉克斯坦的铁路系统主要承担旅客和货物进出境运输，国内运输主要依靠公路。塔吉克斯坦各城市没有地铁设施。2020 年，塔吉克斯坦铁路货运量 630 万吨，同比增长 8.7%。铁路客运量 4 万人次，同比减少 18.8%。塔吉克斯坦航空客运量 30 万人次，同比减少 59.8%，货运量基本为零。塔吉克斯坦为内陆国家，无海运；国内水系不适合航行，也无内河航运。

由一国贸易和运输相关基础设施的质量、货运的难易度、物流服务的质量、追踪查询货物的能力等测定的物流绩效指数来衡量一国的物流水平，2019 年，塔吉克斯坦的物流绩效指数为 2.34。

4.1.3.5 农业生产要素

塔吉克斯坦的水、电、气使用成本较低，但天然气及电力存在供应不足的情况，部分地区冬季缺电现象严重而且供水设备及管道陈旧，自来水水质较差。

塔吉克斯坦适龄劳动人口较多，2021 年，塔吉克斯坦 985.75 万人口中，劳动人口（从业人员及正式登记失业人员）为 251.45 万，人口和劳动力资源持续增长为塔吉克斯坦发展提供了强大的原生动力。2019 年，塔吉克斯坦的农业用地占土地面积的百分比约为 34.06%。农业就业人员占就业总人数的比重为 44.72%。每公顷谷类产量为 3 404.6 千克，农业增加值占 GDP 的比率约为 20.87%。

外国企业在塔吉克斯坦农业用地采用租赁方式，土地租赁期限不超过 50 年。中国企业目前在塔吉克斯坦从事水稻、棉花、小麦等作物种植，取得了良好的经济效益。保证粮食安全是塔吉克斯坦政府的重要工作目标，对外来农业投资持欢迎态度，没有附加条件。

塔吉克斯坦数字基础设施非常薄弱，且缺少相应的立法和政策支持，数字化发展投资不足，缺少专业技术人才，人们普遍缺乏数字技术，数字技术创新和应用环境较差。塔吉克斯坦数字经济仍落后于世界大多数国家及中亚邻国，在经济总量中占比微乎其微。

塔吉克斯坦经济发展比较落后，本身可生产的产品种类和数量很少，大部分商品依靠进口；恶劣的道路交通条件及交通工具通过邻国领土时缴纳的高额过境费提高了商品运输成本，这些因素导致塔吉克斯坦总体物价水平较高。

4.1.4 乌兹别克斯坦投资环境现状

4.1.4.1 政治与法制环境

1991 年独立之初，乌兹别克斯坦首任总统卡里莫夫提出"乌兹别克斯坦发展模式"建设国家的"五项原则"：经济优先、国家调控、法律至上、循序渐进和社会保障。在"五项原则"指导下，乌兹别克斯坦致力于复兴民族精神和宗教传统，提高社会宽容度，增进族际互容，对弱势阶层和群体实施社会保障，采取切实措施保障国家安全和社会稳定。乌兹别克斯坦政治体制的特点：保持秩序、权威主义、控制较严和坚持政权的世俗性质。

乌兹别克斯坦政局稳定，2020 年年初组建新一届政府，总理、多数副总理和部委主要负责人留任。经济持续发展，2018—2020 年乌兹别克斯坦 GDP 涨幅分别为 5.1%、5.6% 和 1.6%。2019 年，乌兹别克斯坦在所有国家百分位排名中，话语权与问责制得分 5.80；政治稳定无暴力得分 35.38；政府效率得分 34.13；监管效率得分 12.98；法制环境得分 14.42；腐败控制指数得分 14.90。

4.1.4.2 经济与对外开放环境

据世界银行统计数据，2020 年乌兹别克斯坦 GDP 达 3 490.85 亿元，同比增长 1.6%。人均 GDP 达 10 200.3 元，同比下降 0.3%。2020 年，乌兹别克斯坦预算收入约合人民币 972.84 亿元，预算支出约合人民币 1 127.72 亿元，预算赤字约合人民币 154.88 亿元，占 GDP 的 4.5%。2020 年，乌兹别克斯坦失业率为 13%；通胀率为 11.1%，但食品价格上涨较快，同比增长 13.6%。截至 2021 年 4 月 30 日，国际评级机构穆迪对乌主权信用评级为 B1。惠誉和标普对乌主权信用评级均为 BB−，展望均为稳定。其中，标普对乌评级展望曾在 2020 年 6 月调至"负面"，2021 年 6 月重新调高至"稳定"。

乌兹别克斯坦是传统的农业国，粮食可自给自足。2020 年谷物产量约 756.7 万吨，同比增长 1.7%；籽棉产量 308.2 万吨左右，同比增长 9%。乌兹别克斯坦还是中亚重要的水果和蔬菜产地，2020 年生产蔬菜约 1 046 万吨，同比增长 2.4%；瓜果 213.4 万吨，同比增长 3.2%；水果 286.4 万吨，同比增长 4%；葡萄 163.2 万吨，同比增长 2.2%。2020 年，乌兹别克斯坦果蔬出口 61.71 亿元，占出口总额的 6.8%，谷物出口 14.52 亿元，占比 1.6%。2020 年，乌兹别克斯坦前五大贸易伙伴依次为中国（占乌兹别克斯坦外贸比重的 17.7%）、俄罗斯（15.5%）、哈萨克斯坦（8.3%）、韩国（5.9%）和土耳其（5.8%）。货物贸易额 2 001.22 亿元，同比下降 7.8%。其中，出口 793.94 亿元，下降 6.4%；进口 1 207.28 亿元，下降 8.7%；贸易逆差 413.34 亿元。

乌兹别克斯坦已与世界 193 个国家和地区建立贸易关系，是独联体自由贸易区成员，同时还是欧亚经济联盟和世贸组织观察员，给予包括中国在内的 45 个国家最惠国待遇。此外，乌兹别克斯坦自 2021 年 4 月 10 日起享受对欧盟贸易超普惠制待遇（GSP+），6 200 种商品可免税对欧盟出口。

乌兹别克斯坦已将吸引外资纳入经济优先发展领域，并建立了坚实的法律基础，颁布了《外国投资者权益保障及保护措施法》。联合国贸发会议发布的《2021 年世界投资报告》显示，2020 年，乌兹别克斯坦吸收外资流量为104.42 亿元；截至 2020 年年底，乌兹别克斯坦吸收外资存量为 620.97 亿元。据中国商务部统计，2020 年中国对乌兹别克斯坦直接投资流量−22 245.85 万元；截至 2020 年，中国对乌兹别克斯坦直接投资存量 197.53 亿元。

中国自 2016 年起成为乌兹别克斯坦第一大贸易伙伴国，已连续五年保持乌兹别克斯坦第一大贸易伙伴国地位。据中国海关统计，2020 年，中国与乌兹别克斯坦双边贸易额 401.05 亿元，同比下降 8.1%。其中，中方出口 311.58 亿元，增长 2.3%；中方进口 89.72 亿元，下降 32%，中方贸易顺差 221.85 亿元。政府重视招商引资，国内营商环境有所改善，政府行政效率有所提高。据世界银行《2020 年营商环境报告》，在全球 190 个经济体中，乌兹别克斯坦排名第 69 位，比前一年上升 7 位。

2018 年 6 月 29 日，乌兹别克斯坦总统米尔济约耶夫签署《关于进一步整顿对外经济活动和改善乌关税制度的措施》，对关税税率法进行补充，取消过去给予的大范围进口关税优惠，鼓励吸引外资，在国内创造有竞争力的生产环境，鼓励高附加值产品出口。按照世界贸易组织的分级标准，乌兹别克斯坦税率制度可归入"开放"类。2018 年 10 月 30 日，乌兹别克斯坦总统签署《关于进一步促进贸易自由化和发展竞争商品市场的措施》总统令，决定自 2019 年 1 月 1 日起取消猪肉、家禽、其他肉类和食物副产品、猪油和家禽油脂、植物油、糖、面包产品、钨矿石和丝绸废料的出口限制。乌兹别克斯坦不允许外资获得农业耕地所有权，但可以获得经营耕种权，鼓励外资进入农业领域，特别是鼓励对农业领域的种植、养殖、加工、包装、仓储、运输、出口贸易等全产业链投资，以期引进外国先进技术和管理理念，促进本国农业产业发展。

2017 年以来，乌兹别克斯坦新一届政府在米尔济约耶夫总统带领下励精图治，不断深化国内改革、积极对外开放，大力招商引资，营商环境大幅改善，市场活力不断迸发，发展潜力持续释放。2019 年和 2020 年乌兹别克斯坦GDP 分别同比增长 6.0% 和 1.6%，是中亚经济增长较快的国家。受疫情和隔离管控措施影响，2020 年乌兹别克斯坦 GDP 约 3 490.85 亿元，同比增长1.6%，是全球为数不多经济保持正增长的国家；人均 GDP 约 10 200.3 元，同比下降 0.3%；国民总收入约 2 438.15 亿元，同比增长 2.6%，人均国民收入 7 039.18 元，增长 0.7%；当年吸引外资 399.3 亿元，跨境汇款收入 364.82 亿元，同比增长 0.3%。2021 年一季度，乌兹别克斯坦 GDP 同比增长 3%，经济继续保持正增长。

4.1.4.3　公共服务

乌兹别克斯坦电力总装机容量 1.29 万兆瓦，以火电为主，电力年供应缺口 9%左右。2020 年发电量 649.6 亿千瓦·时，同比增长 3%，90%的发电量来自乌兹别克斯坦热电站股份公司。2020 年，乌兹别克斯坦电力出口 10.10 亿元，主要出口至阿富汗，电力进口 7.38 亿元，主要进口自土库曼斯坦、哈萨克斯坦和塔吉克斯坦。乌兹别克斯坦移动电话用户 2 480 多万户，普及率为 71.8%，移动通信基站数量超过 3.17 万个，覆盖 98%的居民点；互联网用户 2 210 多万人，普及率 63.7%，其中，移动互联网用户 1 900 多万人，移动宽带覆盖率 70%；4G 网络覆盖率 45%，5G 建设刚刚起步，目前仅在首都塔什干市建设了 15 个试验基站。在教育方面，乌兹别克斯坦的教育公共支出占 GDP 的比例为 7%。

4.1.4.4　物流水平

乌兹别克斯坦现有公路 18.4 万千米，其中城市间公路 4.27 万千米，乡村公路 6.73 万千米，市内公路约 6.17 万千米，其他公路 1.23 万千米，无高速公路。铁路总长 6 950 千米，其中在使用铁路 4 735.1 千米，电气化铁路 1 830.3 千米。境内有 12 个机场（均为国际机场），塔什干机场最大，可以起降各类飞机。乌兹别克斯坦航空公司航班可以直飞美国、日本、俄罗斯、德国、中国、韩国、哈萨克斯坦、吉尔吉斯斯坦、塔吉克斯坦等 40 多个国家和地区。2019 年，乌兹别克斯坦航空货运量超过 3 万吨，客运量 300 多万人次，全年进出港航班 2 万多架次。乌兹别克斯坦是内陆国家，无海港；内陆河流水量小，无水运。

由一国贸易和运输相关基础设施的质量、货运的难易度、物流服务的质量、追踪查询货物的能力等测定的物流绩效指数来衡量一国的物流水平，2019 年，乌兹别克斯坦的物流绩效指数为 2.58。

4.1.4.5　农业生产要素

截至 2021 年 4 月 1 日，乌兹别克斯坦人口为 3 469.56 万，在欧亚经济联盟成员和观察员中，是仅次于俄罗斯的劳动力资源大国，劳动力资源充沛，但受教育程度较低，就业人口中受过高等教育的占 27.7%，中等专业教育的占 30.8%。受疫情影响，2020 年乌兹别克斯坦失业率为 11.1%，乌兹别克斯坦薪资水平较低，2020 年人均 GDP 为 10 197.28 元。

塔什干市土地价格因位置而定，价格在 219.01 万～1 095.05 万元/公顷，即每平方米 219.01～1 095.05 元。外资企业可以获得土地占有权和使用权，用于工业、农业、商业和林业等法律规定的用途。土地可以通过出售、划拨、租赁取得。

2019 年 10 月公布实施的第 5853 号《乌兹别克斯坦共和国 2020—2030 年农业发展战略》总统令规定，乌兹别克斯坦政府允许外资进入农业领域，鼓励对农业领域的种植、养殖、加工、包装、仓储、运输、出口贸易等全产业链投资，以期引进外国先进技术和管理理念，促进本国农业产业发展，并期望通过本国区位优势对接中亚及全球农产品供应链市场。

乌兹别克斯坦生活成本相对较低，政府重视改善民生，提高居民生活质量，内需有不断扩大的趋势，劳动力资源丰富，为中亚第一人口大国，劳动力价格相对低廉。2019 年，乌兹别克斯坦的农业用地占土地面积的 58.06%。农业就业人员占就业总人数的比率为 25.71%。每公顷谷类产量为 4 055.9 千克，农业增加值占 GDP 的比率约为 24.61%。

4.1.5　土库曼斯坦投资环境现状

4.1.5.1　政治与法制环境

《土库曼斯坦宪法》规定，国家实行立法、行政和司法三权分立的政治制度，管理形式为总统制的共和国。自 1991 年 10 月 27 日宣告独立后，土库曼斯坦始终将捍卫独立、主权和领土完整、发展经济、保持社会稳定作为基本国策；积极探寻适合本国国情的发展道路；提倡民族复兴精神，重视民族团结与和睦；奉行积极中立、和平友好的外交政策，致力于同其他国家发展建设性合作关系；主张宗教信仰自由，禁止宗教干预国家政治生活。

土库曼斯坦实行高度集中的计划经济体制，对进出口贸易和外国投资进行严格管理，商务运作规则与国际惯例存在一定差别。例如，土库曼斯坦对进出口合同实行国家商品和原料交易所注册和价格审定制度，对外资企业实行严格的用工比例政策，要求外籍和本国劳务比例不得高于 1∶9 等。

2019 年，土库曼斯坦在所有国家百分位排名中，话语权与问责制得分 0.97；政治稳定无暴力得分 40.57；政府效率得分 11.06；监管效率得分 2.88；法制环境得分 6.73；腐败控制指数得分 3.85。

4.1.5.2　经济与对外开放环境

近几年土库曼斯坦宏观经济增速放缓，GDP 增速稳定在 6.00%～7.00%。据土库曼斯坦官方统计，2020 年土库曼斯坦 GDP 增速为 5.90%，比上年 6.3% 的增幅略有回落。2019 年，土库曼斯坦外贸额 1 088.88 亿元，比上年增长

6.03%。其中，出口额761.82亿元，增长8.08%；进口额327.06亿元，增长1.56%。2020年，土库曼斯坦继续大力实施经济多元化战略，着力发展出口导向型经济、扩大进口替代产品生产。

根据土库曼斯坦《2019—2025年社会经济发展计划》，其致力于在2025年实现农业占GDP的8.9%，工业占GDP的33.8%，建筑业占GDP的11.5%，服务业占GDP的45.8%的目标。2019年2月，土库曼斯坦出台《2019—2025年社会经济发展纲要》，将油气开采业、工业、电力、电子业、农业、交通业、通信业和旅游业作为未来七年经济发展的重要领域。土库曼斯坦国家预算通常执行良好，保持盈余。2020年，土库曼斯坦国家财政预算收入完成率为101.0%，国家财政预算支出完成率为99.9%。

4.1.5.3 公共服务

目前，土库曼斯坦已建成两条500千伏高压输电线，即马雷—卡拉库尔，长度为370千米；谢津—达绍古兹，长度为379千米。土库曼斯坦220千伏的输电线总长度为2 000千米，110千伏的输电线总长度为7 600千米。土库曼斯坦全国现有程控交换设备总容量约100万线，其中数字交换机81万线，首都固定电话网络基本实现数字化，全国范围的数字化率则达到80%以上，传统电话业务（POTS）可覆盖土库曼斯坦全国所有的固定居民点。目前，2G移动网络已基本覆盖全国，包括各州府城市、小城市、乡镇及主要固定居民点。土库曼斯坦目前投入网络使用的GSM移动设备容量总计600多万户，CDMA设备容量约1万户。自2000年起，土库曼斯坦开通国际互联网业务，截至2018年年底，土库曼斯坦全国国际出口总带宽10GB左右，宽带用户总计6.5万个左右，多为国家机关、企事业单位、外交机构等团体用户以及首都家庭用户。在邮政方面，土库曼斯坦邮政服务已覆盖本国全境，邮件可送达世界190个国家和地区。在医疗方面，土库曼斯坦卫生领域支出占国民生产总值的2.1%，人均医疗卫生支出1 936元/年。土库曼斯坦拥有较完备的医疗服务体系。近年来，政府投入巨资改善医疗卫生基础设施，新建并启用了一批现代化的医院、诊所，但医务人员水平还有待进一步提高。土库曼斯坦共有各类医生1.46万名，接受过中等教育的医疗辅助人员2.49万名。土库曼斯坦有专业康复中心1家、医院135家（床位2.54万个），各类医疗机构门诊年接待能力共计5.43万人次。土库曼斯坦医疗卫生领域主管部门是卫生和医药工业部，主要高等院校为公立医科大学，各中等院校每年卫生专业毕业生人数在400人以内。

目前，土库曼斯坦实行医疗保险制度，居民可按照自愿原则参加医保，2020年国民自愿缴纳的医疗保险金同比增加15%。世界卫生组织数据显示，土库曼斯坦男性平均预期寿命为65岁，女性平均预期寿命为72岁。在教育方面，土库曼斯坦的教育公共支出占 GDP 的比例为 3.12%。

4.1.5.4　物流水平

土库曼斯坦地处欧亚大陆中心地带，挖掘过境运输潜力是当地的优先发展方向。土库曼斯坦正致力于不断融入全球物流体系，扩大"东西"和"南北"交通线路基础设施建设。近年来，土库曼斯坦新建并计划建设一批公路、铁路、港口和机场项目，不断完善国内和过境运输网络，打造跨境交通走廊。

土库曼斯坦公路总长逾 1.4 万千米，约 2/3 为最近十几年新建，尚无高速公路。2017 年，土库曼斯坦和伊朗之间跨捷詹河公路桥实现通车，车辆日通行能力约 2 000 辆。2018 年 12 月，青金石走廊路线（阿富汗—土库曼斯坦—阿塞拜疆—格鲁吉亚—土耳其）的首次货物试运输取得成功，运输车队耗时 15 天将阿富汗农产品运抵土耳其。境内铁路长度增加了 1 659 千米，目前总长度为 5 198 千米，共有 742 座铁路桥。据土库曼斯坦官方统计，2019 年当地铁路货运量 2 380.8 万吨，占全国货运总量的 4.5%；铁路客运量 544.3 万人次，占全国客运总量的 0.5%。土库曼斯坦境内有 5 个国际机场，其中阿什哈巴德国际机场旅客吞吐量近 2 000 人次/小时，可运输旅客逾 1 700 万人次/年，运输货物 20 万吨/年。土库曼斯坦是内陆国家，无出海口，但濒临里海。水运系指经里海（内陆湖）和阿姆河（内河）的客货运输。土库曼巴什港是里海东岸最大港口、土库曼斯坦西部的对外门户，可停靠 7 000 吨货轮，是土库曼斯坦原油、成品油、聚丙烯等商品的主要出口通道。2018 年 5 月 2 日，土库曼巴什新国际港口正式投运，该项目造价约 15 亿美元，港区面积近 152 公顷，可以同时停靠 17 艘船舶。设计货物吞吐量 1 700 万吨/年（不包括原油制品），客运能力为 30 万人次/年，接驳货运汽车 7.5 万辆/年、集装箱 40 万个。

由一国贸易和运输相关基础设施的质量、货运的难易度、物流服务的质量、追踪查询货物的能力等测定的物流绩效指数来衡量一国的物流水平，2019 年，土库曼斯坦的物流绩效指数为 2.41。

4.1.5.5　农业生产要素

土库曼斯坦主要传统作物为小麦和棉花，2020 年当地共收获小麦 150 万吨、棉花 120 万吨。土库曼斯坦致力于实施"精准"农业战略，大力培育适应本国土壤和气候条件的农作物品种，投资引入数字化农业技术，并为农工综合体采购现代化农用机械，促进了土地、水资源、化肥及化学制剂的有效利用，提高了农作物产量。2021 年，土库曼斯坦全国用于种植各类农作物的耕地面积为 139.3 万公顷。土库曼斯坦重视发展新型农业，大力建设温室大棚，提高蔬菜和水果产量，在保证国内供给的同时，扩大产品出口。2021 年 3 月，土库曼斯坦新投运 6 个温室大棚，总面积 35 公顷，预计年产蔬菜 8 750 吨。截至

2021 年 3 月，土库曼斯坦建成投产的温室大棚总面积逾 400 公顷。2020 年，土库曼斯坦出口西红柿 3.8 万吨，同比增长 70%。

根据土库曼斯坦国家统计委员会公布的数据，2020 年当地平均月工资为 1 894 马纳特（约合人民币 3 273.05 元），但具有熟练技术的工程师和在外资企业工作的高级人才月工资可达到 7 260~12 100 元，普通工人月工资在 1 815 ~2 117.5 元。社保税费水平为工资的 20%。根据土库曼斯坦法律规定，土地不向外国机构、法人和自然人出售，但外交机构可租赁土地，年租赁价格为 12.1 元/平方米。

2019 年，土库曼斯坦的农业用地占土地面积的 72.00%。农业就业人员占就业总人数的比率为 20.68%。每公顷谷类产量为 1 068.7 千克，农业增加值占 GDP 的比率约为 10.79%。

4.2 中亚国家农业投资环境评价

4.2.1 RCA 指数法

RCA 指数，即显示性比较优势指数，可以反映一个国家（地区）某一产业贸易的比较优势。

$$RCA_{ij} = （X_{ij} / X_{tj}） \div （X_i W / X_t W）$$

其中，X_{ij} 表示国家 j 出口产品 i 的出口值，X_{tj} 表示国家 j 的总出口值；$X_i W$ 表示世界出口产品 i 的出口值，$X_t W$ 表示世界总出口值。一般认为，一国 RCA 指数大于 2.5，则表明该国该产业具有极强的国际竞争力；RCA 介于 2.5~1.25，表明该国该产业具有很强的国际竞争力；RCA 介于 1.25~0.8，则认为该国该产业具有较强的国际竞争力；RCA 小于 0.8，则表明该国该产业的国际竞争力较弱。

4.2.2 指标体系构建

在指标的选取上，本书的研究坚持系统性、科学性与数据可获得性等原则，综合考虑影响农业投资要素，构建了包括政治与法律环境、经济与对外开放环境、公共服务、物流水平以及农业生产要素 5 个子系统总计 20 个指标（见表 4-1），政治与法律环境中各指标数据来自 WGI 数据库，其他数据来源于世界银行数据库。

表 4-1 中亚国家农业投资环境评价指标体系

一级指标	二级指标	三级指标	单位
农业投资环境	政治与法律环境	话语权与问责制	—
		政治稳定且无暴力	—
		政府效率	—
		监管效率	—
		法制环境	—
		腐败控制指数	—
	经济与对外开放环境	人口总数	人
		GDP 年增长率	%
		人均 GDP	美元
		商品贸易（占 GDP 的百分比）	%
		外国直接投资净额	美元
		按 GDP 平减指数衡量的通货膨胀	%
	公共服务	安全互联网服务器（每百万人）	件
		通电率	%
		教育公共开支总额（总数占 GDP 的比例）	%
	物流水平	物流绩效指数	—
	农业生产要素	农业用地面积（占土地面积的比例）	%
		农业就业人员（占就业总数的比率）	%
		每公顷谷类产量	kg
		农业增加值（占 GDP 的比率）	%

通过对中亚各国的政治与法律环境进行得分排名（见表 4-2），可以看出哈萨克斯坦的政治与法律环境最好，土库曼斯坦的政治与法律环境较差。

表 4-2　中亚国家的政治与法律环境

国家	话语权与问责制	政治稳定且无暴力	政府效率	监管质量	法制环境	腐败控制指数
哈萨克斯坦	14.49	41.04	57.69	61.06	36.06	44.23
吉尔吉斯斯坦	33.33	38.68	25.00	38.46	19.23	17.31
塔吉克斯坦	3.86	26.89	14.42	12.02	8.65	9.13
土库曼斯坦	0.97	40.57	11.06	2.88	6.73	3.85
乌兹别克斯坦	5.80	35.38	34.13	12.98	14.42	14.90

运用 RCA 指数公式，可计算出有关投资环境指标的 RCA 指数（见表 4-3），可以看出，哈萨克斯坦的人均 GDP、安全互联网服务器、通电率、农业用地面积相较于其他国家占有优势。而在教育公共开支、农业就业人员、每公顷谷类产量上弱于其他国家。吉尔吉斯斯坦相较于中亚其他国家的优势在于商品贸易。塔吉克斯坦的 GDP 年增长率相较于中亚其他国家占有较强的优势，但人均 GDP、农业用地面积处于劣势。土库曼斯坦的商品贸易相较于中亚其他国家没有竞争力，安全互联网服务器普及率不高，而优势在于该国的农业用地面积。乌兹别克斯坦的竞争力在于通电率以及教育公共支出总额，并且农业就业人员、农业增加值和每公顷谷类产量较中亚其他国家有优势。

表 4-3　各项指标的 RCA 指数

变量	哈萨克斯坦	吉尔吉斯斯坦	塔吉克斯坦	土库曼斯坦	乌兹别克斯坦
GDP 年增长率	1.730 2	1.768 9	2.845 1	2.422 3	2.195 3
人均 GDP	0.861 0	0.120 6	0.078 1	0.667 9	0.156 5
商品贸易（占 GDP 的百分比）	1.190 7	1.789 0	1.239 8	0.634 2	1.363 1
按 GDP 平减指数衡量的通货膨胀	3.205 4	1.658 5	1.536 4	1.839 1	7.521 0
安全互联网服务器	0.236 5	0.028 9	0.007 1	0.002 0	0.045 4
通电率	1.109 9	1.108 6	1.105 9	1.108 8	1.109 9
教育公共支出总额	0.779 9	1.465 0	1.559 5	0.851 9	1.911 4
农业用地面积	2.168 4	1.489 3	0.923 0	1.951 2	1.573 2
农业就业人员	0.556 7	0.723 8	1.675 4	0.774 8	0.963 2

表4-3(续)

变量	哈萨克斯坦	吉尔吉斯斯坦	塔吉克斯坦	土库曼斯坦	乌兹别克斯坦
每公顷谷类产量	0.334 0	0.776 9	0.836 4	0.262 5	0.996 4
农业增加值	1.113 7	2.908 6	5.203 1	2.690 8	6.137 5

5 新疆农产品出口竞争力比较
——基于果蔬产品的测度

以国内大循环为主体、国内国际双循环相互促进的新发展格局，是党中央审时度势作出的重大战略决策，是"十四五"时期深化农业高质量发展的重要引领。从国内发展需求看，我国拥有全球最具潜力的农产品消费市场，中产阶级群体的迅速壮大，除了对农产品数量提出要求，更加需要多样化、个性化、品质化的农产品供应，这为利用国际市场提供前所未有的机遇。与此同时，国家大力实施乡村振兴战略，深入推动绿色发展和高质量发展，也需要更加充分地利用国际资源，并让更多的优势农产品走出去，以促使国内农业生产要素进行深度调整和整合，提升农业发展的质量和效益，促进农民增收。

在全球常态化疫情防控的背景下，面对世界各国急需大量安全优质农产品的历史机遇，更好发挥国内国际双循环相互促进作用，新疆积极联合国内果蔬大省，扩大蔬菜、水果的出口，完善和优化果蔬产品出口结构，使比较优势转化为竞争优势，增强新疆果蔬产品的国际竞争力。

基于此，本部分的研究对新疆果蔬出口贸易结构、出口区域、贸易方式进行深入分析，选择山东、四川、湖北三个果蔬大省作为参照对象，借助熵值法构建果蔬产品出口竞争力综合评价指标，对 2012—2020 年新疆果蔬产品出口贸易进行纵向时间序列比较和横向省际比较，剖析了果蔬产品出口竞争力的制约因素，并提出对策建议，以期为实现新疆农产品贸易高质量发展提供决策参考。

5.1 新疆果蔬出口贸易概况

5.1.1 新疆农业发展概况

5.1.1.1 总体情况

十九大报告提出"坚持人与自然和谐共生",要求必须树立和践行"绿水青山就是金山银山"的理念。在高质量发展背景下,经济社会与资源环境协调发展成为我国地方政府经济社会发展的主要目标,也是推进生态文明建设的主要途径。新疆位于亚欧大陆中部,地处中国西北边陲,内接3省,外联8国,是"丝绸之路经济带"的重要节点,区位优势显著、气候条件独特,属典型的温带大陆性干旱半干旱气候,是蔬菜、水果的主产区,发展外向型现代农业的基础良好。

新疆土地总面积166.04万平方千米,约占全国土地总面积的六分之一,居全国30个省(自治区、直辖市)之首。其中山地63.71万平方千米,高原8.31万平方千米,山间盆地10.73万平方千米,丘陵8.58万平方千米,平原74.68万平方千米(内含沙漠37.60平方千米,戈壁6.50万平方千米)。土地总面积中,有耕地面积322.88万公顷(折4 843.14万亩),宜农荒地面积1 022.64万公顷(15 339.60万亩)。

2020年,新疆实现地区生产总值13 797.58亿元,比上年增长3.4%。其中,第一产业增加值1 981.28亿元,增长4.3%,对经济增长的贡献率为18.0%;全区农林牧渔业总产值4 315.61亿元,比上年增长4.7%。其中,农业产值2 936.33亿元,增长5.8%。林业产值66.00亿元,增长8.2%;畜牧业产值1 038.08亿元,增长1.0%;渔业产值27.24亿元,下降1.6%;农林牧渔专业及辅助性活动产值247.96亿元,增长7.6%。

表 5-1 新疆农业发展概况 单位:亿元

年份	地区生产总值	第一产业增加值	农林牧渔业总产值	农林牧渔业增加值
2011	6 532.00	1 047.20	2 011.88	1 087.50
2012	7 411.80	1 204.10	2 355.35	1 249.50
2013	8 392.60	1 326.60	2 648.00	1 378.80

表5-1(续)

年份	地区生产总值	第一产业增加值	农林牧渔业总产值	农林牧渔业增加值
2014	9 264.50	1 406.70	2 881.48	1 466.60
2015	9 306.90	1 409.70	2 968.39	1 479.80
2016	9 630.80	1 473.20	3 165.92	1 554.00
2017	11 159.90	1 551.80	3 326.59	1 640.30
2018	12 809.40	1 692.10	3 637.79	1 791.00
2019	13 597.10	1 781.80	3 850.65	1 888.40
2020	13 797.60	1 981.30	4 315.61	2 098.20

数据来源：笔者根据《新疆统计年鉴》整理所得。

5.1.1.2 产业分布情况

全疆在重点发展自治区产粮大县和伊犁河谷流域国家新增千亿斤粮食工程规划区域粮食生产，提高粮食安全保障能力的前提下，在南疆以棉花、设施农业、瓜果和特色园艺生产为重点；在北疆沿天山一带以棉花、加工番茄、设施蔬菜为发展重点，继续围绕畜牧业发展，调优粮食产业结构；东疆吐哈盆地以葡萄、哈密瓜、设施蔬菜为发展重点；伊犁、塔额盆地、阿勒泰等区域以优质小麦、玉米、杂豆、设施蔬菜和籽用瓜为发展重点。在乌鲁木齐、地州中心城市和大型工矿开发区所在县市积极发展"菜篮子"工程，确保城市蔬果供应。

5.1.2 新疆水果出口贸易概况

5.1.2.1 总体状况

2017—2020年，新疆水果出口总额达676 422.67万元，但总体呈现逐年递减的态势，具体数值详见表5-2。4年间水果出口总额由200 787.69万元降低至138 176.63万元，降幅为31.18%，年均递减8.92%。其中2018年水果出口总额为171 321.50万元，比上年减少17.20%；2019年水果出口总额为166 136.85万元，比上年减少3.03%；2020年新疆水果出口138 176.63万元，比上年减少16.83%。

表5-2　新疆水果出口总额

年份	贸易总额/万元	比上年减少/%
2017	200 787.69	—

表5-2(续)

年份	贸易总额/万元	比上年减少/%
2018	171 321. 50	−17. 20
2019	166 136. 85	−3. 03
2020	138 176. 63	−16. 83

数据来源：笔者根据中国海关数据库整理计算所得。

5.1.2.2 产品结构

按出口额排序，2017—2020 年间前 5 大出口水果商品依次是：鲜的苹果、梨等（0808）；鲜或干的柑桔属水果（0805）；鲜或干的葡萄（0806）；鲜的杏、樱桃、桃（包括油桃）、梅等（0809）；烹煮的果酱、果冻、柑桔酱、果泥及果膏，不论是否加糖或其他甜物质（2007）。各类商品编码来自乌拉圭回合农业协议界定中 HS 产品口径，具体数值详见表5-3。

表 5-3　2017—2020 年新疆水果出口额居前 5 位的产品　单位：万元

商品编码	商品名称	2017 年	2018 年	2019 年	2020 年
0808	鲜的苹果、梨等	80 886. 24	61 164. 23	31 814. 02	15 012. 69
0805	鲜或干的柑桔属水果	38 681. 89	37 252. 65	40 744. 63	17 013. 77
0806	鲜或干的葡萄	16 116. 53	12 257. 85	30 282. 31	58 809. 72
0809	鲜的杏、樱桃、桃（包括油桃）、梅等	43 210. 05	23 749. 43	20 733. 68	11 644. 03
2007	烹煮的果酱、果冻、柑桔酱、果泥及果膏，不论是否加糖或其他甜物质	6 460. 81	6 554. 38	3 690. 52	4 365. 84
—	其他水果	15 432. 17	30 342. 94	38 871. 68	31 330. 57

数据来源：笔者根据中国海关数据库整理计算所得。

鲜的苹果、梨等（0808）出口比重详见图 5-1，4 年间该类商品占水果出口总额的比重逐年递减。其中，2017 年的出口额为 80 886. 24 万元，占水果出口总额的比重为 40.28%；2018 年的出口额为 61 164. 23 万元，占水果出口总额的比重为 35.70%，比上年减少 32.24%；2019 年的出口额为 31 814.02 万元，占水果出口总额的比重为 19.15%，比上年减少 92.26%；2020 年的出口额为 15 012.69 万元，占水果出口总额的比重为 10.86%，比上年减少 111.91%。

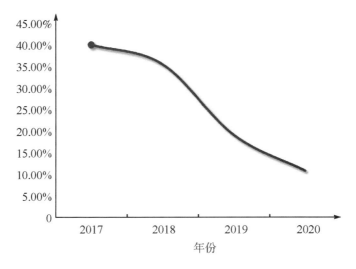

图 5-1　2017—2020 年商品 0808 占水果出口总额比重
数据来源：笔者根据中国海关数据库整理计算所得。

鲜或干的柑桔属水果（0805）出口数值详见图 5-2，4 年间该类商品占水果出口总额的比重逐年递减。其中，2017 年的出口额为 38 681.89 万元，占水果出口总额的比重为 19.27%；2018 年的出口额为 37 252.65 万元，占水果出口总额的比重为 21.74%，比上年减少 3.84%；2019 年的出口额为 40 744.63 万元，占水果出口总额的比重为 24.52%，比上年增加 8.57%；2020 年的出口额为 17 013.77 万元，占水果出口总额的比重为 12.31%，比上年减少 139.48%。

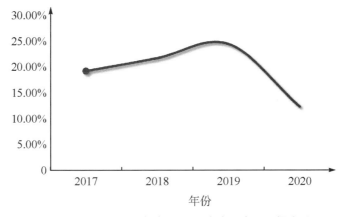

图 5-2　2017—2020 年商品 0805 占水果出口总额比重
数据来源：笔者根据中国海关数据库整理计算所得。

鲜或干的葡萄（0806）出口数值详见图5-3，4年间该类商品占水果出口总额的比重波动增加，增长速度较快。其中，2017年的出口额为16 116.53万元，占水果出口总额的比重为8.03%；2018年的出口额为12 257.85万元，占水果出口总额的比重为7.15%，比上年减少31.48%；2019年的出口额为30 282.31万元，占水果出口总额的比重为18.23%，比上年增加59.52%；2020年的出口额为58 809.72万元，占水果出口总额的比重为42.56%，比上年增加48.51%。

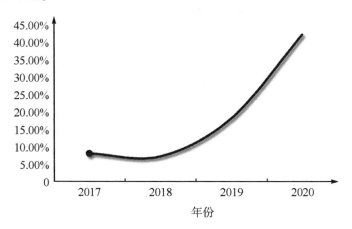

图5-3 2017—2020年商品0806占水果出口总额比重

数据来源：笔者根据中国海关数据库整理计算所得。

鲜的杏、樱桃、桃（包括油桃）、梅等（0809）出口数值详见图5-4，4年间该类商品占水果出口总额的比重逐年递减。其中，2017年的出口额为43 210.05万元，占水果出口总额的比重为21.52%；2018年的出口额为23 749.43万元，占水果出口总额的比重为13.86%，比上年减少81.94%；2019年的出口额为20 733.68万元，占水果出口总额的比重为12.48%，比上年减少14.55%；2020年的出口额为11 644.03万元，占水果出口总额的比重为8.43%，比上年减少78.06%。

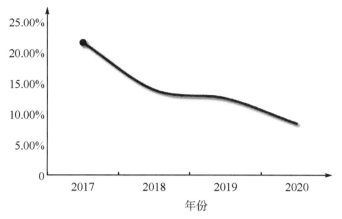

图 5-4　2017—2020 年商品 0809 占水果出口总额比重

数据来源：笔者根据中国海关数据库整理计算所得。

烹煮的果酱、果冻、柑桔酱、果泥及果膏，不论是否加糖或其他甜物质（2007）出口数值详见图 5-5，4 年间该类商品占水果出口总额的比重波动递减。其中，2017 年的出口额为 6 460.81 万元，占水果出口总额的比重为3.22%；2018 年的出口额为 6 554.38 万元，占水果出口总额的比重为 3.83%，比上年增长 1.43%；2019 年的出口额为 3 690.52 万元，占水果出口总额的比重为 2.22%，比上年减少 77.60%；2020 年的出口额为 4 365.84 万元，占水果出口总额的比重为 3.16%，比上年减少 15.47%。

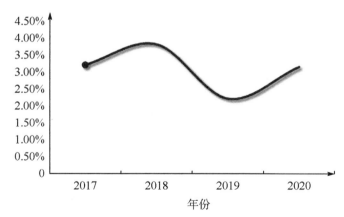

图 5-5　2017—2020 年商品 2007 占水果出口总额比重

数据来源：笔者根据中国海关数据库整理计算所得。

5.1.2.3 贸易区域

2017—2020 年新疆水果主要出口市场如表 5-4 所示，按照 4 年出口总额排序，居出口市场前 5 位的国家分别是：哈萨克斯坦、泰国、吉尔吉斯斯坦、俄罗斯以及美国。

表 5-4　新疆水果主要出口市场　　　　　　　单位：万元

国家	2017 年	2018 年	2019 年	2020 年
哈萨克斯坦	140 421.48	115 542.77	90 844.18	16 468.12
泰国	3 716.50	4 623.64	14 159.21	57 705.87
吉尔吉斯斯坦	14 737.41	10 823.21	16 362.16	18 796.13
俄罗斯	12 822.20	14 647.66	12 825.46	4 753.65
美国	5 048.92	11 744.59	6 831.47	8 990.64
其他国家	24 041.18	13 939.62	25 114.37	31 462.22

数据来源：笔者根据中国海关数据库整理计算所得。

5.1.2.3.1　哈萨克斯坦

由图 5-6 可见，新疆水果出口哈萨克斯坦总额。在 2017—2019 年新疆出口哈萨克斯坦水果总额逐年递减，但依旧是最大的出口市场，直到 2020 年排名才降为第 3 位，4 年间新疆出口哈萨克斯坦水果总额由 140 421.48 万元降低至 16 468.12 万元，降幅为 88.27%，年均递减 41.48%。

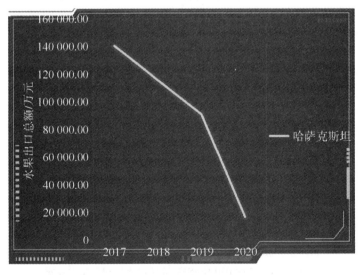

图 5-6　新疆水果出口哈萨克斯坦总额

数据来源：笔者根据中国海关数据库整理计算所得。

5.1.2.3.2　泰国

图 5-7 是新疆水果出口泰国总额。2017—2020 年新疆出口泰国的水果总额逐年递增，到 2020 年成为新疆最大的水果出口市场。4 年间新疆出口泰国的水果总额由 3 716.50 万元增加至 57 705.87 万元，增幅为 1 452.69%，年均递增 98.50%。

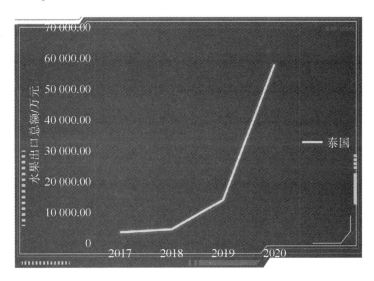

图 5-7　新疆水果出口泰国总额

数据来源：笔者根据中国海关数据库整理计算所得。

5.1.2.3.3　吉尔吉斯斯坦

图 5-8 是新疆水果出口吉尔吉斯斯坦总额。2017—2020 年新疆水果出口吉尔吉斯斯坦总额呈现出"先下降，后上涨"的趋势，2017—2018 年由 14 737.41 万元降低至 10 823.21 万元，2018—2020 年由 10 823.21 万元增加至 18 796.13 万元，4 年间新疆水果出口吉尔吉斯斯坦的增幅为 27.54%，年均递增 6.27%。

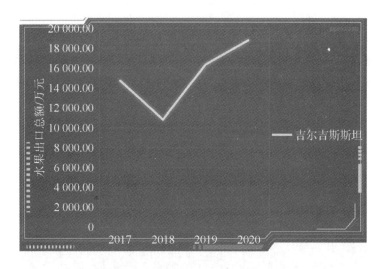

图 5-8 新疆水果出口吉尔吉斯斯坦总额

数据来源：笔者根据中国海关数据库整理计算所得。

5.1.2.3.4 俄罗斯

图 5-9 是新疆水果出口俄罗斯总额。2017—2020 年新疆水果出口俄罗斯总额呈现出波动递减的态势。其中 2017—2018 年水果出口总额由 12 822.20 万元增加至 14 647.66 万元，2018 年以后逐年递减，由 14 647.66 万元降低至 4 753.65万元，4 年间降幅为 62.93%，年均递减 21.97%。

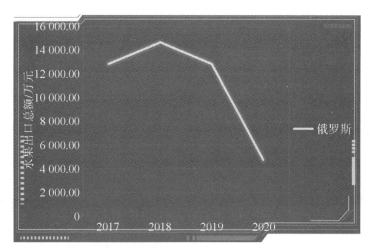

图 5-9 新疆水果出口俄罗斯总额

数据来源：笔者根据中国海关数据库整理计算所得。

5.1.2.3.5　美国

图 5-10 是新疆水果出口美国总额。2017—2020 年，新疆水果出口美国总额呈现出"先上升，后下降，再上升"的 N 形增长趋势。其中，2017—2018年，水果出口总额由 5 048.92 万元增加至 13 939.62 万元，并达到顶峰，2018—2019 年开始下降，由 13 939.62 万元降低至 6 831.47 万元，2019 年后开始回升，由 6 831.47 万元增加至 8 990.64 万元，4 年间增幅为 78.07%，年均递增 15.52%。

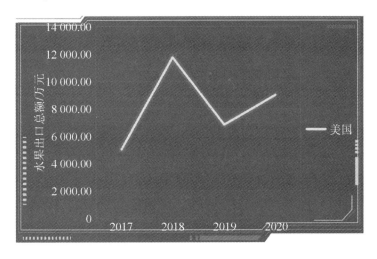

图 5-10　新疆水果出口美国总额

数据来源：笔者根据中国海关数据库整理计算所得。

2017—2020 年新疆水果出口贸易方式如表 5-5 所示，其中 2017—2019 年新疆水果出口贸易方式以边境小额贸易为主，2020 年则以一般贸易为主，变化幅度较大。2017—2020 年一般贸易额由 36 614.27 万元增加至 106 118.35 万元，共计 247 124.69 万元，年均递增 30.48%，占水果出口总额的比重由 18.24% 增加至 76.80%，呈逐年递增的态势；2017—2020 年边境小额贸易由 64 173.43 万元降低至 32 058.27 万元，共计 429 297.98 万元，年均递减 33.52%，占水果出口总额的比重由 81.76% 降低至 63.47%，呈现波动递减的态势。

表 5-5   2017—2020 年新疆水果出口贸易方式

年份	一般贸易/万元	比上年增长/%	占水果出口总额比重/%	边境小额贸易/万元	比上年增长/%	占水果出口总额比重/%
2017	36 614.27	—	18.24	164 173.43	—	81.76
2018	47 389.46	22.74	27.66	123 932.04	-32.47	72.34
2019	57 002.60	20.29	34.31	109 134.24	-11.94	65.69
2020	106 118.35	86.16	76.80	32 058.27	-70.62	23.20
合计	247 124.69	32.30	36.53	429 297.98	-28.76	63.47

数据来源：笔者根据中国海关数据库整理计算所得。

5.1.3   新疆蔬菜出口贸易概况

5.1.3.1   总体状况

2017—2020 年，新疆蔬菜出口总额达 1 332 012.52 万元，但总体呈现波动递增的态势，具体数值详见表 5-6。4 年间蔬菜出口总额由 302 772.83 万元增加至 314 338.28 万元，增幅为 3.82%，年均递增 1.34%，增长速度较慢。其中 2018 年蔬菜出口总额为 319 969.173 7 万元，比上年增加 5.37%；2019 年蔬菜出口总额为 394 932.25 万元，比上年增加 23.43%；2020 年新疆蔬菜出口 314 338.28 万元，比上年减少 20.41%，下降幅度较为明显。

表 5-6   新疆蔬菜出口总额

年份	贸易总额/万元	比上年减少/%
2017	302 772.83	0
2018	319 969.17	5.37
2019	394 932.25	23.43
2020	314 338.28	-20.41

数据来源：笔者根据中国海关数据库整理计算所得。

5.1.3.2   产品结构

按出口额排序，2017—2020 年前 5 大出口蔬菜商品依次是：番茄，用醋或醋酸以外的其他方法制作或保藏的（2002）；其他含油子仁及果实、不论是否破碎（1207）；调味汁及其制品、混合调味品、芥子粉及其调制品（2103）；其他未冷冻蔬菜等（2005）；鲜、冷、冻或干的刺槐豆、海草及其他藻类等

（1212）。各类商品编码来自乌拉圭回合农业协议界定中 HS 产品口径，具体数值详见表 5-7。

表 5-7　2017—2020 年新疆蔬菜出口额居前 5 位的产品

单位：万元

商品编码	商品名称	2017 年	2018 年	2019 年	2020 年
2002	番茄，用醋或醋酸以外的其他方法制作或保藏的	232 370.85	241 320.32	288 172.15	235 225.55
1207	其他含油子仁及果实、不论是否破碎	3 631.11	8 433.56	28 855.50	15 611.11
2103	调味汁及其制品、混合调味品、芥子粉及其调制品	9 042.35	17 082.44	13 427.36	5 989.62
2005	其他未冷冻蔬菜等	4 238.33	5 799.68	6 347.54	6 288.56
1212	鲜、冷、冻或干的刺槐豆、海草及其他藻类等	1 800.49	2 953.70	6 127.81	7 484.68
／	其他	53 490.19	47 333.18	58 129.70	51 223.44

数据来源：笔者根据中国海关数据库整理计算所得。

　　番茄，用醋或醋酸以外的其他方法制作或保藏的（2002）出口比重详见图 5-11，4 年间该类商品占蔬菜出口总额的比重总体呈现波动递减的趋势，但仍然是蔬菜商品种类中出口最多的商品。其中，2017 年的出口额为 232 370.85 万元，占蔬菜出口总额的比重为 76.75%；2018 年的出口额为 241 320.32 万元，占蔬菜出口总额的比重为 75.42%，比上年增加 3.71%；2019 年的出口额为 288 172.15 万元，占蔬菜出口总额的比重为 72.97%%，比上年增加 16.26%；2020 年的出口额为 235 225.55 万元，占蔬菜出口总额的比重为 74.83%，比上年减少 22.51%。

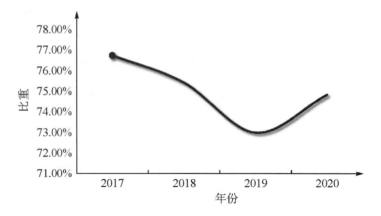

图 5-11 2017—2020 年商品 2002 占蔬菜出口总额比重

数据来源：笔者根据中国海关数据库整理计算所得。

其他含油子仁及果实、不论是否破碎（1207）出口比重详见图 5-12，4 年间该类商品占蔬菜出口总额的比重总体呈现波动递增的趋势，并于 2019 年达到顶峰。其中，2017 年的出口额为 3 631.11 万元，占蔬菜出口总额的比重为 1.20%；2018 年的出口额为 8 433.56 万元，占蔬菜出口总额的比重为 2.64%%，比上年增加 56.94%；2019 年的出口额为 28 855.50 万元，占蔬菜出口总额的比重为 7.31%，比上年增加 70.77%；2020 年的出口额为 15 611.11 万元，占蔬菜出口总额的比重为 4.97%，比上年减少 84.84%。

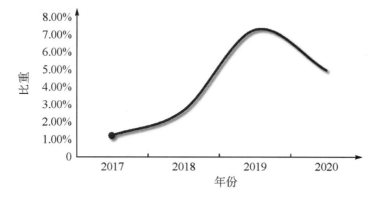

图 5-12 2017—2020 年商品 1207 占蔬菜出口总额比重

数据来源：笔者根据中国海关数据库整理计算所得。

调味汁及其制品、混合调味品、芥子粉及其调制品（2103）出口比重详见图5-13，4年间该类商品占蔬菜出口总额比重总体呈现波动递减的趋势，于2018年达到顶峰。其中，2017年的出口额为9 042.35万元，占蔬菜出口总额的比重为2.99%；2018年的出口额为17 082.44万元，占蔬菜出口总额的比重为5.34%，比上年增加47.07%；2019年的出口额为13 427.36万元，占蔬菜出口总额的比重为3.40%，比上年减少27.22%；2020年的出口额为5 989.62万元，占蔬菜出口总额的比重为1.91%，比上年减少124.18%。

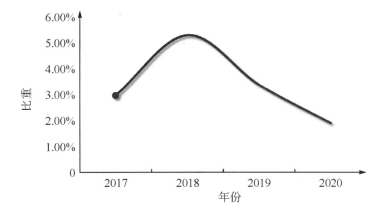

图5-13　2017—2020年商品2103占蔬菜出口总额比重

数据来源：笔者根据中国海关数据库整理计算所得。

　　其他未冷冻蔬菜等（2005）出口比重详见图5-14，4年间该类商品占蔬菜出口总额的比重总体呈现波动递增的趋势。其中，2017年的出口额为4 238.33万元，占蔬菜出口总额的比重为1.40%；2018年的出口额为5 799.68万元，占蔬菜出口总额的比重为1.81%，比上年增加26.92%；2019年的出口额为6 347.54万元，占蔬菜出口总额的比重为1.61%，比上年增加8.63%；2020年的出口额为6 288.56万元，占蔬菜出口总额的比重为2.00%，比上年减少0.94%。

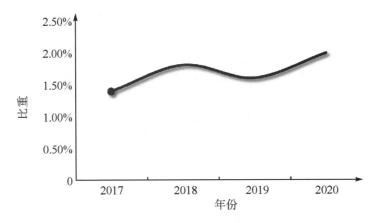

图 5-14　2017—2020 年商品 2005 占蔬菜出口总额比重

数据来源：笔者根据中国海关数据库整理计算所得。

鲜、冷、冻或干的刺槐豆、海草及其他藻类等（1212）出口比重详见图 5-15，4 年间该类商品占蔬菜出口总额比重总体呈现逐年递增的趋势。其中，2017 年的出口额为 1 800.49 万元，占蔬菜出口总额的比重为 0.59%；2018 年的出口额为 8 820.16 万元，占蔬菜出口总额的比重为 0.92%，比上年增加 79.59%；2019 年的出口额为 6 553.40 万元，占蔬菜出口总额的比重为 1.55%，比上年减少 34.59%；2020 年的出口额为 4 104.28 万元，占蔬菜出口总额的比重为 2.38%，比上年减少 59.67%。

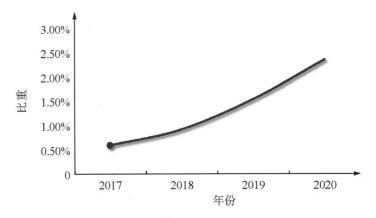

图 5-15　2017—2020 年商品 1212 占蔬菜出口总额比重

数据来源：笔者根据中国海关数据库整理计算所得。

5.1.3.3 贸易区域

2017—2020 年新疆蔬菜主要出口市场如表 5-8 所示，按照 4 年间出口总额排序，居出口市场前 5 位的国家分别是：俄罗斯、意大利、哈萨克斯坦、加纳以及菲律宾。

表 5-8　新疆蔬菜主要出口市场　　　　单位：万元

国家	2017 年	2018 年	2019 年	2020 年
俄罗斯	43 391.03	38 395.73	43 873.15	34 443.93
意大利	17 015.06	29 129.09	45 015.39	43 359.50
哈萨克斯坦	26 711.02	28 532.84	26 825.29	24 537.24
加纳	20 913.76	17 311.53	19 715.57	17 010.59
菲律宾	12 598.06	13 263.32	17 081.72	14 391.98
其他国家	182 143.90	193 336.67	242 421.12	180 595.05

数据来源：笔者根据中国海关数据库整理计算所得。

5.1.3.3.1 俄罗斯

图 5-16 是新疆蔬菜出口俄罗斯总额。在 2017—2018 年新疆出口俄罗斯蔬菜总额逐年递减，但依旧是最大的出口市场，直到 2019 年开始排名降为第 2 位。4 年间新疆出口俄罗斯蔬菜总额由 43 391.03 万元降低至 34 443.93 万元，降幅为 20.62%，年均递减 5.61%。

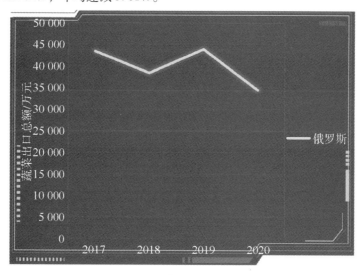

图 5-16　新疆蔬菜出口俄罗斯总额

数据来源：笔者根据中国海关数据库整理计算所得。

5.1.3.3.2 意大利

图 5-17 是新疆蔬菜出口意大利总额。在 2017—2019 年新疆出口意大利蔬菜总额呈现出逐年递增的态势，由 17 015.06 万元增加至 45 015.39 万元，2019—2020 年蔬菜出口总额略有下降，由 45 015.39 万元降低至 43 359.50 万元。4 年间蔬菜出口意大利的增幅为 154.83%，年均递增 26.35%。

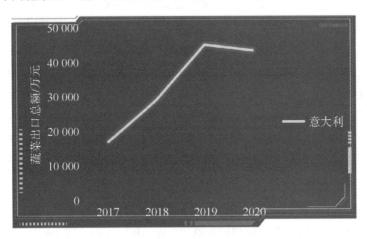

图 5-17 新疆蔬菜出口意大利总额

数据来源：笔者根据中国海关数据库整理计算所得。

5.1.3.3.3 哈萨克斯坦

图 5-18 是新疆蔬菜出口哈萨克斯坦总额。在 2017—2020 年新疆出口哈萨克斯坦蔬菜总额总体呈现出"先上升，后下降"的倒 V 形递减趋势。其中 2017—2018 年，新疆蔬菜出口哈萨克斯坦总额由 26 711.02 万元增加至 28 532.84 万元，并达到顶峰，2018—2020 年开始逐年递减，由 28 532.84 万元降低至 24 537.24 万元，4 年间降幅为 8.14%，年均递减 2.10%。

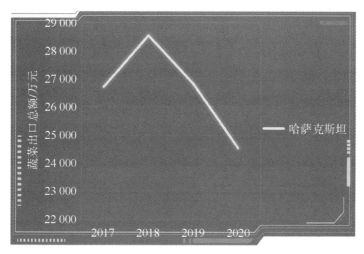

图 5-18　新疆蔬菜出口哈萨克斯坦总额

数据来源：笔者根据中国海关数据库整理计算所得。

5.1.3.3.4　加纳

图 5-19 是新疆蔬菜出口加纳总额。2017—2020 年新疆出口加纳蔬菜总额总体呈现波动递减的趋势，由 20 913.76 万元降低至 17 010.59 万元，降幅为 18.66%，年均递减 5.03%。

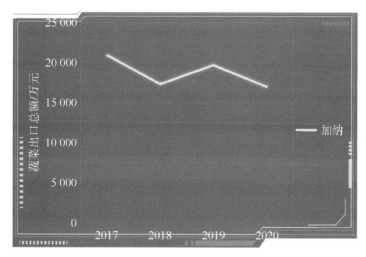

图 5-19　新疆蔬菜出口加纳总额

数据来源：笔者根据中国海关数据库整理计算所得。

5.1.3.3.5 菲律宾

图 5-20 是新疆蔬菜出口菲律宾总额。在 2017—2020 年新疆出口菲律宾蔬菜总额总体呈现"先上升，后下降"的波动趋势。其中 2017—2019 年新疆蔬菜出口菲律宾总额逐年上涨，由 12 598.06 万元增加至 17 081.72 万元，并达到顶峰，2019 年后开始下降，由 17 081.72 万元降低至 14 391.98，4 年间增幅为 14.24%，年均递增 3.38%。

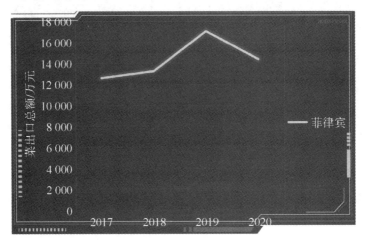

图 5-20　新疆蔬菜出口菲律宾总额

数据来源：笔者根据中国海关数据库整理计算所得。

5.1.3.4 贸易方式

2017—2020 年新疆蔬菜出口贸易方式如表 5-9 所示，近年来蔬菜出口贸易方式始终以一般贸易为主。2017—2020 年一般贸易额由 275 487.60 万元增加至 290 521.63 万元，共计 1 211 344.36 万元，年均递增 1.34%，占蔬菜出口总额的比重由 90.99% 增加至 92.42%，增幅变化不大；2017—2020 年边境小额贸易由 27 285.23 万元降低至 23 816.64 万元，共计 120 668.16 万元，年均递减 3.34%，占蔬菜出口总额比重由 9.01% 降至 7.58%，呈现波动递减的态势。

表 5-9　2017—2020 年新疆蔬菜出口贸易方式

年份	一般贸易 /万元	比上年 增长/%	占蔬菜出口 总额比重/%	边境小额 贸易/万元	比上年 增长/%	占蔬菜出口 总额比重/%
2017	275 487.60	0.00	90.99	27 285.23	0.00	9.01
2018	295 373.61	6.73	92.31	24 595.56	−10.94	7.69

表5-9(续)

年份	一般贸易/万元	比上年增长/%	占蔬菜出口总额比重/%	边境小额贸易/万元	比上年增长/%	占蔬菜出口总额比重/%
2019	349 961.51	15.60	88.61	44 970.73	45.31	11.39
2020	290 521.63	−20.46	92.42	23 816.64	−88.82	7.58
合计	1 211 344.36	0.47	90.94	120 668.16	−13.61	9.06

数据来源：笔者根据中国海关数据库整理计算所得。

5.2 其他省份果蔬出口贸易概况

5.2.1 湖北省果蔬出口贸易概况

5.2.1.1 总体状况

湖北位于中国中部、长江中下游，土地总面积18.59万平方千米，其中山地占56%，丘陵占24%，平原和湖区占20%。湖北地处南北过渡地带，属亚热带季风气候，光照充足，雨量充沛，雨热同季，四季分明，适宜种养的动植物品种繁多，历来是全国重要的农产品商品基地。从农业总体概况来看，2020年全省完成生产总值43 443.50亿元，比上年下降5.0%。第一产业完成增加值4 131.90亿元；农林牧渔业增加值4 358.70亿元，比上年增长0.3%。其中，农业产值3 492.54亿元，增长6.72%。林业产值245.37亿元，减少5.34%；畜牧业产值1 864.78亿元，增长18.41%；渔业产值1 156.78亿元，增长0.35%。具体数值详见表5-10。

表5-10 湖北农业发展概况 单位：亿元

年份	地区生产总值	第一产业增加值	农林牧渔业总产值	农林牧渔业增加值
2011	19 942.50	2 469.20	4 110.16	2 518.70
2012	22 590.90	2 674.80	4 542.16	2 732.90
2013	25 378.00	2 883.70	4 920.13	2 951.60
2014	28 242.10	3 001.60	5 162.94	3 080.60
2015	30 344.00	3 109.90	5 387.13	3 210.90
2016	33 353.00	3 406.50	5 863.98	3 527.90

表5-10(续)

年份	地区生产总值	第一产业增加值	农林牧渔业总产值	农林牧渔业增加值
2017	37 235.00	3 529.00	6 129.72	3 690.30
2018	42 022.00	3 548.20	6 207.83	3 734.30
2019	45 429.00	3 809.40	6 681.85	4 014.30
2020	43 443.50	4 131.90	7 303.64	4 358.70

数据来源：笔者根据《湖北统计年鉴》整理所得。

5.2.1.2 产品结构

从湖北省水果出口额来看，2017—2020 年前 5 大出口水果商品依次是：其他品目未列名的食品（2106）；鲜或干的柑桔属水果（0805）；鲜的苹果、梨等（0808）；什锦坚果或干果等（0813）；鲜或干的葡萄（0806）。各类商品编码来自乌拉圭回合农业协议界定中 HS 产品口径，具体数值详见表5-11。

表 5-11 2017—2020 年湖北水果出口额居前 5 位的产品

单位：万元

商品编码	商品名称	2017 年	2018 年	2019 年	2020 年
2106	其他品目未列名的食品	26 478.39	26 708.49	62 850.10	70 196.88
0805	鲜或干的柑桔属水果	9 279.76	14 591.07	17 058.95	14 540.05
0808	鲜的苹果、梨等	5 800.94	12 886.56	8 910.01	4 626.67
0813	什锦坚果或干果等	1 309.41	429.94	2 160.85	4 402.58
0806	鲜或干的葡萄	334.86	417.07	318.51	35.79

数据来源：笔者根据中国海关数据库整理计算所得。

从湖北省蔬菜出口额来看，2017—2020 年前 5 大出口水果商品依次是：干蔬菜（0712）；调味汁及其制品、混合调味品、芥子粉及其调制品（2103）；其他未冷冻蔬菜（2005）；蘑菇及块菌（2003）；鲜或冷藏的其他蔬菜（0709）。各类商品编码来自乌拉圭回合农业协议界定中 HS 产品口径，具体数值详见表5-12。

表 5-12　2017—2020 年湖北蔬菜出口额居前 5 位的产品

单位：万元

商品编号	商品名称	2017 年	2018 年	2019 年	2020 年
0712	干蔬菜	676 077.41	619 882.82	431 783.30	420 204.41
2103	调味汁及其制品；混合调味品；芥子粉及其调制品	1 620.51	17 922.36	115 794.34	257 425.63
2005	其他未冷冻蔬菜	28 211.33	22 286.70	32 695.69	44 365.52
2003	蘑菇及块菌	657.73	509.52	17 594.25	81 941.16
0709	鲜或冷藏的其他蔬菜	13 915.07	9 671.64	3 483.95	1 634.15

数据来源：笔者根据中国海关数据库整理计算所得。

5.2.1.3　贸易方式

从水果出口贸易方式来看，湖北的水果贸易方式以一般贸易、进料加工贸易为主，保税监管场所进出境货物和海关特殊监管区域物流货物贸易为辅。2017—2020 年湖北省水果一般贸易额由 53 042.24 万元增加至 104 947.85 万元，增幅为 97.86%，年均递增 18.60%；进料加工贸易额由 3 766.09 万元增加至 8 777.20 万元，增幅为 133.06%，年均递增 23.56%。具体数值详见表 5-13。

表 5-13　湖北水果出口贸易方式　　　　单位：万元

贸易方式	2017 年	2018 年	2019 年	2020 年
一般贸易	53 042.24	67 311.54	105 186.01	104 947.85
进料加工贸易	3 766.09	8 620.43	8 984.65	8 777.20
保税监管场所进出境货物	600.75	701.20	27.49	3 524.78
海关特殊监管区域物流货物	—	0.52	48.25	1.31

数据来源：笔者根据中国海关数据库整理计算所得。

从蔬菜出口贸易方式来看，湖北的蔬菜贸易方式以一般贸易和进料加工贸易为主，保税监管场所进出境货物和海关特殊监管区域物流货物贸易为辅。2017—2020 年湖北省蔬菜一般贸易额由 755 470.67 万元增加至 812 329.77 万元，增幅为 7.53%，年均递增 1.83%；进料加工贸易额由 3 656.38 万元增加至 9 164.01 万元，增幅为 150.63%，年均递增 25.82%。具体数值详见表 5-14。

表 5-14 　湖北蔬菜出口贸易方式 　　　　　　　　　单位：万元

贸易方式	2017 年	2018 年	2019 年	2020 年
一般贸易	755 470.67	709 112.95	627 205.61	812 329.77
进料加工贸易	3 656.38	8 502.28	9 055.25	9 164.01
保税监管场所进出境货物	0.60	201.33	1 691.74	23 249.30
海关特殊监管区域物流货物	—	—	9 089.45	5 449.51

5.2.2 　山东省果蔬出口贸易概况

5.2.2.1 　总体状况

山东省地处我国东部沿海，黄河下游。全省总面积 15.80 万平方千米，居全国第 20 位。其中平原占 55%，山丘占 35%，河流、湖泊、洼地等占 10%；大陆海岸线长达 3 000 多千米。属暖温带半湿润季风气候区，年平均气温在 11 ~14℃，年平均降雨量在 550~950 毫米，无霜期 180~220 天，日照时数 2 300 ~2 900 小时，10℃ 以上的积温一般在 3 800~4 600℃；光热资源较好，是我国重要的粮、棉、油、瓜、果、菜、肉、蛋、奶生产基地。

表 5-15 　山东农业发展概况 　　　　　　　　　单位：亿元

年份	地区生产总值	第一产业增加值	农林牧渔业总产值	农林牧渔业增加值
2011	39 064.90	3 768.60	7 311.11	3 909.30
2012	42 957.30	4 047.10	7 817.84	4 198.20
2013	47 344.30	4 454.10	8 577.06	4 630.80
2014	50 774.80	4 662.80	8 988.18	4 857.30
2015	55 288.80	4 902.80	9 283.92	5 110.80
2016	58 762.50	4 830.30	9 075.60	5 072.30
2017	63 012.10	4 832.70	9 140.36	5 114.70
2018	66 648.90	4 950.50	9 397.39	5 273.90
2019	70 540.50	5 117.00	9 671.67	5 477.10
2020	73 129.00	5 363.80	10 190.58	5 749.50

数据来源：笔者根据《山东统计年鉴》整理计算所得。

从农业总体概况来看，2020年全省实现生产总值73 129.00亿元，比上年增长3.6%。第一产业增加值5 363.80亿元，增长2.7%；农业发展稳固增效，农林牧渔业总产值10 190.58亿元，比上年增长3.0%，成为全国首个突破万亿元省份。其中，农业产值5 168.36亿元，增长4.91%；林业产值214.20亿元，增加7.70%；畜牧业产值2 571.87亿元，增长6.21%；渔业产值1 432.08亿元，增长2.42%。具体数值详见表5-15。

5.2.2.2　产品结构

从山东省水果出口额来看，2017—2020年前5大出口水果商品依次是：鲜的苹果、梨等（0808）；其他品目未列名的食品（2106）；鲜或干的葡萄（0806）；未发酵及未加酒精的水果汁（包括酿酒葡萄汁）等（2009）；冷冻水果及坚果等（0811）。各类商品编码来自乌拉圭回合农业协议界定中HS产品口径，具体数值详见表5-16。

表5-16　2017—2020年山东水果出口额居前5位的产品

单位：万元

商品编码	商品名称	2017 年	2018 年	2019 年	2020 年
0808	鲜的苹果、梨等	470 985.5	496 040.34	521 736.66	709 988.88
2106	其他品目未列名的食品	153 134.15	213 152.95	271 056.03	342 998.5
0806	鲜或干的葡萄	80 272.18	197 716.42	252 851.33	376 899.53
2009	未发酵及未加酒精的水果汁（包括酿酒葡萄汁）等	92 650.98	89 080.44	74 855.08	82 139.13
0811	冷冻水果及坚果等	63 446.08	64 733.67	66 241.89	62 201.28

数据来源：笔者根据中国海关数据库整理计算所得。

从山东省蔬菜出口额来看，2017—2020年前5大出口蔬菜商品依次是：鲜或冷藏洋葱、青葱、大蒜、韭葱及其他葱属蔬菜（0703）；其他未冷冻蔬菜等（2005）；冷冻蔬菜（0710）；干蔬菜（0712）；胡椒，辣椒干及辣椒粉（0904）；姜、番红花、姜黄、麝香草、月桂叶、咖喱及其他调味香料（0910）。各类商品编码来自乌拉圭回合农业协议界定中HS产品口径，具体数值详见表5-17。

表 5-17 2017—2020 年山东蔬菜出口额居前 5 位的产品

单位：万元

商品编码	商品名称	2017 年	2018 年	2019 年	2020 年
0703	鲜或冷藏洋葱、青葱、大蒜、韭葱及其他葱属蔬菜	869 156.63	570 228.26	939 713.75	992 273.97
2005	其他未冷冻蔬菜等	504 806.58	526 754.56	461 641.83	397 127.75
0710	冷冻蔬菜	416 767.45	460 146.13	486 443.96	485 642.34
0712	干蔬菜，整个、切块、切片、破碎或制成粉状，但未经进一步加工的	542 413.28	334 324.14	291 900.01	354 549.69
0904	胡椒；辣椒干及辣椒粉	211 182.37	261 051.10	275 388.50	302 485.68
0910	姜、番红花、姜黄、麝香草、月桂叶、咖喱及其他调味香料	217 796.39	255 936.12	338 869.99	490 512.37

5.2.2.3 贸易方式

从水果出口贸易方式来看，山东省的水果贸易方式以一般贸易、进料加工贸易为主，海关特殊监管区域物流货物和来料加工贸易为辅。2017—2020 年山东省水果一般贸易额由 1 501 999.54 万元增加至 2 329 913.47 万元，增幅为 55.12%，年均递增 11.60%；进料加工贸易额由 129 797.39 万元增加至 150 237.97 万元，增幅为 15.75%，年均递增 3.72%。具体数值详见表 5-18。

表 5-18 山东水果出口贸易方式   单位：万元

贸易方式	2017 年	2018 年	2019 年	2020 年
一般贸易	1 501 999.54	1 712 714.20	1 840 329.71	2 329 913.47
进料加工贸易	129 797.39	138 826.99	140 410.23	150 237.97
保税监管场所进出境货物	5 088.27	64.29	84.72	170.14
海关特殊监管区域物流货物	7 261.59	11 195.06	8 252.82	11 763.93
来料加工贸易	30 774.42	35 912.88	48 132.01	46 960.45

数据来源：笔者根据中国海关数据库整理计算所得。

从蔬菜出口贸易方式来看，山东省的蔬菜贸易方式以一般贸易、进料加工贸易为主，海关特殊监管区域物流货物和来料加工贸易为辅。2017—2020年山东省蔬菜一般贸易额由3 932 409.74万元增加至4 227 712.88万元，增幅为7.51%，年均增幅为1.83%；进料加工贸易额由215 428.89万元增加至258 589.78万元，增幅为20.03%，年均递增4.67%。具体数值详见表5-19。

表5-19　山东蔬菜出口贸易方式　　　　　单位：万元

贸易方式	2017年	2018年	2019年	2020年
一般贸易	3 932 409.74	3 609 683.77	3 934 677.95	4 227 712.88
进料加工贸易	215 428.89	231 040.74	246 547.00	258 589.78
保税监管场所进出境货物	5 541.83	407.55	403.72	133.83
海关特殊监管区域物流货物	17 744.82	12 123.85	13 157.96	13 749.05
对外承包工程出口货物	8.19	6.80	10.88	6.44
来料加工贸易	7 636.14	6 831.20	13 529.85	10 256.93
其他	25.09	27.22	27.69	135.17

数据来源：笔者根据中国海关数据库整理计算所得。

5.2.3　四川省果蔬出口贸易概况

5.2.3.1　总体状况

四川省地形地貌复杂。全省面积48.6万平方千米，占全国的5.1%，居第5位。境内东部为四川盆地，川西南为山地，西部为高山峡谷高原。其中平坝（平原）占7.84%，丘陵占10.06%，高原（高山）占32.08%，山地占49.44%，水域面积占0.58%。农业生产气候条件较好。东部四川盆地，属亚热带湿润气候，气温较高，无霜期长，雨量多，日照少，年均温16℃以上，无霜期240~300天；年降雨量1 000~1 400毫米，年日照1 000~1 600小时，为全国最低值区。

从农业总体概况来看，2020年全省实现生产总值48 598.80亿元，比上年增长3.8%。其中，第一产业增加值5 556.60亿元，增长5.2%；农林牧渔业总产值9 216.40亿元，比上年增长14.40%。其中，农业产值4 701.88亿元，增长6.53%；林业产值379.82亿元，增加2.00%；畜牧业产值3 613.81亿元，增长26.73%；渔业产值287.54亿元，增长8.37%。具体数值详见表5-20。

表 5-20　四川农业发展概况　　　　　　　　　　　单位：亿元

年份	地区生产总值	第一产业增加值	农林牧渔业总产值	农林牧渔业增加值
2011	21 050.90	2 854.60	4 932.73	2 900.40
2012	23 922.40	3 142.60	5 433.12	3 198.90
2013	26 518.00	3 257.40	5 620.27	3 323.60
2014	28 891.30	3 524.70	5 888.09	3 598.70
2015	30 342.00	3 661.00	6 377.84	3 745.50
2016	33 138.50	3 900.60	6 816.92	3 991.90
2017	37 905.10	4 262.50	6 955.55	4 365.30
2018	42 902.10	4 427.40	7 195.65	4 544.30
2019	46 363.80	4 807.50	7 889.35	4 938.00
2020	48 598.80	5 556.60	9 216.40	5 700.90

数据来源：笔者根据《四川统计年鉴》整理所得。

5.2.3.2　产品结构

从四川省水果出口额来看，2017—2020 年前 5 大出口水果商品依次是：其他品目未列名的食品（2106）；冷冻水果及坚果等（0811）；鲜或干的柑桔属水果（0805）；未发酵及未加酒精的水果汁（包括酿酒葡萄汁）等（2009）；鲜的苹果、梨等（0808）。各类商品编码来自乌拉圭回合农业协议界定中 HS 产品口径，具体数值详见表 5-21。

表 5-21　2017—2020 年四川水果出口额居前 5 位的产品

单位：万元

商品编码	商品名称	2017 年	2018 年	2019 年	2020 年
2106	其他品目未列名的食品	14 692.89	24 647.42	31 296.42	24 650.70
0811	冷冻水果及坚果等	4 251.18	3 526.58	3 696.79	2 358.32
0805	鲜或干的柑桔属水果	270.33	2 129.52	2 970.59	5 846.66
2009	未发酵及未加酒精的水果汁（包括酿酒葡萄汁）等	2 099.50	1 397.97	570.76	363.75
0808	鲜的苹果、梨等	535.28	392.80	1 299.65	901.37

数据来源：笔者根据中国海关数据库整理计算所得。

从四川省蔬菜出口额来看，2017—2020 年前 5 大出口蔬菜商品依次是：调味汁及其制品、混合调味品、芥子粉及其调制品（2103）；其他未冷冻蔬菜等

（2005）；冷冻蔬菜（0710）；蘑菇及块菌（2003）；暂时保藏的蔬菜，但不适于直接食用（0711）。各类商品编码来自乌拉圭回合农业协议界定中 HS 产品口径，具体数值详见表5-22。

表5-22 2017—2020年四川蔬菜出口额居前5位的产品

单位：万元

商品编码	商品名称	2017 年	2018 年	2019 年	2020 年
2103	调味汁及其制品；混合调味品；芥子粉及其调制品	25 251.28	29 316.86	31 927.52	37 486.75
2005	其他未冷冻蔬菜等	10 605.35	10 648.87	10 819.44	11 626.46
0710	冷冻蔬菜	8 599.98	10 130.98	6 556.84	5 279.68
2003	蘑菇及块菌	5 036.98	5 751.79	5 705.82	9 684.74
0711	暂时保藏的蔬菜，但不适于直接食用	4 729.75	5 003.03	5 292.97	3 933.22

数据来源：笔者根据中国海关数据库整理计算所得。

5.2.3.3 贸易方式

从水果出口贸易方式来看，四川省的水果贸易方式以一般贸易为主，保税监管场所进出境货物和海关特殊监管区域物流货物贸易为辅。2017—2020年四川省水果一般贸易额由 22 778.61 万元增加至 36 556.57 万元，增幅为60.49%，年均递增12.55%。具体数值详见表5-23。

表5-23 四川水果出口贸易方式   单位：万元

	2017 年	2018 年	2019 年	2020 年
一般贸易	22 778.61	33 206.96	42 871.18	36 556.57
保税监管场所进出境货物	16.03	29.87	9.23	247.43
海关特殊监管区域物流货物	—	—	1.10	37.15

数据来源：笔者根据中国海关数据库整理计算所得。

从蔬菜出口贸易方式来看，四川省的蔬菜贸易方式以一般贸易为主，进料加工贸易和保税监管场所进出境货物贸易为辅。2017—2020年四川省蔬菜一般贸易额由 80 636.26 万元降低至 78 764.25 万元，降幅为2.32%，年均递减0.59%。具体数值详见表5-24。

表 5-24　四川蔬菜出口贸易方式　　　　　　　　单位：万元

贸易方式	2017 年	2018 年	2019 年	2020 年
一般贸易	80 636.26	75 611.35	81 482.02	78 764.25
进料加工贸易	—	1 775.96	200.10	4 578.09
保税监管场所进出境货物	810.29	667.16	8.65	58.63
其他	—	33.46	43.53	1.03

数据来源：笔者根据中国海关数据库整理计算所得。

5.3　新疆果蔬产品出口竞争力分析

农产品国际竞争力在一定情况下可以反映地区参与农产品贸易发展的程度，对农民增收具有重要意义。本书这一部分的研究立足于果蔬产品贸易内外部影响因素，从显性竞争力、产品竞争力、要素竞争力和环境竞争力 4 个方面构建果蔬产品出口竞争力指标体系，进一步分解为 21 个具体指标，对新疆果蔬产品竞争力进行深入分析。

5.3.1　果蔬产品出口竞争力指标体系构建

农产品竞争力是一个由多种相互联系、相互作用的要素构成的统一体，出于不同的研究目的，农产品国际竞争力评价指标的选取也各不相同。因此，为保证果蔬产品出口竞争力评价指标构建的科学性、合理性与数据的可获得性，本书的研究参照漆雁斌（2007）与联合国粮农组织构建的农产品国际竞争力评价方法，结合新疆果蔬贸易发展实际，从显性竞争力、产品竞争力、要素竞争力和环境竞争力四个方面选取指标，以综合评价新疆果蔬产品出口竞争力。相关数据来自《中国统计年鉴》、中国商务部《农产品进出口月度统计报告》、中国海关网和联合国商品贸易统计数据库。

5.3.1.1　显性竞争力指标体系

这是一个反映竞争力结果的指标集。在国内外研究竞争力的学者中，多数学者认为，一个国家某一产业的竞争结果，可以通过该产业的国际市场占有率和盈利率来表现。由于产业的盈利率指标不容易获得，通常用市场占有率代替盈利率，因为一般认为，国际市场占有率越高，就越能提高赢利水平，因而就越具有国际竞争力；而有的学者强调生产率，如克鲁格曼教授认为，竞争力这个概念如果有意义，也只能是生产率的代名词。迈克尔·波特在《国家竞争优势》一书中也同意使用生产率指标作为判断一个产业国际竞争力的重要标准；还有的学者认为竞争力是支撑国家中长期经济增长、提高居民福利的能力，如世界经济论坛的学者。国际竞争力在体现一国现实竞争力的同时，也包括潜在竞争力的概念，仅强调某一个指标，如市场占有率、生产率或经济增长率，不能全面反映竞争力，因此，一个国家（地区）农业生产能力和规模是该国农业国际竞争力的重要基础。本书的研究认为农业产值、农业劳动生产率等两个价值量指标能较充分地从静态和动态角度反映一个国家（地区）农业生产的绝对和相对能力，以及这种能力的变化和提高程度。因而，农业生产能力的测度用这两个可量化指标为宜。

农业国际竞争力的显性表示是农产品的市场竞争力。本书的研究认为国际市场占有率、显示比较优势指数两个指标能反映一国农业（农产品）的国际市场竞争实力、比较优势。

5.3.1.2 产品竞争力指标体系

农业的国际竞争力是通过农产品实现的。决定农产品竞争力的直接因素指标反映的是已实现的竞争力的直接解释变量。直接因素指标主要包括农产品的价格、质量和信誉三个方面。

农产品价格是决定农业国际竞争力的关键因素之一。在同一市场上，价格较低，销售量较大，从而就具有较强的竞争力。比较不同国家生产的相同农产品在同一市场上的销售价格，可以发现各国农产品之间国际竞争力的差异。

质量竞争力是决定农业国际竞争力的一个关键因素。较高质量的农产品具有较高的竞争力，并且能够获得较高的附加值。随着经济的发展和人们生活水平的提高，对农产品和食品的需求，日益从数量方面转变为质量方面。相应的国际竞争也日益从价格竞争为主转变为质量竞争为主。农产品质量认证水平的提高能够增强该地区农产品国际竞争力。我们通常采用绿色食品认证数量和绿色产品获证单位数以衡量农产品质量认证。

5.3.1.3 要素竞争力指标体系

要素竞争力是指竞争资源的投入能力，要素竞争力指标体系具体包括：资源竞争力、资本竞争力、技术竞争力、人力资本竞争力、基础设施竞争力等指标。

农业产业的特点决定了土地、水、气候等自然资源对农业生产具有非常重要的意义，一个国家如果有良好的自然资源，那么就可以充分发挥资源的比较优势，从而增强农业竞争力。本书用三个指标来说明农业资源竞争力，即农业劳动力人均耕地面积、水资源、气候条件。

农业资本的形成或积累是农业国际竞争力的重要因素。农业资本的形成不仅使生产力水平大幅度提高，更重要的是，伴随着资本的形成所引致的农业技术进步的加速，导致农业生产的专业化，农业自然资源的进一步的开发和利用使农业生产效率提高，成本下降，从而竞争力增强。农业资本获利能力最终通过农业企业来实现，因此选择农、林、牧、渔法人单位数来反映资本竞争力。

根据科学技术竞争力理论，一个国家的科学技术竞争力主要体现在将现有的技术资源通过研究开发活动变成现实生产力的能力。这需要该国具有充足的高素质的研究和开发人才，有雄厚的研究开发资金保障、有效的研究开发的激励机制和良好的科学环境。根据这一理论，一国科技活动包括两个方面，一是通过科技人力、物力的投入，不断积累和增加新的技术资源的过程；二是将现有技术资源转化为实用技术或专利以及新产品的过程。反映技术竞争力的指标体系的构成是：农业生产者技术水平，乡村从业人员。

根据人力资本的内涵，固然包含数量和质量两个方面，但实际上侧重于质量。因此，本文主要从数量和质量（更侧重质量）方面考察一国农业人力资本的状况，采用乡村人口数量和教育投入作为衡量指标。农业基础设施是农业生产的重要条件，农业基础设施竞争力从四个方面来考察：水利化程度、机械化水平、电气化程度和交通运输率。具体指标详见表5-25。

5.3.1.4　环境竞争力指标体系

培植有利的外部环境条件，是农业竞争力高效发挥的必要前提。环境竞争力包括相关产业竞争力、制度环境竞争力指标。

表5-25　果蔬产品出口竞争力指标体系

一级指标	二级指标	三级指标
显性竞争力 Z1	农业生产能力 Y1	农业产值 X1
		农业劳动生产率 X2
	市场竞争力 Y2	市场占有率 X3
		显示性比较优势指数 X4
产品竞争力 Z2	价格竞争力 Y3	农产品生产价格指数 X5
	质量竞争力 Y4	绿色认证产品数 X6
		绿色食品获证单位 X7

表5-25（续）

一级指标	二级指标	三级指标
要素竞争力 Z3	资源竞争力 Y5	果蔬种植面积 X8
		人均水资源拥有量 X9
		气候条件 X10
	资本竞争力 Y6	农、林、牧、渔法人单位数 X11
	技术竞争力 Y7	农业机械化水平 X12
	人力资本竞争力 Y8	乡村人口 X13
		教育投入 X14
	基础设施竞争力 Y9	水利化程度 X15
		农村人口年人均用电量 X16
		交通运输水平 X17
环境竞争力 Z4	相关产业竞争力 Y10	果蔬市场数量 X18
		化肥使用水平 X19
	制度环境竞争力 Y11	财政支农支出 X20
		财政支农强度 X21

农业的相关产业是否具有竞争力对于增强该产业的国际竞争优势具有重要意义。如果上游供应产业具有国际竞争力，将通过效率高、时间短、速度快等使下游产业获得竞争优势。农业生产的上游产业主要是农业物资的供应部门，下游产业为果蔬市场。本书的研究设置了果蔬市场数量（亿元以上），农用化肥施用量与农用化肥产量的比值两个指标。

良好的市场环境是提升农业国际竞争力的必要条件。财政支农水平是果蔬生产的重要支撑，对果蔬产品国际竞争力的提升具有重要影响。具体指标详见表5-25。

5.3.2 果蔬产品出口竞争力测度方法选择

5.3.2.1 熵权法介绍

熵最先由申农引入信息论，目前已经在工程技术、社会经济等领域得到了非常广泛的应用。熵权法的基本思路是根据指标变异性的大小来确定客观权重。一般来说，某个指标的信息熵 E_j 越小，表明指标值的变异程度越大，提供的信息量越多，在综合评价中所能起到的作用也越大，其权重也就越大；相反，某个指标的信息熵越大，表明指标值的变异程度越小，提供的信息量也越少，在综合评价中所起到的作用也越小，其权重也就越小。

5.3.2.2 熵权法赋权步骤

5.3.2.2.1 数据标准化

将各个指标的数据进行标准化处理。

假设给定了 k 个指标 X_1，X_2，$\cdots$，X_k，其中，

$$X_i = \{x_1, x_2, \cdots, x_n\}$$

假设对各指标数据标准化后的值为，

$$Y_1, Y_2, \cdots, Y_k$$

那么，

$$Y_{ij} = \frac{x_{ij} - \min(x_i)}{\max(x_i) - \min(x_i)}$$

5.3.2.2.2 求各指标的信息熵

根据信息论中信息熵的定义，一组数据的信息熵

$$E_j = -\frac{1}{ln\ n} \sum_{i=1}^{n} p_{ij} ln\ p_{ij}$$

其中

$$p_{ij} = Y_{ij} / \sum_{i=1}^{n} Y_{ij}$$

如果，

$$p_{ij} = 0$$

则定义，

$$\lim_{p_{ij}=0} p_{ij} ln p_{ij} = 0$$

5.3.2.2.3 确定各指标权重

根据信息熵的计算公式，计算出各个指标的信息熵为

$$E_1, E_2, \cdots, E_k$$

通过信息熵计算各指标的权重：

$$W_i = \frac{1 - E_i}{k - \sum E_i} (i = 1, 2, \cdots, k)$$

5.3.3 新疆果蔬出口竞争力测度分析

5.3.3.1 指标权重指数测度分析

基于熵值法和表5-25构建的果蔬产品出口竞争力综合评价指标体系，测得新疆、山东、湖北、四川果蔬产品出口竞争力权重指数（如表5-26所示）。由表5-26-a可知，在一级指标中，占比最高的是要素竞争力，其次为显性竞争力，环境竞争力排名第三，最后是产品竞争力。二级指标权重指数从大到小依次为市场竞争力、基础竞争力、资源竞争力、制度竞争力、农业生产能力、人力资本竞争力、相关产业竞争力、质量竞争力、资本竞争力、技术竞争力、价格竞争力。三级指标权重指数从大到小依次为市场占有率、显示性比较优势指数、交通运输水平、财政支农强度、果蔬种植面积、农业劳动生产率、水资源拥有水平、财政支农支出、农、林、牧、渔法人单位数、气候条件、农村人口年用电水平、农业产值、水利化程度、化肥使用水平、教育投入、绿色认证产品数、农业机械化水平、农产品生产价格指数、果蔬市场数量、乡村人口绿色食品获证单位。

表 5-26-a　果蔬产品出口竞争力一级指标权重指数

一级指标	新疆	山东	湖北	四川	平均值
显性竞争力	0.25	0.29	0.35	0.26	0.29
产品竞争力	0.12	0.09	0.11	0.13	0.11
要素竞争力	0.45	0.54	0.49	0.44	0.48
环境竞争力	0.18	0.17	0.15	0.17	0.17

表 5-26-b　果蔬产品出口竞争力二级指标权重指数

二级指标	新疆	山东	湖北	四川	平均值
农业生产能力	0.09	0.07	0.09	0.10	0.09
市场竞争力	0.16	0.22	0.26	0.15	0.20
价格竞争力	0.03	0.04	0.05	0.04	0.04
质量竞争力	0.09	0.05	0.06	0.09	0.07
资源竞争力	0.16	0.11	0.13	0.16	0.14
资本竞争力	0.06	0.04	0.04	0.04	0.04
技术竞争力	0.03	0.06	0.03	0.03	0.04

表5-26-b(续)

二级指标	新疆	山东	湖北	四川	平均值
人力资本竞争力	0.06	0.09	0.09	0.07	0.08
基础设施竞争力	0.13	0.16	0.10	0.14	0.14
相关产业竞争力	0.08	0.09	0.07	0.07	0.08
制度竞争力	0.11	0.08	0.08	0.11	0.10

表 5-26-c 果蔬产品出口竞争力三级指标权重指数

三级指标	新疆	山东	湖北	四川	平均值
农业国内生产总值	0.04	0.03	0.04	0.05	0.04
农业劳动生产率	0.05	0.04	0.05	0.05	0.05
市场占有率	0.08	0.11	0.14	0.08	0.10
显示性比较优势指数	0.08	0.11	0.12	0.07	0.10
农产品生产价格指数	0.03	0.04	0.05	0.04	0.04
绿色认证产品数	0.05	0.03	0.03	0.05	0.04
绿色食品获证单位	0.04	0.03	0.03	0.04	0.03
果蔬种植面积	0.06	0.03	0.06	0.05	0.05
水资源拥有水平	0.04	0.05	0.04	0.05	0.04
气候条件	0.06	0.03	0.02	0.06	0.04
农、林、牧、渔法人单位数	0.06	0.04	0.04	0.04	0.04
农业机械化水平	0.03	0.06	0.03	0.03	0.04
乡村人口	0.02	0.05	0.05	0.03	0.04
教育投入	0.04	0.04	0.04	0.04	0.04
水利化程度	0.04	0.05	0.02	0.05	0.04
农村用电水平	0.04	0.04	0.04	0.05	0.04
交通运输水平	0.05	0.07	0.04	0.04	0.05
果蔬市场数量	0.03	0.06	0.04	0.03	0.04
化肥使用水平	0.05	0.03	0.03	0.04	0.04
财政支农支出	0.05	0.04	0.05	0.04	0.04
财政支农强度	0.06	0.04	0.04	0.07	0.05

5.3.3.2 果蔬出口竞争力指数测度分析

5.3.3.2.1 综合竞争力指数分析

从综合竞争力指数来看，2012—2020 年，得益于丝绸之路经济带核心区的建设和外向型农业的快速发展，新疆果蔬产品出口竞争力呈稳步上升态势，从 58.07 增加到 63.07。综合来看，与其他果蔬大省相比，新疆果蔬产品出口竞争力位居第 3 位，仅高于湖北，且 2018 年以来，新疆果蔬产品出口竞争力指数与其他三省逐渐拉大差距，并开始被湖北赶超。这与新疆良好的地缘优势和果蔬资源优势不相匹配。充分发挥农业大省在果蔬生产上的比较优势，提高果蔬产品国际竞争力，破解果蔬生产大而不强的难题，成为实现新疆果蔬出口高质量发展亟待解决的重要课题。

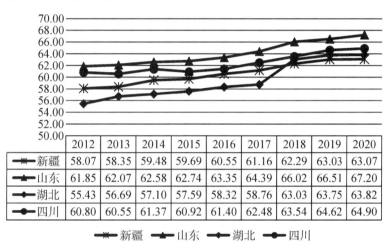

	2012	2013	2014	2015	2016	2017	2018	2019	2020
新疆	58.07	58.35	59.48	59.69	60.55	61.16	62.29	63.03	63.07
山东	61.85	62.07	62.58	62.74	63.35	64.39	66.02	66.51	67.20
湖北	55.43	56.69	57.10	57.59	58.32	58.76	63.03	63.75	63.82
四川	60.80	60.55	61.37	60.92	61.40	62.48	63.54	64.62	64.90

图 5-21　综合竞争力指数比较

5.3.3.2.2 显性竞争力指数分析

从显性竞争力指数来看，2012—2020 年，随着新疆农业生产能力的不断提升，果蔬产品比较优势凸显，国际市场占有率和显示性优势指数不断攀升，新疆显性竞争力指数稳步上升（见图 5-22 和图 5-23）。但与其他三省相比，新疆仍存在较大差距，2020 年显性竞争力指数为 15.62，低于排名第一的湖北 44%，未来应该继续挖掘新疆果蔬产品的比较优势潜力，提升果蔬产品的市场竞争水平。

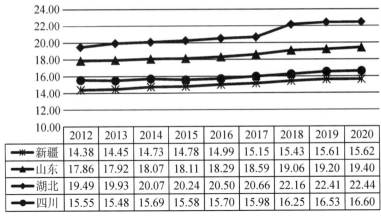

	2012	2013	2014	2015	2016	2017	2018	2019	2020
新疆	14.38	14.45	14.73	14.78	14.99	15.15	15.43	15.61	15.62
山东	17.86	17.92	18.07	18.11	18.29	18.59	19.06	19.20	19.40
湖北	19.49	19.93	20.07	20.24	20.50	20.66	22.16	22.41	22.44
四川	15.55	15.48	15.69	15.58	15.70	15.98	16.25	16.53	16.60

图 5-22 显性竞争力指数比较

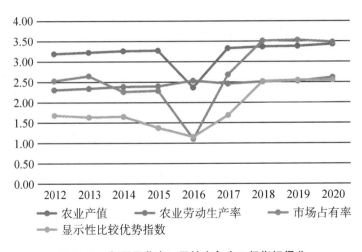

图 5-23 新疆果蔬出口显性竞争力三级指标得分

5.3.3.2.3 产品竞争力指数分析

产品竞争力由产品价格和产品质量两部分组成。从竞争力指数得分来看（见图 5-24），2012—2020 年，新疆果蔬产品竞争力指数不断攀升，仅次于四川，居于第 2 位，说明新疆果蔬产品价格和质量具有相对优势。近 9 年新疆农产品价格指数呈波动下降趋势，比其他三省富有市场价格优势，从产品质量来看，绿色认证产品数从 2012 年的 93 个增加至 2020 年 548 个，究其原因，近年来新疆立足其独特的资源禀赋，发挥优势特色，大力发展绿色、生态农业，支持农产品地理标志和生态原产地保护基地建设，增加健康营养功能性果蔬产品供给。但值得注意的是，新疆出口的果蔬以初级产品为主，长期以来依靠相对低廉的价格开拓国际市场，果蔬深加工能力不足，未能对优势资源进行产业链延伸，导致出口利润率较低。

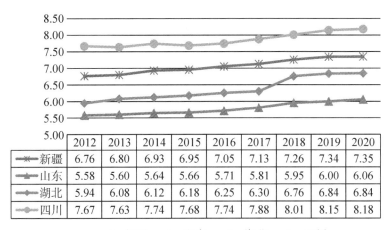

	2012	2013	2014	2015	2016	2017	2018	2019	2020
新疆	6.76	6.80	6.93	6.95	7.05	7.13	7.26	7.34	7.35
山东	5.58	5.60	5.64	5.66	5.71	5.81	5.95	6.00	6.06
湖北	5.94	6.08	6.12	6.18	6.25	6.30	6.76	6.84	6.84
四川	7.67	7.63	7.74	7.68	7.74	7.88	8.01	8.15	8.18

＊ 新疆 ▲ 山东 ◆ 湖北 ● 四川

图 5-24　产品竞争力指数比较

5.3.3.2.4　要素竞争力指数分析

要素竞争力是果蔬产品出口竞争力的关键要素。从竞争力指数得分来看（见图 5-25），2012—2020 年，新疆要素竞争力指数呈上升态势，年均增长 0.5%。与其他三省相比，新疆的要素资源优势不凸显，处于第四位，2020 年新疆果蔬产品要素竞争力指数为 28.19，低于山东（36.44）29%。从要素资源构成来看，新疆果蔬资源竞争力明显优于山东，2020 年新疆果蔬资源竞争力指数为 10.34，超过山东（7.26）的 42%，尤其在果蔬种植面积和水土光热等气候资源上优势明显，丰富的自然条件有利于高质量果蔬的生产。但不容忽视的是，新疆在技术资源、人力资本、基础设施方面与山东差距较大，尤其是技术竞争力指数仅相当于山东的一半水平，建议新疆加强与山东省在果蔬生产及加工技术方面的对接探讨，学习其先进经验，使资源比较优势转化为出口竞争优势，增强自身的果蔬国际竞争力。

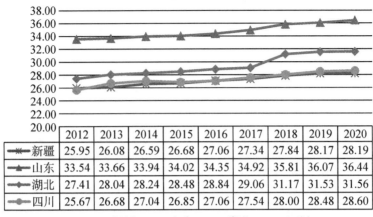

	2012	2013	2014	2015	2016	2017	2018	2019	2020
新疆	25.95	26.08	26.59	26.68	27.06	27.34	27.84	28.17	28.19
山东	33.54	33.66	33.94	34.02	34.35	34.92	35.81	36.07	36.44
湖北	27.41	28.04	28.24	28.48	28.84	29.06	31.17	31.53	31.56
四川	25.67	26.68	27.04	26.85	27.06	27.54	28.00	28.48	28.60

—※— 新疆　—▲— 山东　—◆— 湖北　—●— 四川

图 5-25　要素竞争力指数比较

5.3.3.2.5　环境竞争力指数分析

环境竞争力主要来自果蔬产品的外部优势。从竞争力指数得分可以看出（见图 5-26），新疆环境竞争力优势突出，居于四省的首位。这主要得益于自治区近年来通过制定税收、信贷、基础设施建设、财政支农等方面的优惠政策，多举措促进农业"走出去"，比如在口岸设置果蔬产品"绿色通道"，通过集合'专用窗口、专用通道、专用标志'等多项举措，提供"优先接单、优先审单、优先查验"便利化通关服务，压缩了物流运输时间，现在每半小时即可完成一辆果蔬车辆验放通关手续，大大提升了果蔬出口效率。但同时，我们也应看到新疆在果蔬市场不足的短板，2020 年，新疆亿元以上果蔬市场摊位数量仅相当于山东的十分之一，"十四五"期间，新疆应积极培育果蔬出口市场主体，进一步扩大果蔬贸易规模。

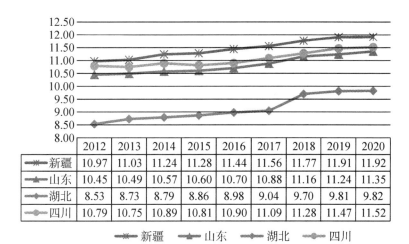

	2012	2013	2014	2015	2016	2017	2018	2019	2020
新疆	10.97	11.03	11.24	11.28	11.44	11.56	11.77	11.91	11.92
山东	10.45	10.49	10.57	10.60	10.70	10.88	11.16	11.24	11.35
湖北	8.53	8.73	8.79	8.86	8.98	9.04	9.70	9.81	9.82
四川	10.79	10.75	10.89	10.81	10.90	11.09	11.28	11.47	11.52

图 5-26　环境竞争力指数比较

5.4　新疆果蔬出口制约因素分析

5.4.1　果蔬出口市场过度集中

目前，新疆果蔬出口市场呈现集中态势，出口市场前 5 位的国家分别是俄罗斯、意大利、哈萨克斯坦、加纳以及菲律宾，过分集中于发展中国家。市场过分集中一方面不利于企业规避风险，另一方面，不利于新疆果蔬出口抵御市场波动风险。

5.4.2　标准化出口基地数量较少

目前，新疆果蔬标准化出口基地数量仅有 9 家，且增长率有下降趋势，分别为特克斯八卦红水果出口示范基地、奎屯特色农产品出口示范基地、库尔勒香梨出口示范基地、塔城蔬果出口示范基地、乌鲁木齐特色果蔬罐头出口示范基地、乌什县番茄出口示范基地、和硕县加工番茄出口示范基地、吐鲁番市葡萄干出口示范基地、泽普县特色果蔬出口示范基地。标准化出口基地数量少无法发挥新疆特色农业资源和区位优势，导致新疆果蔬出口标准化程度不高，系统管理不统一。

5.4.3 果蔬产品质量安全体系建设不完善

日趋严格的环境法律法规、标准以及各类自愿性环境措施，使得绿色壁垒对果蔬农产品贸易的影响越来越显著。首先，从贸易保护主义角度来看，提高农产品质量安全标准有利于保护本国市场免受外国商品的竞争，并对本国商品给予优待和补贴。这些发达国家提高食品安全的管控标准对于果蔬产品出口具有一定的挑战。其次，新疆在出口果蔬的产品质量控制方面，基本上还是局限在农户生产过程中，没有有效控制生产投入的手段，生产的蔬菜产品有农药残留，农民质量意识不高，农产品质量安全得不到有效保障，增加农产品质量安全生产资源配置的组织成本也很高，因而组织效率低下。新疆果蔬产品质量安全体系建设的不完善，导致果蔬出口成本高，出口贸易额增长缓慢。

5.4.4 种植户技术水平偏低，市场意识淡薄

新疆地区农民的技术水平和科学文化素质相对较低，技术管理水平有限，农民接受新观念、新技术的能力较差，市场意识淡薄。同时，农技服务体系建设滞后，原有农技队伍技术老化、服务水平落后，不能满足新疆特色果蔬发展的需要。目前，新疆有83个县市深化基层农技推广体系改革与建设，完善166个长期稳定的农业科技试验示范基地，培育农业科技示范主体5.3万个，农机总动力2 102万千瓦，主要农作物综合机械化水平84.4%，但相较于内地出口大省而言，技术水平相对落后。此外，农民缺乏将市场营销与生产相结合的平台，果蔬对外营销网络缺乏，对外营销工作组织化程度低，缺乏政策引导和有效扶持。种植户技术水平低，市场意识淡薄，不能及时调整果蔬的生产结构，导致果蔬出口效率低。

5.4.5 果蔬深加工能力弱

新疆果蔬加工业的多数企业仍处于小规模经营状态，基本上还处于初级产品加工阶段，致使农业产业链条短、加工转化率和增值率不高。目前发达国家果蔬的加工率平均在70%以上，有的甚至超过90%，发达国家果蔬深加工后的损失率在5%以下。我国果蔬加工业起步晚，生产和管理模式粗放，损失率平均高达30%。目前，新疆出口的果蔬大多是初级产品及其低端制成品，长期以来一直依靠价格开拓国际市场。因为缺乏足够的资金和技术支持，无法进行深加工，未能对优势资源进行产业链延伸，导致出口利润率较低，使得企业出口品牌价值长期处于较低水平。并且，新疆位于我国西北地区，企业在果蔬加

工的技术使用和设施建设上都有滞后性，导致新疆果蔬深加工水平较低。例如，新疆出口番茄制品中，初级粗加工产品占总量的80%，终端产品较少，番茄加工企业大多处于产业链上游，70%的产品为220千克大桶包装，25%为3千克或4.5千克马口铁罐装，仅有很少一部分为小罐包装，产品基本上是以原料形式出口到日本、东南亚、欧洲以及中亚市场，附加值很低。该产业利润主要集中于下游，当前多为欧美国家企业占有。新疆果蔬深加工能力较低导致果蔬附加产品较少，产业链无法延长，无法发挥出新疆特色果蔬的优势，导致果蔬出口产品结构单一。

5.4.6 果蔬品牌效益差

新疆果蔬在国际化过程中有影响力的品牌很少，缺少国际公认的知名品牌，品牌国际化运营整体水平较低。2020年新疆共有26种特色林果产品跻身国家地理标志保护产品行列，而四川省同年有11个品牌入选中国农业品牌目录，19个品牌荣登中国品牌价值评价（地理标志产品）百强榜，11个地理标志产品进入中欧地理标志协定首批保护名录。新疆在品牌效益上较其他出口大省有很大的差距，对产品的个性、价值、文化等更深层次的挖掘很少，致使新疆出口果蔬品牌仍处于较低水平，缺少鲜明个性，存在严重的同质化现象。而且，新疆果蔬品牌缺乏突出当地文化、历史、民俗的内涵，品牌生命力较弱，品牌附加值不高，致使品牌资产增值潜力不大，品牌收益不高。另外，出口品牌杂乱、自相竞争，导致品牌多却不强。虽然"阿克苏红枣"和"阿克苏苹果"两个国家地理标志证明商标正在整合阿克苏的众多林果品牌，但在出口中各地区、各行业品牌林立，对新疆优势资源转化和开发利用造成一定的不利影响。新疆果蔬产品品牌多是区域公用品牌，缺少企业品牌和产品品牌，对产品的标准化不利，从而影响到品牌的整体效益，对新疆特色果蔬产品扩大出口非常不利。

5.4.7 果蔬储藏保鲜冷链物流体系建设滞后

目前，新疆拥有的冷链保鲜大多是小规模的简单储藏，保鲜程度低，独立完整的冷链系统尚未形成，市场化程度低，制冷设备有限，冷链体系建设滞后。

5.4.7.1 果蔬储藏保鲜冷链体系不健全

"十三五"期间，新疆继续加大冷链建设的投资，在霍尔果斯、阿拉山口、精河等重点口岸建设多座冷库，以促进新疆果蔬等农产品的生产与出口，但冷库内部建设不足,设备较为老化。80%的果蔬仍采用即采即运模式,或采用常温运输,田间临时储藏库建设不足,使得果蔬运输过程中损耗加大。

5.4.7.2 新疆果蔬积压腐烂较为严重,物流成本高

每年新疆果蔬上市量大且时间集中,极容易因一时滞销而造成积压腐烂,加上果蔬深加工缺乏导致果蔬腐烂率较高,并且影响出口规模,果蔬存储要求具备完善的冷链系统,从散热、制冷、冷链运输,到最终进入消费市场,每一个过程都需要良好衔接。新疆农产品冷链设施建设与加快增长的农产品产量不相适应,供需矛盾突出。2020年新疆水果总产量1 660.04万吨,而鲜果冷鲜保险量不到10%,远低于全国19%的平均水平。蔬菜总产量1 714.9万吨,只有少量外销、出口和储备蔬菜进入冷链系统。新疆多数生鲜农产品物流主要以常温和自然形态为主,损耗严重,农产品冷链流通率低,包装加工冷藏技术水平总体偏低,造成新疆新鲜果蔬集中上市时腐损率达20%~30%,和发达国家相比,新疆农产品在流通过程中不仅损耗高,而且物流成本高。按照国际标准,食品物流成本最高不能超过食品总成本的50%。由于新疆冷藏运输效率低、食品损耗高,导致食品物流成本约占到食品总成本的70%,远远高于国际标准。

5.4.7.3 新疆果蔬储藏保鲜冷链物流人才少

新疆冷链建设起步晚,加上冷链的建设与信息技术、食品冷藏保鲜和食品安全知识等密切相关,目前新疆冷链人才队伍的建设规模偏小,专业性不强,人才的培养和市场需求有脱节现象;在冷链物流方面,呈现出冷链物流人才专业性不强、人才地区分布不均匀、人才专业偏向城市物流疏忽农业果蔬物流的现象。因此,冷链研发人员的缺乏和冷链物流建设的不足严重制约着新疆果蔬产业的快速发展。

果蔬储藏保鲜冷链物流体系建设滞后导致果蔬出口到达时间不及时,以至于产生腐烂,成本提高,同时影响新疆果蔬无法向更远的国家出口。

我国果蔬冷链物流与发达国家对比如表5-27所示。

表5-27 我国果蔬冷链物流与发达国家对比

对比内容	中国	发达国家
冷链流通率	果蔬22%	果蔬达95%以上
冷藏品运输率	果蔬35%	美国达到80%~90%、日本达90%以上
流通腐损率	果蔬腐损率为15%	低于5%

表5-27(续)

对比内容	中国	发达国家
人均冷库面积	0.143 立方米	发展相对成熟的市场为 0.3~0.5 立方米，更加成熟健全的市场为 0.6~1.0 立方米
冷藏运输能力	以公路为主，冷藏车保有量仅占公路货运车辆的 0.3%	美国为 0.8%~1%，英国为 2.5%~2.8%，德国为 2%~3%

5.4.8　农产品交通运输成本高

在交通路线运输上，新疆的许多公路、铁路、机场、港口等交通基础设施建设还比较滞后，还没有形成现代交通运输体系，不能充分满足农产品的外运且成本较高。首先，新疆地势较为复杂，县乡公路等级质量不高，且农产品批发市场的建设、农产品仓储、运输条件和工具、信息网络平台等公共设施仍然落后。其次，新疆果蔬种植较为分散，加上现代化冷藏基础设施严重滞后，交通运力不足，致使农产品运输成本过高。例如，中欧班列缩短了中国与欧洲之间的运输距离，节省了运输时间，但中欧班列国内线路众多，加大了新疆农产品搭乘班列的筛选难度。最后，农产品专列较少，导致新疆在农产品运输中的专业化水平和满载率也相对较低，进而导致运输成本较高。农产品交通运输成本高对新疆农产品出口产生了一定的限制作用，运输成本高会对出口利润造成很大的影响。

5.4.9　中小企业融资难，农户小额信贷风险大

新疆对中小企业的发展尚未给予足够的重视，缺乏配套的服务中小企业发展的优惠政策。此外，现行金融体系还对中小金融机构和民间金融活动进行严格的控制，导致农户小额信贷风险较大。

5.4.9.1　中小企业多，融资难

据自治区经信委统计，新疆95%以上的企业为中小企业。2020年，新疆金融机构共计贷款4 478亿元，中小企业中企业数量占绝大比例的私营企业及个体贷款只有347亿元，占比为7.75%。银行贷款仍是中小外贸企业最主要的融资渠道。银行贷款利率较高并且在企业无力偿还贷款时，银行就会停止提供后续贷款，在以银行信贷为主要融资渠道的情况下，也有近一半的新疆中小企业无法获得贷款。相较于其他融资渠道，商业信用融资比较容易取得，筹资成

本也较低，但是商业信用要求企业的诚信度高，一旦交易一方不能履行承诺，就会给另一方造成损失。对于中小外贸企业来说，流动资金本就匮乏，可能一次失信就会让企业瘫痪，而失信的企业也很难再从其他企业获得商业信用融资。

5.4.9.2 农户小额信贷风险大

农村信用社成为新疆县域地区信贷投放主体，新疆农村基本形成了以农村信用社为主体，中国农业银行、中国农业发展银行为补充的农村金融服务体系。但限于人力、物力和财力，农村信用建设步伐缓慢。新疆农户分散，距离较远，致使农户小额信贷点多面广、额度小、费时、费力。在农户资本需求少的时期，农村信用社资金的首要用途是用于短期投资，一些信用社同样保有长期债券，然而投资的危险系数极高，债券利息少并且限期长，对农村信用社的成长造成了阻碍。出于对处理淡季资本用途问题的考虑，农村信用社极力推行小额农业贷款。对于超过规定时间还贷的农户，撤销他们的相关凭证，使他们再次申请贷款的困难程度加大，从而增加小额农业贷款及时还款的人数，为小额信贷的经营管理埋下了隐患。

中小企业融资难、农户小额贷款风险大造成果蔬出口企业资金运转有风险、农户种植果蔬成本高、补贴少，导致承包果蔬出口企业较少，农户果蔬生产无法出口销售，以至于新疆果蔬出口能力降低。

5.4.10 果蔬出口企业数量少、实力弱

目前，新疆有31家包装企业获得出口认证，新疆果蔬出口企业大多规模较小，经营理念相对落后，市场开拓能力不强，不但投入产出率低，而且技术更新缓慢，难以形成强势品牌。同时，企业风险防范意识淡薄，风险管理水平低下，风险防范措施不力，经营还缺乏统一组织协调，企业无序竞争，无法有效地把握国际市场的动向。虽然新疆具备发展有机食品生产基地的良好自然条件，但缺乏龙头企业的带动，难以形成高效的连锁化合作出口体系。果蔬出口企业数量少、实力弱导致新疆果蔬出口与内地果蔬出口大省有很大差距，果蔬出口企业数量少，仅能出口有限的果蔬产量，贸易增加额较少。

5.4.11 政策支持力度较小

目前，国家对农产品流通及食品安全加以严格的管控，对此，各地均制定并实施相应的农产品出口政策，但新疆对果蔬出口的政策较少，支持力度较小。

近年来，湖北省人民政府出台《省人民政府办公厅印发关于促进农产品

流通若干措施的通知》《湖北省政府办公厅关于稳定扩大农产品出口的意见》《湖北省人民政府关于进一步促进蔬菜生产保障市场安全有效供给的通知》等15个相关政策文件。

山东省人民政府出台《山东省人民政府办公厅关于创建出口农产品质量安全示范省的实施意见》《山东省人民政府办公厅关于印发山东省对外贸易创新发展实施方案（2021—2022年）的通知》《山东省出口农产品质量安全监督管理规定办法》等31个相关政策文件。

四川省人民政府出台《四川省应对新型冠状病毒肺炎疫情应急指挥部关于加快设立进口冷链食品集中监管仓建立健全运行管理制度的通知》《关于印发四川省优化口岸营商环境促进跨境贸易便利化措施的通知》《关于印发中国（四川）自由贸易试验区协同改革先行区建设实施方案的通知》等29个相关政策文件。

新疆维吾尔自治区人民政府出台《关于推进国内贸易流通现代化建设法治化营商环境的实施意见》《关于印发2018年新疆农产品市场开拓方案的通知》《关于做好自由贸易试验区第六批改革试点经验复制推广工作的通知》《关于加强农产品质量安全工作的意见》等7个相关政策文件。

四个省份对比来看（见图5-27），新疆出台的农产品相关政策少于湖北省、山东省和四川省，说明新疆在农产品政策出台方面较其他三个农产品出口大省，对农产品的关注度较少，农产品贸易和食品安全缺少全面且实时更新的政策指导，政策支持力度较弱导致果蔬出口没有强有力的政策规范来提高出口力度，影响果蔬出口能力。

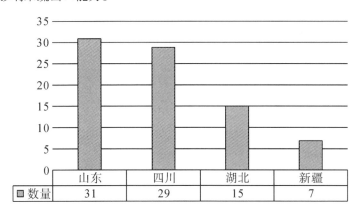

	山东	四川	湖北	新疆
■数量	31	29	15	7

图5-27 各省农产品出口政策数量

6 中国新疆—中亚跨境农产品供应链概况分析

了解中国新疆与中亚国家跨境农产品供应链的概况是本书后续部分进行分析的基础。本章首先从优势、劣势、机遇和挑战四个方面分析了新疆跨境农产品供应链发展的基本环境；从跨境农产品贸易、供应链出口基地、核心企业、运输方式、组织模式等方面分析跨境农产品供应链的发展现状；从出口备案基地数量规模变动、供应链主体合作情况、物流运行效率、农产品商品率、国际市场竞争情况分析跨境农产品供应链发展中存在的问题，为下文的深入分析提供基本支撑。

6.1 跨境农产品供应链的发展环境

6.1.1 优势分析

一是农业资源优势。新疆地理位置特殊，光热、土地资源丰富，水资源缺乏，农村劳动力资源充裕，在发展林业、农业等方面有着天然优势。得益于这种先天优势，新疆能够培育棉花、香梨、葡萄、哈密瓜和苹果等优质且具有特色的农产品。同时，新疆经历过长期生产实践，在培育农产品、生物防治虫害、高效节水灌溉、高效加工农产品等方面有技术优势。新疆农业对外合作，必然会进一步加强国际农业技术交流合作，尤其可以在中亚、北非等一些农业生产落后的国家发挥农业技术比较优势，增强新疆在这些地区的国际竞争力。

二是政策支持优势。从 21 世纪初期中央政府提出西部大开发开始，再到近年来的对口援疆政策，这些政策无一不为新疆带来了发展的机遇、资金和人才资源。喀什和霍尔果斯两个经济特区的建成，不仅从政策上为当地经济的发展提供优惠：包括各类税收减免、补贴投资等，更进一步推动新疆发展成为国家级农产品加工基地以及商贸物流中心。《丝绸之路经济带和海上丝绸之路建设战略规划》指出新疆是国家规划的丝绸之路经济带的核心区域，这意味着新疆将进一步发挥其对外开放地位的作用，国家发展改革委、外交部、农业农村部、商务部等部门的一系列优惠政策都惠及新疆。在这一系列优惠政策的支持下，新疆农业生产条件、加工技术和市场开拓水平稳步提升，为新疆农业对外合作奠定了良好的基础。

三是地理区位优势。新疆的地理位置特殊，与8个国家相邻，国际边境线长达5 600多千米，而在物流与经济现状方面，新疆拥有一类口岸17个、二类口岸7个，近20个国家级开发区、近60个自治区级开发区，为吸引外资、发展外向型农业提供了重要的平台。随着丝绸之路经济带建设的持续推进，以乌鲁木齐为核心，连接内地省份与周边地区的综合交通运输网络已基本形成。在公路交通方面，新疆与周边五个国家开通了11条国际运输道路；在航空方面，新疆民航机场已经达到21个，与周边国家部分城市开通了国际航线，而且随着中欧班列铁路的开通，新疆的地理区位优势更加显著，有利于加快新疆农业"走出去"的步伐。

四是会展平台优势。以中国—亚欧博览会为主的一系列以新疆为交会枢纽的大型专业经贸展会给新疆农业对外合作带来了会展平台优势。2010年以来，新疆举行了多个商品博览会，如中国新疆国际农业博览会、新疆农业机械博览会、丝绸之路葡萄酒文化节、中国（新疆）国际物流与交通运输博览会、中国（新疆）国际节水灌溉及温室设备展览会、喀什中亚南亚商品交易会、新疆丝路种业大会等，这些会展的成功举办已经成为促进新疆经济发展、推动农业领域合作的重要平台。

五是人文环境优势。中国新疆是一个少数民族重要集聚区，生活着维吾尔族、哈萨克族、柯尔克孜族、乌孜别克族、俄罗斯族，这些民族与不少周边国家的人民具有相近的语言习惯、生活方式、宗教信仰。不少民族长期以来形成了共同的生活习惯和消费习惯，具有开展区域间经济合作的文化优势，为新疆农业对外合作提供了良好的文化交流基础。

6.1.2 劣势分析

一是出口农产品质量不高。初级农产品占新疆出口的农产品的大多数，而新疆地区对农产品的深度加工及冷链运输技术比较落后。随着社会经济的发展，国际贸易中的消费者对于进口农产品的质量越来越重视，尤其是欧盟、美国等发达国家对进口农产品质量的要求更为严格，新疆农产品标准化生产落后，品质不达标，必然会遭遇贸易技术壁垒，进而影响新疆农产品在国际市场上的竞争力。

二是出口基地建设滞后。新疆农业基础设施、农业企业等方面长期整体投入不足，因此外向型农业基础薄弱。目前，新疆农产品高质量企业数量少、规模小、品种单，标准化生产体系建设不足，生产基地产出农产品总数不高，优质农产品出口数量更是有限。缺乏精深加工出口基地，加工农产品出口量很少，附加值含量较低。

三是外向型人才严重缺乏。缺乏精技术、善管理、通语言、懂法律的国际复合型人才，制约着新疆农业对外合作的顺利开展。培养和打造一支政治素质高、业务水平过硬、具有国际化视野的农业人才队伍是新疆开展农业对外合作的基础，但新疆外向型农业科技人才和市场人才培养机制有缺陷，人才供给量有限，了解相关国家法律法规和政策、又懂专业的复合型人才非常缺乏，特别是既熟悉新疆特色农产品国内生产加工物流环节又掌握国际市场的市场经营管理的人才严重缺乏。

四是外资企业实力比较弱。自2006年我国确立农业"走出去"战略以来，大力鼓励和支持企业到境外开展农业投资活动，新疆到境外开展农业合作的企业的数量也在不断增加，但是外向型企业规模较小，实力较弱，各企业处于分散经营、分散管理、无序竞争的状态，未形成企业联盟或集团，缺乏有规模、带动面大、带动能力强的龙头企业，对本地农业生产带动能力不足，农副产品转化率很低。

6.1.3 机遇分析

一是农业资源及产品比较优势带来的市场机遇。亚欧区域是一个正在发育的巨大市场，人口基数规模大。一方面，新疆产出的特色农产品能够有效地填补亚欧市场上的相应空白，这种潜在的贸易机遇为新疆农产品提供了潜力巨大的市场机遇；另一方面，内地多种优势农产品与亚欧国家农产品也存在显著差异，借助新亚欧大陆桥和众多口岸可以缩短运程，降低贸易成本，农产品市场可以向西延伸至西亚、欧洲、北非，北到蒙古、俄罗斯，南达巴基斯坦、印度。因此，中亚、西亚、南亚、欧洲、北非等地区的巨大市场潜力是新疆开展对外农业合作的强大动力。

二是国家"一带一路"建设带来的重大时代发展机遇。国家主席习近平于2013年提出共建"丝绸之路经济带"重大战略构想，是新疆开展对外农业合作的最大机遇。《中央政治局会议研究进一步推进新疆社会稳定和长治久安工作》以及第二次中央新疆工作座谈会均指出"新疆要坚持开放战略，着力打造丝绸之路经济带核心区"；由国家发展改革委、外交部牵头组织制定的国家《丝绸之路经济带和21世纪海上丝绸之路建设战略规划》明确提出"发挥新疆独特的区位优势和我国向西开放重要窗口作用"，并指出"一带一路"倡议规划设定有6条国际走廊，其中3条（新亚欧大陆桥经济走廊、中伊土经济走廊、中巴经济走廊）均途径或起自新疆，种种现象都表明了新疆在丝绸之路经济带中的核心地位，使得新疆成为区域开放前沿和合作前沿，成为我国进一步开放的重要区域。

三是我国农业国际合作战略布局的机遇。针对中国人多、地少、缺水的基本国情，新疆地区的农业生产基于这种情况采取的生产方式趋于成熟，农业"走出去"的步伐不断加快。近年来，世界发达经济体的经济增速放缓，而新兴经济体的发展却在不断增长，在世界经济对比明显的新形势下，我国农业向西挺进的速度不断加快，在海外建立粮食基地成为我国农业全球布局战略的核心内容之一。中亚（哈萨克斯坦、乌兹别克斯坦）、东欧（乌克兰、俄罗斯等）、非洲（坦桑尼亚、阿尔及利亚等）、大洋洲（澳大利亚）等地区的国家耕地资源丰富，这些国家鼓励企业投资国际优势农业资源，建立粮食、大豆、棉花等重要战略物资的海外生产基地，既符合这些国家的经济战略和国民利益，又能缓解我国土地资源的压力，促进中国与这些国家的农业合作，实现互利共赢。可见，国家农业走出去整体给新疆对外农业合作提供了重要的机遇。

四是全球越来越重视农业发展带来的合作机遇。近些年，中亚、西亚、北非各国为推动国内经济增长，越来越重视农业在经济中的重要地位，制定农业发展战略规划以及鼓励外国投资的法律和政策，如《哈萨克斯坦—2050战略》《塔吉克斯坦对外经济活动法》《乌兹别克斯坦外国投资保护法》《中国东北地区和俄罗斯远东及贝加尔地区农业发展规划》《伊朗与中国双边农业合作备忘录》《中国-乌克兰农业投资合作规划》等。尤其是中亚国家和非洲国家，非常重视粮食安全合作，出台了一系列投资优惠政策以及外国劳务输出政策，以吸引更多的外国企业进行农业投资。这些均为我国开展境外农业合作提供了良好的机遇。

6.1.4 挑战分析

一是国际市场竞争加剧。新疆在参与农业国际合作的过程中，在农产品贸易、农业投资合作、农业技术转移、农业人才培训交流等领域均面临来自欧美、日韩等发达国家的市场竞争。中亚、西亚、非洲等地区潜在的巨大市场，不仅是新疆想要争取的，也被国内其他发达省份和世界其他国家和地区高度关注，新疆在开展农业对外合作的过程中，不可避免将与国内发达省份和其他发达国家在产品、资金、技术、信息和人才等方面展开激烈的市场竞争。

二是局部地区社会不稳定性。目前，全球整体上看处于和平发展时期，但是一些地区和国家，如中亚（塔吉克斯坦等）、西亚（伊朗、伊拉克等）、东欧（乌克兰等）的一些国家曾经、或已经、或正处于政变或战争状态，社会不稳定严重影响新疆与这些国家开展农业合作，特别是一些企业在这些国家的一些农业投资项目被暂停或中断，造成严重的损失。

三是一些国家政策缺乏连贯性。为促进农业国家合作，一些国家与中国新疆签订了多双边协议。然而，一些国家权力机构工作效率低下，人员素质参差不齐，官僚作风盛行，政府各项政策难以贯彻落实，协议在实施过程中松懈、随意性强，使得相关协议名存实亡，与未签订协议之前没有任何区别，存在农业合作政策多变的因素，会对新疆农业对外合作产生负面影响，甚至造成经济损失。

四是区域组织共存的危害性。新疆农业对外合作受到多个合作机制的约束，存在协调方面的困难和障碍，增加了新疆农业对外合作的难度。目前，一些国家同属于国际贸易组织成员、上海合作组织国家、欧亚经济共同体、独联体、中亚区域经济合作组织、欧盟成员国等多个国际组织，多个组织存在多种组织关系、多种制度安排、多个发展目标，各组织之间存在一定的竞争关系，利益冲突和矛盾多发，难免造成难以协调的局面，不仅削弱了合作机制的作用，也导致这些国家与新疆农业合作缺乏稳定性。

五是存在自然以及技术风险。一方面，由于全球气候变化引起的各国的干旱、风灾、雪灾、霜冻、冰雹、洪灾等自然灾害，存在农作物病虫害和动物疫病等灾害；工业化进程中，空气、土地、水等遭到污染，这些不仅影响新疆自身农业生产、农产品产出和对外出口，也会影响到新疆开展农业投资合作和农业科技合作中的农业生产和农产品产出。另一方面，走出去的企业不能完全掌握其他国家的气候、土壤等环境，导致新疆一些先进成熟的农业生产技术转移到其他国家出现"水土不服"的风险。

6.2 跨境农产品供应链的发展现状

6.2.1 跨境农产品贸易发展状况

要进行农业国际合作，农产品国际贸易是基础，优秀的土地资源和区位优势是新疆开展农产品贸易的先决条件。21 世纪以来，新疆农产品对外贸易取得了显著的发展，尤其是在 2013 年"一带一路"倡议的推动下，新疆农产品贸易更是迈上了一个新的台阶。

一是进出口贸易呈良好发展态势。2014—2018 年新疆农产品进出口总额从 51.64 亿元增长了 63.77 亿元，年均增长 8.80%。进出口总额保持双增长，出口额在 2018 年达到 38.93 亿元，较 2014 年增长 6.24 亿元，进口额在 2018 年达到 24.82 亿元，较 2014 年增长 5.89 亿元。贸易一直保持着顺差的优势，顺差均维持在 10 亿元以上，出口成为近几年新疆农产品贸易增长的主要动力（见表 6-1）。

表 6-1　2014—2018 年新疆农产品贸易情况　　单位：亿元

年份	2014	2015	2016	2017	2018
出口额	32.71	33.57	30.17	37.43	38.94
进口额	18.94	19.03	19.81	24.59	24.82
进出口总额	51.64	52.60	49.98	62.02	63.77
顺差	13.77	14.54	10.36	12.84	14.12

数据来源：新疆维吾尔自治区乌鲁木齐市海关。

二是进出口贸易比较优势突出。新疆出口的农产品主要是干鲜果及其制品、蔬菜及其制品。如表 6-2 所示，2018 年干鲜果及其制品出口额为 20.46 亿元，占到出口总额的 52.54%，其中，苹果、柑橘及柚、核桃及仁出口优势明显，占出口总额的比重分别为 15.95%、13.30%、13.66%。蔬菜及其制品出口额为 10.32 亿元，占出口总额的 26.50%，其中番茄制品具有显著的出口优势，占到出口总额的 12.99%，此外，鲜番茄、辣椒、干香菇出口也较多。如表 6-3 所示，新疆进口的农产品主要是粮食及其制品、植物油、油料、羊毛、棉花，累计进口额 18.62 亿元，累计占到进口总额的 75.01%。其中，粮食进口以混合麦为主，占进口总额的 23.24%；植物油进口以低芥子酸菜子油为主，占进口额的 10.92%；油料进口以葵花子为主，占进口总额的 11.76%。此外，羊毛和棉花进口也占有一定比重，分别为 5.40%、4.59%。可见，新疆农产品对外贸易的互补性较强，出口的主要是具有比较优势的劳动密集型和技术密集型农产品，而进口的主要是土地密集型产品。

表 6-2　2018 年新疆农产品出口结构

种类	出口额/亿元	占出口总额的比重/%
干鲜果及制品	20.46	52.54
苹果	6.21	15.95
核桃及仁	5.32	13.66
柑橘及柚	5.18	13.30
其他	3.75	9.63
蔬菜及制品	10.32	26.50
番茄制品	5.06	12.99
鲜番茄	0.78	2.00
辣椒	0.60	1.54
干香菇	0.35	0.90
其他	3.53	9.07

数据来源：新疆维吾尔自治区乌鲁木齐市海关。

表 6-3　2018 年新疆农产品进口结构

种类	进口额/亿元	占进口总额的比重/%
粮食及其制品	6.92	27.88
混合麦	5.77	23.24
硬粒小麦	0.67	2.70
小麦细粉	0.49	1.97
植物油	5.34	21.51
低芥子酸菜子油	2.71	10.92
葵花油或红花油	1.39	5.60
亚麻子油	1.12	4.51
其他	0.12	0.48
油料	3.88	15.63
葵花子	2.92	11.76
黄豆	0.48	1.93
红花子	0.48	1.93
羊毛	1.34	5.40
棉花	1.14	4.59

数据来源：新疆维吾尔自治区乌鲁木齐市海关。

6.2.2 跨境农产品供应链出口基地发展情况

6.2.2.1 水果出口基地建设特点

一是规模大幅下降。2008 年，在自治区政府的大力支持和推动下，新疆水果出口基地规模达到较高水平，出口注册果园 412 个，面积 99.38 万亩，主要原因是注册主体对市场的不了解，以及政府政策的引导，导致盲目注册，这种跟风的现象在 2010 年左右有所缓解，此时的规模与数量基本上处于正常状态。近年来，受国际贸易环境与生产成本的影响，农产品出口量急剧下降，导致一些企业或者合作社取消了农产品出口基地的备案，水果出口基地规模数量大幅下降，2016 年出口注册果园 119 个，水果出口基地面积 36.42 万亩，仅占到新疆水果种植面积的 2.4%。

二是呈区域化分布。从全疆注册果园总体布局来看，地方注册果园 71 个，面积 22.41 万亩，占全疆注册果园总面积的 61%，兵团注册果园 48 个，面积 14.01 万亩，占全疆注册果园总面积的 39%，2016 年新疆各地州出口注册果园分布见表 6-4。

从注册果园的布局来看，新疆果品的出口集中在南疆，其中库尔勒、阿克苏、喀什三地的注册果园数量（73 个）占到全疆注册果园（119 个）数量的 61%，注册果园面积达 167.8 万亩，占全疆注册果园总面积的 46%。从注册果园数量来看，仅库尔勒市就达 45 个，占到南疆注册果园总数量的 62%，阿克苏地区注册果园 15 个，喀什地区注册果园 13 个。从注册果园规模来看，喀什地区注册果园面积达 11.64 万亩，占南疆注册果园总面积的 69%，占全疆注册果园总面积的 32%。

北疆伊犁河谷和天山北坡特色林果产业带，是新疆鲜食葡萄、苹果、杏子、桃子出口主产区，出口水果注册果园 37 个，总面积达 132.34 万亩，占全疆总面积的 36%。其中，博乐地区注册果园 12 个，注册面积 5.01 万亩，占全疆水果注册总面积的 14%；伊犁州直注册果园 17 个，注册面积 4.92 万亩，占全疆水果注册总面积的 14%；乌昌石地区注册果园 7 个，注册面积 3.23 万亩；塔城注册果园 1 个，注册面积为 388.5 亩。

东疆吐哈盆地是新疆优质高效林果主产区，盛产哈密瓜、葡萄，出口注册果园规模较小，仅有 9 个注册果园，面积为 4.02 万亩，占全疆注册果园总面积的 18%。其中哈密市注册果园 4 个，面积为 3.15 万亩。

表 6-4　2016 年新疆各地州出口注册果园分布（含兵团，下文同）

地区	数量/个	面积/万亩
喀什	13	11.64
博乐	12	5.01
伊犁州直	17	4.92
哈密	4	3.15
阿克苏	15	2.63
库尔勒	45	2.51
乌鲁木齐	2	1.82
石河子	1	1
吐鲁番	5	0.87
昌吉州	4	0.41
塔城地区	1	0.04

注：注册果园分布含兵团，下文同。

三是品种结构集中。从出口水果注册果园品种结构来看，品种趋向于多样化，包括葡萄、苹果、香梨等 11 种新疆特色优势农产品，主要集中在葡萄和苹果两类林果上，两者注册面积为 28.28 万亩，占全疆总面积的 77%。其中葡萄是出口的主要品种，注册果园 36 个，面积达 17.64 万亩，几乎占据新疆出口水果注册面积的一半；苹果注册果园 22 个，面积 10.64 万亩，占新疆出口水果注册面积的 29%。香梨、哈密瓜和梨的注册果园面积均在 1 万亩以上，占新疆注册果园总面积的 17%，其中香梨注册果园数量最多，达 41 个，但规模都比较小，总面积仅为 2.38 万亩，占水果注册面积的 7%，哈密瓜注册果园 2 个，面积为 2.05 万亩，占水果注册面积的 6%，梨注册果园 7 个，面积为 1.34 万亩。杏子、桃子、核桃三者注册面积均在 1 000 亩以上，占新疆注册果园总面积的 3%。此外，红枣、西梅、甜瓜注册面积很小，三者合计仅占到新疆注册果园总面积的 0.4%。2016 年新疆出口注册果园品种结构分布如表 6-5 所示。

表 6-5　2016 年新疆出口注册果园品种结构分布

品种	个数/个	面积/万亩
葡萄	36	17.64

表6-5(续)

品种	个数/个	面积/万亩
苹果	22	10.64
香梨	41	2.38
哈密瓜	2	2.05
梨	7	1.34
杏子	3	0.78
桃子	2	0.21
核桃	1	0.10
红枣	2	0.08
甜瓜	2	0.05
西梅	1	0.01

四是与国内其他省份差距大。从果园注册面积分布来看，新疆1万亩以上的注册果园仅有12个，仅占新疆注册果园总数的10%，其中超过3万亩的1个，2万~3万亩的2个。其次，0.5万~1万亩的8个，占新疆注册果园总数的7%。此外，0.1万~0.4万亩的33个，占新疆注册果园总数的28%，其中0.2万~0.4万亩的15个，不足0.1万亩的注册果园66个，占到新疆注册果园总数的55%。

山东省2016年建立的标准化基地已达5 946个，各类标准化生产基地面积达到3 000多万亩，无公害农产品、绿色食品、有机食品基地面积达1 200多万亩，全省80%以上的出口农产品均为标准化基地生产。新疆是我国特色林果主产区，已建成的果品出口基地普遍建设规模较小，难以进行规模化种植、科学化管理，无法形成经济上的规模效应和高效的农业技术扩散效应。随着"一带一路"建设步伐的加快，特别是中欧班列运行班次的增加和市场开拓力度的加大，新疆果品走出去表现出良好前景和巨大潜力，加快新疆出口果品基地建设步伐显得尤为重要和迫切。

6.2.2.2 蔬菜出口基地建设特点

一是集中在北疆蔬菜主产区。从蔬菜出口备案基地分布来看，主要分布在塔城、伊犁州直、昌吉、阿勒泰、乌鲁木齐、博州等北疆地区，共计43个，占全疆蔬菜出口备案基地总数的80%。其中塔城地区蔬菜出口备案基地共19个，占全疆蔬菜出口备案基地的35%，13个在兵团农九师，仅有6个在塔城；伊犁州直蔬菜出口备案基地12个，占全疆蔬菜出口备案基地的22%，7个分布在察布查尔县，昌吉、阿勒泰、乌鲁木齐各有 3 个蔬菜出口备案基地，博州备案基地 2 个，五家渠备案基地 1 个。东疆分布少量蔬菜出口备案基地，其中吐鲁番 6 个，哈密 2 个。此外，南疆也有蔬菜出口备案基地分布，克州辖区备案蔬菜基地 2 个，备案面积共 3 324 亩，乌恰县备案基地 2 个，喀什地区蔬菜出口备案基地 2 个、面积 3 165 亩，阿克苏备案基地 1 个。

二是以常规大田蔬菜为主，反季节蔬菜明显不足。近年来，新疆维吾尔自治区政府根据南北疆不同的土地现状、气候条件，因地制宜地发展不同的农业模式。2018 年，全区（地方）设施农业生产面积 94.5 万亩，生产反季节蔬菜、瓜果等 313 万吨。从蔬菜出口备案基地品种结构来看，有辣椒、大葱、西红柿、葫芦瓜、黄瓜、莲花白、马铃薯等蔬菜，但生产方式单一，以露地蔬菜基地备案为主，反季节蔬菜备案面积很少，其中塔城地区备案温室大棚 2 140个，发展极不平衡，乌恰县备案果蔬大棚 1 436 个。丝绸之路经济带沿线国家，尤其是新疆周边国家与地区对蔬菜有着巨大需求，其中反季节蔬菜供给尤为短缺，在同一时期下，其蔬菜价格相比新疆高出两三倍，反季节蔬菜价格相比更高，花菜、彩椒、水果黄瓜的价格最高。这为新疆蔬菜出口，尤其是反季节蔬菜出口带来巨大潜力。2019 年新疆蔬菜出口备案基地分布见表 6-6 所示。

表 6-6　2019 年新疆蔬菜出口备案基地分布

备案种植场名称	备案种植场地址
吐鲁番市方康蔬菜种植农民专业合作社	吐鲁番市三堡乡曼谷布拉克村二组蔬菜大棚基地北侧
吐鲁番市芙田蔬菜种植农民专业合作社	吐鲁番市亚尔乡万亩设施农业基地
玛纳斯县兰州湾镇金土豆合作社	玛纳斯县兰州湾镇王家庄村
岳普湖县孜然协会种植基地	岳普湖县团结路 13 号院
新疆建设兵团农三师四十一团	喀什疏勒县草湖镇四十一团
泽普县为民蔬菜农民专业合作社	泽普县阿依库勒乡团结村 2 组
阿勒泰戈宝麻	阿勒泰市盐湖戈宝麻基地
青河县三利农牧科技开发有限责任公司	青河县阿热勒乡农业产业园区
哈密金果农林果蔬有限公司	哈密市大泉湾乡疙瘩井村七队
哈密大泉湾乡金农种植专业合作社	哈密市大泉湾乡
吉木乃县宏泰商贸有限责任公司种植基地	新疆阿勒泰地区吉木乃县托普铁列克乡
第九师 170 团无公害蔬菜出口基地	第九师 170 团
第九师团结农场一连无公害蔬菜基地	第九师团结农场一连

表6-6(续)

备案种植场名称	备案种植场地址
第九师团结农场二连无公害蔬菜基地	第九师团结农场二连
第九师团结农场三连无公害蔬菜基地	第九师团结农场三连
第九师团结农场四连无公害蔬菜基地	第九师团结农场四连
第九师团结农场五连无公害蔬菜基地	第九师团结农场五连
第九师168团红星岗保护地蔬菜生产基地	第九师168团
第九师166团果蔬基地	第九师166团
第九师163团七连蔬菜基地	第九师163团七连
第九师163团四连蔬菜基地	第九师163团四连
第九师162团七连蔬菜基地	第九师162团七连
第九师162团四连蔬菜基地	第九师162团四连
第九师162团一连蔬菜基地	第九师162团一连
塔城地区兴贸商务有限责任公司乌苏市设施农业基地	塔城市
塔城市兴盛源农业科技开发有限公司	塔城市
塔城市神农蔬菜栽培示范有限公司	塔城市
塔城市弘兴园艺果蔬专业合作社蔬菜基地	塔城市
塔城市绿康设施农业育苗专业合作社	塔城市
塔城市胤祥果蔬种植专业合作社	塔城市
新疆伊犁农业第四师七十团伊珠蔬菜基地	伊宁县七十团二连
特克斯县托斯曼温室基地（玖易公司）	特克斯县呼吉尔特蒙古乡库尔乌则克村
伊宁市达达木图乡旺达蔬菜种植农民专业合作社出口蔬菜基地	伊宁市达达木图乡布拉克村
昭苏县军马场六场马铃薯出口种植基地（金海华公司）	伊犁昭苏县军马场六场
昭苏县昭苏镇吐格勒勤村大蒜出口种植基地（郁金香公司）	昭苏县昭苏镇吐格勒勤村
察布查尔锡伯自治县农牧业发展有限公司托布中心柏舍哈利优质水稻专业合作社种植基地	察布查尔县托布中心

表6-6(续)

备案种植场名称	备案种植场地址
察布查尔锡伯自治县农牧业发展有限公司良繁场安班巴格食用菌专业合作社生产基地	察布查尔县良繁场
察布查尔锡伯自治县农牧业发展有限公司蒙霍尔村蔬菜专业合作社	察布查尔县蒙霍尔村
察布查尔锡伯自治县农牧业发展有限公司孙扎齐乡雀尔盘村蔬菜专业合作社	察布查尔县孙扎齐乡雀尔盘村
察布查尔锡伯自治县农牧业发展有限公司良繁场蔬菜基地	察布查尔县
察布查尔锡伯自治县农牧业发展有限公司绰霍尔乡垄沟村蔬菜专业合作社	察布查尔县绰霍尔乡垄沟村
察布查尔锡伯自治县农牧业发展有限公司绿生源蔬菜专业合作社	察布查尔县堆依齐乡
新疆康源番茄制品有限公司	新疆博乐市达勒特镇都图敖博村
博州温泉县绿色薯源有限公司	博州温泉县查干屯格乡
吐鲁番市芙田蔬菜种植农民专业合作社	吐鲁番市亚尔乡万亩设施农业基地
新疆天山雪龙生物科技有限公司	五家渠工业园区
乌鲁木齐食用菌研究所	乌鲁木齐市乌鲁木齐县水西沟镇
吐鲁番绿鑫蔬菜种植农民专业合作社	吐鲁番市三堡乡园艺村
新疆九鼎天库生物科技有限公司	乌鲁木齐市头屯河区中坪东街 2 号
吐鲁番市恒盛蔬菜种植农民专业合作社生产基地	吐鲁番市亚尔乡老城东门村
木垒县春满园蔬菜种植农民专业合作社	新疆昌吉州木垒县新户乡三畦村万亩设施农业基地
吐鲁番市疏乐果果蔬农民专业合作社	吐鲁番市艾丁湖乡庄子村 3 组
玛纳斯县兰州湾镇王家庄村 3 799 亩马铃薯种植基地	玛纳斯县兰州湾镇王家庄村
新疆生产建设兵团第十二师五一农场二连	乌鲁木齐头屯河区五一农场二连

6.2.3 跨境农产品供应链核心企业发展情况

新疆农业境外投资合作虽滞后于贸易合作，但是发展速度较快，21 世纪以来，特别是 2006 年我国确立农业"走出去"战略以来，新疆结合自身优势，积极发挥向西开放的"桥头堡"作用，在农业发展、扩大出口和鼓励企业

"走出去"方面，发挥出较大的潜能，走出去的企业越来越多，投资范围扩大，经营领域增多，农业对外投资成效初显。

一是农业企业"走出去"数量增加。根据商务部境外投资企业（机构）备案结果公开名录数据显示，2000—2019 年，核准备案的新疆涉农境外投资企业数量累计 74 家。如表 6-7 所示，其中"十一五"期间，核准备案的涉农境外投资企业数量达 27 家，这主要得益于国家农业"走出去"战略的实施。2014 年以来，核准备案的涉农境外投资企业数量达 25 家，尤其在 2015 年，核准备案的涉农境外投资企业数量就有 10 家，达到历史最多，这主要得益于国家"一带一路"倡议的大力推动和支持。

表 6-7　2000 年以来新疆对外投资涉农企业数量

年份	个数/家	年份	个数/家	年份	个数/家
2000	1	2007	4	2014	7
2001	3	2008	5	2015	10
2002	0	2009	5	2016	3
2003	5	2010	7	2017	3
2004	2	2011	4	2018	2
2005	6	2012	0	累计	74
2006	7	2013	1		

数据来源：商务部境外投资企业（机构）备案结果公开名录统计。

二是农业投资区域不断扩大，分布在亚洲、欧洲、非洲、大洋洲、美洲等 17 个国家。新疆农业境外投资国家主要为"一带一路"沿线国家（地区），形成了以周边国家为核心区域、向西亚及东欧等国家不断延伸的农业投资空间布局。如表 6-8 所示，其中，在"一带一路"沿线国家投资的涉农企业有 67 家。重点投资国家集中在中亚国家，目前共计有 50 家涉农企业在中亚国家进行投资，占新疆境外投资涉农企业总数的 74.63%。其中哈萨克斯坦有 22 家，乌兹别克斯坦有 13 家，吉尔吉斯斯坦有 7 家，塔吉克斯坦有 6 家，土库曼斯坦有 2 家。同时，在美国进行投资的企业数量也达到 7 家。此外，也有在沙特阿拉伯、土耳其、蒙古、俄罗斯等国进行农业投资的，但是企业数量还较少。

表 6-8　新疆对外投资涉农企业分布

国家 （地区）	数量/ 家	占比/%	国家 （地区）	数量/ 家	占比/%	国家 （地区）	数量/ 家	占比/%
哈萨克斯坦	22	29.73	中国香港	2	2.70	巴基斯坦	1	1.35
乌兹别克斯坦	13	17.57	俄罗斯联邦	2	2.70	新加坡	1	1.35
吉尔吉斯斯坦	7	9.46	沙特阿拉伯	2	2.70	乌干达	1	1.35
美国	7	9.46	土耳其	2	2.70	阿塞拜疆	1	1.35
塔吉克斯坦	6	8.11	蒙古	2	2.70	乌克兰	1	1.35
土库曼斯坦	2	2.70	澳大利亚	1	1.35	总计	74	100.00

数据来源：商务部境外投资企业（机构）备案结果公开名录统计。

三是企业经营领域逐渐增多，涉及农业领域各行各业的各产业链环节。新疆涉农企业走出去主要投资在农副产品销售、农产品生产及加工、农业技术推广、农业机械服务等方面，涉及农业生产、加工、仓储、物流、销售、贸易等多个环节，几乎涵盖农业生产的全产业链。总体上看，新疆"走出去"企业多数选择见效快、回报率高、风险较低的农副产品销售进行投资，共计70家，占比高达94.59%。在农产品生产加工、农业技术推广、生产资料销售、农业机械服务等方面进行投资的企业分别有16家、8家、8家、7家，目前进行种植、养殖和林木开发的企业相对较少（见表6-9）。

表 6-9　新疆对外投资涉农企业经营范围

经营范围	数量/家	占比/%	经营范围	数量/家	占比/%
农副产品销售	70	94.59	林木开发	5	6.76
农产品生产加工	16	21.62	仓储物流	5	6.76
农业技术推广	8	10.81	作物种植	4	5.41
生产资料销售	8	10.81	动物（水产）养殖	3	4.05
农业机械服务	7	9.46	市场咨询	1	1.35

数据来源：商务部境外投资企业（机构）备案结果公开名录统计

6.2.4　跨境农产品供应链运输方式

中国新疆—中亚跨境农产品供应链物流交通方式有铁路运输、公路运输、航空运输，且以铁路运输和公路运输为主，航空运输为辅。新疆各口岸本就接连着四通八达的交通线路，铁道、公路硬件设施齐备；铁路运输和公路运输环节少、成本低、性价比高。航空物流虽然速度快，但其昂贵的运输费让本就利润很少的农产品贸易企业望而却步。但是有少数高端水果，如针叶樱桃，因其价格昂贵、营养价值丰富、体积小、消费群体小并且对食物质量要求高，会选择航空物流。

6.2.4.1 铁路运输

铁路运输多来自中欧班列。越来越多的农副产品进入了欧洲市场，阿拉山口开行频次从日均 6~7 列增加到现在的日均 9 列，回程货物满载率由 2014 年的 9.1% 提高到现在的 73%。铁路效率的逐步提高充分表现出新疆作为丝绸之路核心地区的区位优势（单靖、张乔楠，2019）。自首列中欧班列（渝新欧）开行以来至 2018 年 3 月，班列数量、货物总量、商品种类不断增加。在班列数量方面，国内线路达到 65 条，能够稳定到达 43 个城市，覆盖了 13 个欧洲国家。而在运送的货物种类方面，从一开始的电子产品逐步扩大到农产品类和轻工业产品类，货物种类大幅提升。

中欧班列开行东、中、西部通道。东部通道的出口口岸是内蒙古满洲里，接入的铁路为俄罗斯西伯利亚铁路。东部通道主要通过东北、华东、华中等地区，经京沪、哈大等铁路干线运输，有"苏满欧""营满欧""津满欧""鄂满俄""湘满欧""昆满欧""哈满欧""渝满俄""沈满欧""长满欧""盘满欧""临满欧""赣满欧""粤满欧"等 20 多条线路。中部通道的出口口岸为内蒙古二连浩特，接入的铁路为俄罗斯西伯利亚铁路。中部通道主要通过华北、华中、华南等地区，经京广、集二等铁路干线运输，有"郑连欧""蓉连欧""湘连欧"等线路。西部通道的出口口岸为新疆阿拉山口，接入的铁路为俄罗斯西伯利亚铁路，途经白俄罗斯、德国等；第二个出口口岸是由阿拉山口（霍尔果斯），经哈萨克斯坦、土库曼斯坦、伊朗、土耳其等国到达欧洲，或经哈萨克斯坦跨里海，进入阿塞拜疆、格鲁吉亚、保加利亚等国到达欧洲各国；第三个出口口岸为吐尔尕特（伊尔克什坦），接入的铁路为规划中的中吉乌铁路，经吉尔吉斯斯坦、乌兹别克斯坦、土库曼斯坦、伊朗、土耳其等国到达欧洲。西部通道主要通过西北、西南、华中、华南等地区，经陇海、兰新等铁路干线运输西线班列有"渝新欧""蓉新欧""郑新欧""汉新欧""义新欧""湘新欧"等多条线路。

中欧班列发展速度很快，从 2011 年 3 月 19 日渝新欧开行第 1 列起至 2018 年 3 月底，中欧班列已达 7 637 列。其中，2017 年开行 3 673 列，超过 2011—2016 年开行班列之和。2018 年 1 月至 3 月，开行班列已达到 1 000 列，预计全年可实现 4 000 列（见表 6-10）。根据《中欧班列建设发展规划（2016—2020年）》，中欧班列在 2020 年的计划目标是年开行 5 000 列左右。

经中欧班列出口的货物以工业品为主，主要有电子产品、工程机械、医疗器械、汽车配件、化工产品、装饰材料、日用品、陶瓷、茶叶、纺织服装、箱包、文具、工艺品、生活用品和小商品。农产品较少，主要是食品、水果、蔬菜。目前各省市已经开始通过中欧班列出口农产品,已出现附加值较高的葡萄酒、咖啡豆等出口农产品。

表 6-10　全国中欧班列开行数量统计

年份	2011	2012	2013	2014	2015	2016	2017	2018（1~3 月）	合计
班列开行数量/列	17	42	80	308	815	1 702	3 673	1 000	7 637

6.2.4.2　公路运输

公路物流的汽车、卡车,作为"贸易使者",承担着中国新疆—中亚巨大的跨境贸易量。少数的中小企业出口业务规模不大,不适合铁路运输和航空运输。实地调查显示,卡车在运输时效仅比航空运输慢 2 天时间的条件下,成本却只占空运的一半。然而,大多数国家只允许运输车辆空载回国,浪费了运输车辆的运力。因此,企业多选择对方国家来中国境内运货。汽车、卡车运输为了农产品的保鲜防腐,多为冷藏车,内装有全球定位系统、温度模块、湿度模块、震荡记录模块,客户可以随时通过手机查看货车位置和状态。我国在2016 年加入《国际公路运输公约》,这意味着在经过缔约国海关时,能够免去一系列繁琐的检查程序和缴费,大大提高了运输效率。此外,2018 年 9 月"双西公路"的全线开通,也意味着公路运输的基础建设得到保障。

6.2.5　供应链组织模式现状

6.2.5.1　物流园(仓储基地)主导型模式

在大园区、大仓储、大物流思想的指导下,农产品物流园区是拥有多种物流服务和物流设施的不同类型的农产品物流企业。代表企业为吐鲁番高昌区的宋峰物流有限公司。园区引进中小型企业入驻,壮大园区规模,收取场地租赁费,并集中配货。农产品物流园区通过原料收购(主要有订单农业、非订单农业、市场等形式)、产品运输、信息处理、产品加工、订单处理、储存配送、场地租赁以及仓储保鲜等功能和程序,将农产品交付口岸或保税基地,再由本国或外方外贸公司将农产品从口岸跨境运输至消费者手中,如图 6-1 所示。经营目标是以物流带园区,以园区带动特色农产品等优势产业发展。宋峰物流园也是集停车、餐饮、住宿和娱乐于一体的大型停车场。其优点在于:以物流园区为中心组织物流活动,具有强大的农产品集散功能;缺点是:达到规模效益有一定难度,且农产品流通受季节性影响较大(李红、张庆平、尤立杰,2012)。

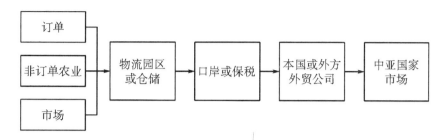

图 6-1　物流园区或仓储基地主导型模式

6.2.5.2　仓储基地主导型模式

霍尔果斯竞天贸易有限责任公司，是集仓储、保鲜、加工、运输、配送和出口于一体的农产品贸易物流公司。塔城市永利商贸有限责任公司以其面对的市场需求为导向，推行"公司+基地+农户+标准生产"的生产模式。在充分建设出口基地的基础上，利用霍尔果斯口岸的区位优势，重点建设以蔬菜水果为主体的出口模式，不断提升自身仓储规模、物流效率、生产规模、市场竞争力。仓储基地主导型模式基于优秀的仓储设备，在任何时间都能提供新鲜优质的农产品，提升农产品价值；然而，建成一个高质量仓储基地的成本很高，且在这种模式下的运输费用也偏高。

6.2.5.3　口岸主导型模式

口岸是各个国家的物流集散点，也是国际贸易运输的核心地点之一。口岸在某种意义上可以被视为一个综合性的物流中心。如图 6-2 所示，口岸物流中心整理来自各地的分散货物后，合理地配送到货物目的地。生鲜农产品对通关时间要求很高，保鲜期、保质期较短。口岸是农产品出口的必经之地，在口岸附近，尤其建在与哈萨克斯坦、吉尔吉斯斯坦相连的吉木乃口岸、霍尔果斯口岸和吐尔尕特口岸附近，很多新疆农产品企业选择在这里建设其农产品基地，这样能省去诸多供应链中间环节，农产品流通效率会得到大幅提高。在口岸附近种植蔬菜，运输时间在一小时左右，路程不超过 100 千米，当天就可以检验完毕出口到哈萨克斯坦和吉尔吉斯斯坦。综合而言，口岸主导型物流模式是受到广泛认可的一种供应链物流模式。

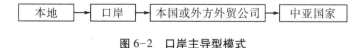

图 6-2　口岸主导型模式

6.2.5.4 电商平台主导型

以电商平台主导的供应链组织模式与传统的供应链组织模式相比，最大的区别就在于电商平台能综合企业在网站上的每笔交易信息，从而给出可靠的企业信用评级，这相较于传统的银行授信调查而言，操作更为便捷，提供的信用评级数据也更为真实可靠。在网站交易量大且信用度高的企业的信用评级相应较高，这能推动中小企业更积极地利用互联网平台进行交易，也能提高融资效率，降低融资成本。

6.3 跨境农产品供应链发展存在的问题

6.3.1 出口备案基地数量大幅减少，规模缩小

一是近 10 年，新疆农产品出口备案基地的数量和规模均呈现"断崖式"下跌。新疆作为我国重要的特色林果主产区，已建成的果品出口基地普遍建设规模较小，难以进行规模化种植、科学化管理，无法形成经济上的规模效应和高效的农业技术扩散效应。

二是出口基地建设滞后。由于新疆农业基础设施、农业企业等方面长期整体投入不足，新疆农产品高质量企业数量少、规模小、品种单一，标准化生产体系建设不足，生产基地产出农产品总数不高，优质农产品出口数量更是有限（刘志林，2018）。新疆缺乏精深加工出口基地，加工农产品出口量很少，附加值含量较低。

6.3.2 农产品供应链主体合作不稳定

一是供应链中的中间利益企业有最大的话语权，具有更多的信息优势，时常会不及时、不完全披露有效信息，导致农户利益受损。增加收益最好的方法就是实现多方合作，实现长期共赢。农产品的供应链上牵涉到多方的利益主体，包括农户、收购商、物流公司、批发零售商和消费者等。从我国的总体情况来看，处于供应链两端的农户和消费者无疑是该链条中的弱者，最后受损的还是处于供应链两端的农户和消费者（房丽娜、郭静，2015）。在 2010 年出现的"蒜你狠"事件中，全国大蒜的实际产量下降了约两成，可是大蒜的销售价格却上升了 5 倍，达到了 20 元/千克。在 2011 年，大蒜的实际产量增加了约 20%，但大蒜的价格猛跌至 4 元/千克。2012 年出现"生姜贵过猪肉"的现象后，农民第二年疯狂的种植生姜，结果第二年的生姜价格趋于平稳。这种不

正常的市场现象反映出，中间商在利用自身优势扰乱市场正常的秩序，政府要对这一行为予以严厉打击。

二是供应链主体农户与收购方企业合作不稳定，毁约风险大。农产品市场价格瞬息万变，生产者或者农户由于法律意识薄弱，获取市场信息的渠道偏窄，市场信息披露不够，农产品价格交易动态信息滞后，信息获取的时效性不强，当市场价格低于合约价格时，收购方就想以市场价格对农户产品进行收购，当市场价格高于合约价格时，农户就想以市场价格出售给收购商。这种风险是双向的，主要原因在于双方契约意识不强。

三是新疆跨境企业实力比较弱。新疆到境外开展农业贸易的企业的数量虽然在增加，但是规模较小，实力较弱，各企业处于分散经营、分散管理、无序竞争的状态，未形成企业联盟或集团。

6.3.3 物流运行效率偏低

一是农产品供应链物流损失大，因为农产品的特殊性，特别是生鲜的水果和蔬菜更容易腐烂和损坏，虽然我们采取了保护和保存等基础措施，但还是会造成一定比例的损失。例如，新疆喀什作为我国最大的优质生产番茄基地，距离霍尔果斯口岸1 716千米，路途遥远且番茄容易腐烂。

二是现代综合物流体系有待完善。由于新疆地处中国西北，物流业等服务业发展相对缓慢，加之基础设施建设落后，不适应农产品国际化贸易，阻碍了新疆对中亚农产品出口。虽然新疆维吾尔自治区政府和相关企业单位意识到了现代物流的重要性，但是各大物流集散点由于技术滞后、人才缺失，导致信息化程度不高、物流设备落后、管理理念过时，无法形成现代化的物流管理体系。（卢彦铭，2017）。据不完全统计，新疆60家企业中，有45家物流企业无法形成现代化的物流管理体系，而简单地依靠人力配合低级的物流设备；只有28家企业具有运输管理系统，并且只有部分企业有专业人才会使用；打算使用或者已经开始使用互联网订单系统的企业有36家；在所调查的60家企业中，硬件设施有近一半不能达到现代物流的标准，更不用说先进的仓库管理系统。物流体系中的硬件设施和软件设施的相对落后，使得管理层与基层的沟通交流难以维系，从而导致总体物流系统运行困难，进一步使得物流效率低下，不能够很好地服务于企业和市场。

6.3.4 农产品商品化率低

一是新疆农产品的商品化率低，质量、品相、标准化水平不佳。生产盲目跟风，盲目求高产，根据《全国农产品成本收益资料汇编》可以发现，山东、重庆生产的大蒜，产量低，但是产值高，求质不求量，且已实现标准化生产，统一规格，商品率高达98%。初级农产品占新疆出口的农产品的大多数，而新疆地区对农产品的深度加工及冷链运输技术比较落后。而且随着社会经济的发展，国际贸易中的消费者对于进口农产品的质量越来越重视，新疆农产品标准化生产落后，品质不达标，必然会遭遇到贸易技术壁垒，进而影响新疆农产品在国际市场上的竞争力。

二是新疆劳动生产率低，包括农业产业工人的技术能力、素质能力等。例如，霍尔果斯口岸的赛里木食品公司，在生产韭菜的过程中，有一个重要环节是定植，定植这个环节无法机械操控且对劳动工人的技术熟练度要求较高，企业老板宁可高价聘用河南、山东等地区的劳动产业工人，也不用新疆本地的工人。

6.3.5　国际市场竞争激烈

新疆农业对外发展的过程中，在农产品贸易、农业投资合作、农业技术转移、农业人才培训交流等领域均面临来自欧美、日韩等发达国家的市场竞争。对于中亚、西亚、非洲等地区潜在的巨大市场，中国新疆想占领此市场，同时，这一市场也被国内其他省份和世界其他国家和地区高度关注。新疆在开展农业对外贸易合作的过程中，不可避免地将与国内其他省份和其他发达国家在产品、资金、技术、信息和人才等方面产生激烈的市场竞争。

7 "一带一路"倡议下中国—中亚 "五通"进展与指数评价

　　《推动共建丝绸之路经济带和 21 世纪海上丝绸之路的愿景与行动》（以下简称《愿景与行动》）指出，"'一带一路'倡议的深入发展，既是我国深化改革开放的要求，又是加强我国与世界合作交流的需要"。《愿景与行动》不仅明确了"一带一路"倡议对我国合作发展的重要性，还重新规划了我国对内、对外新的战略目标，以此来确保我国能够形成全面的、多方位的互联互通网络，帮助沿线各国（地区）实现经济多元、自主、平衡可持续发展；对内加强我国东中西协调发展，打造丝绸之路经济带的核心和 21 世纪海上丝绸之路的重要门户。

　　2016 年 8 月 17 日，习近平同志在推进"一带一路"建设工作座谈会上发表重要讲话时强调，要"总结经验、坚定信心、扎实推进，聚焦政策沟通、设施联通、贸易畅通、资金融通、民心相通，聚焦构建互利合作网络、新型合作模式、多元合作平台"，"要保持经济持续健康发展，就必须树立全球视野，更加自觉地统筹国内国际两个大局，全面谋划全方位对外开放大战略，以更加积极主动的姿态走向世界"。因此，作为全面反映"一带一路"推进成效的综合评价体系，应该兼顾国际、国内"两个大局"，指标体系设计要充分反映中亚五国的互联互通水平。

　　2018 年"一带一路"国别合作度国家排名显示，中亚五个国家的排名次序是哈萨克斯坦（2）、吉尔吉斯斯坦（17）、塔吉克斯坦（28）、乌兹别克斯坦（32）、土库曼斯坦（51）。根据 2018 年衡量的 71 个国家的分数，除土库曼斯坦，其余四国均已超过平均分。

7.1 "一带一路"倡议下中国—中亚"五通"进展情况

7.1.1 政策沟通

加强各国之间相关政策的沟通是"一带一路"倡议顺利实施的政治基础。"一带一路"沿线国家既包括发达国家，也包括发展中国家，由于不同国家的经济发展水平、利益诉求皆不相同，因此，共建"一带一路"的重要保障是加强各国政府之间的交流合作，做好相关政策的交流对接。

"一带一路"政策沟通囊括多个方面，涉及众多领域，加强政府间合作，着力推进多边合作常需要多方商讨，进而积极构建政府间多层次的政策交流机制和联动机制，在这一过程中，最为重要且常用的方式就是高层领导正式访问，从上而下地加强政策对话和政治协商，深化彼此之间的经济合作，在求同存异战略的基础上，加强我国与沿线各国的政治互信，达成有关合作的新共识。

自习近平总书记提出共建"一带一路"倡议以来，我国积极宣传"一带一路"倡议理念。截至 2020 年 1 月，我国已同 138 个国家和 30 个国际组织签署了 200 份共建"一带一路"倡议合作文件，与沿线 30 多个国家签订了"一带一路"倡议合作文件，政策落实逐步到位。中国国家信息中心"一带一路"大数据中心测评结果显示，中亚五国得分总体相对靠前，中国与中亚五国就"一带一路"倡议已达成广泛共识，政治互信水平得到进一步加强。

7.1.1.1 建设层面：高访牵引，伙伴关系深化

中国与中亚五国在高访牵引下，始终坚持互利共赢开放战略，在不断夯实彼此之间传统关系的基础上，也促进了双方的战略伙伴关系更上一层楼。最早可以追溯到 1992 年，我国就与中亚五国正式建交，十年后，我国就与哈萨克斯坦、吉尔吉斯斯坦两国签订了双边睦邻友好关系；哈萨克斯坦作为最早与我国签订战略伙伴关系的国家，随着"一带一路"倡议的不断完善发展，2019 年，哈萨克斯坦便与中国签订了永久全面战略伙伴关系，中国与其余中亚四国之间的战略伙伴关系也随着"一带一路"倡议的完善进一步发展，促进了彼此之间关系的深化。中国与中亚五国睦邻友好关系、战略伙伴关系的确立时间如表 7-1、表 7-2 所示。

表 7-1　中国同中亚各国睦邻友好关系的确立

国家	时间	条约
哈萨克斯坦	2002	双边睦邻友好合作条约
吉尔吉斯斯坦	2002	双边睦邻友好合作条约
塔吉克斯坦	2007	双边睦邻友好合作条约
乌兹别克斯坦	2005	友好合作条约
土库曼斯坦	2014	友好合作条约

表 7-2　中国同中亚各国战略伙伴关系的确立

国家	时间	关系
哈萨克斯坦	2005 2011 2019	战略伙伴关系 全面战略伙伴关系 永久全面战略伙伴关系
乌兹别克斯坦	2012 2016	战略伙伴关系 全面战略伙伴关系
塔吉克斯坦	2013 2017	战略伙伴关系 全面战略伙伴关系
吉尔吉斯斯坦	2013	战略伙伴关系
土库曼斯坦	2013	战略伙伴关系

7.1.1.2　联通层面：规划对接，协议文件落地

中国积极推动与"一带一路"沿线国家签署合作备忘录或合作计划，通过签署多层次的双边机制，促进双方的战略对接。中国不仅与欧盟、中东欧十六国签订了相关政策规划，也与中亚五国就"一带一路"倡议签署了众多合作文件，其中，与哈萨克斯坦合作成果最为丰富。2014 年，中国与塔吉克斯坦签署《关于共同推进丝绸之路经济带建设的谅解备忘录》，塔吉克斯坦是首个与中国签署"一带一路"合作备忘录的国家。2017 年，中国与哈萨克斯坦签署《"丝绸之路经济带"建设与"光明大道"新经济政策对接合作规划》，这是中国与"一带一路"沿线国家签署的第一个政府间"一带一路"对接合作规划。在共同建设"一带一路"上，中国与乌兹别克斯坦、吉尔吉斯斯坦、土库曼斯坦达成了高度共识，并签署相关合作文件。2018 年 11 月 22 日，中国与哈萨克斯坦签署《中华人民共和国国家发展和改革委员会与哈萨克斯坦信息和通信部关于加强数字经济合作的谅解备忘录》，合作推进中哈"数字丝绸

之路"建设。2020 年 7 月 16 日，中华人民共和国国务院国务委员兼外交部部长王毅同哈萨克斯坦共和国外交部长特列乌别尔季、吉尔吉斯共和国外交部部长艾达尔别科夫、塔吉克斯坦共和国外交部部长穆赫里丁、土库曼斯坦副总理兼外交部部长梅列多夫、乌兹别克斯坦共和国外交部部长卡米洛夫举行首次"中国+中亚五国"外长视频会议。众多备忘录、协议的签订均已表明，当前我国与中亚五国之间的发展战略实现有效对接，双方之间的联系也更为紧密。

7.1.1.3 机制层面：多边合作机制取得重大进展

在"一带一路"倡议下，上海合作组织（SCO）、中亚区域经济合作（CAREC）、中国-亚欧博览会等多边经济合作机制不断取得新的进展，凝聚多方力量，带动了中亚五国更加积极主动地融入"一带一路"倡议中来，"一带一路"倡议也真正成为范围更广、更具权威性的国际合作框架。

7.1.2 设施联通

《推动共建丝绸之路经济带和 21 世纪海上丝绸之路的愿景与行动》明确指出，基础设施互联互通的内涵至少包括建设、联通和配套三个维度，不仅要加强交通、电力、能源等领域的建设，还需要确保基础设施及其配套规则能够实现无缝衔接。当前，我国与沿线国家基础设施互联互通的架构已基本形成，中国国家信息中心"一带一路"大数据中心测评结果显示，与我国接壤的陆上邻国基础设施联通状况较好，中亚五国不仅是最早参与"一带一路"推进与建设的国家，同时也是基础设施互联互通项目建设合作中最积极与主动的国家；地理位置上，中亚五国中就有哈萨克斯坦、吉尔吉斯斯坦、塔吉克斯坦三个国家与我国陆上接壤。

7.1.2.1 建设层面：五大行业取得重大突破

铁路、管道、能源、电力、公路作为基础设施的典型代表，在扎实稳步推进的过程中取得了较为明显的成果。在铁路建设方面，随着"一带一路"倡议的完善和发展，国际货物联运列车——"中欧班列"也日益承担起我国与中亚五国之间贸易合作的使命，2020 年，铁路部门在基础设施方面增加投入，如表 7-3 所示，中欧班列为"一带一路"建设提供了运力保障。在管道建设方面，随着我国能源"走出去"战略的实施，中国与塔吉克斯坦成功对接"中国—中亚天然气管道"D 线项目。中国石油天然气集团公司承建中土天然气管道项目等。在能源建设方面，中国与哈萨克斯坦全面实施产能合作，建立了相关部门间的合作机制并成立产能合作专项基金，共包含 51 个项目，总投资额高达 265 亿美元。在电网建设方面，中国已形成了大规模的能源配置格局，顺利参与了哈萨克斯坦一系列电网互联项目；在公路建设方面，为了与"一带一路"倡议中互通倡议相契合，中亚国家纷纷制定了本国交通基础发展规划，如表7-4所示，哈萨克斯坦制定了《到2020年哈萨克斯坦发展战略规划》，计划在交通基础设施领域投入200亿美元。乌兹别克斯坦总统于2015年3月批准了《2015—2019年道路运输基础设施发展纲要》，计划新建国内的公路、桥梁、铁路等，交通基础设施公路全面联通体系已经形成，一些重大项目也已顺利开工。

表 7-3 2020 年从新疆口岸进出境的中欧（中亚）班列开行数量

口岸	开行数量/列	增长率/%
阿拉山口站	5 000	41
霍尔果斯站	4 640	37

表 7-4 部分中亚国家交通设施发展规划

国家	交通设施发展规划	内容
哈萨克斯坦	《到2020年哈萨克斯坦发展战略规划》	计划在交通基础设施领域投入200亿美元
塔吉克斯坦	《塔吉克斯坦至2025年国家交通设施发展专项规划》	投入99.2亿美元至公路、铁路、航空等领域。中国企业利用中国政府优惠贷款在塔修建了塔—乌公路、哈特隆隧道、亚湾—瓦赫达特铁路隧道等交通基础设施。
乌兹别克斯坦	《2015—2019年道路运输基础设施发展纲要》	计划新建国内的公路、桥梁、铁路等
乌兹别克斯坦	《中华人民共和国商务部与乌兹别克斯坦共和国国家投资委员会关于加强基础设施建设合作的谅解备忘录》和《中国与乌兹别克斯坦政府国际道路运输协定》	共同推进两国企业在市场原则基础上开展基础设施领域合作

7.1.2.2 联通层面：中国—中亚经济走廊格局成型

2016年，中国—中亚—西亚经济走廊格局基本成型。中国—中亚—西亚经济走廊作为"一带一路"六大战略支柱之一，是一个符合各方发展利益，用于广阔发展前景的区域合作工程，这条走廊以整个中国，特别是中国新疆为起点，直通哈萨克斯坦、吉尔吉斯斯坦和塔吉克斯坦，通过乌兹别克斯坦和土库曼斯坦，为中亚五国的发展提供了新的契机，让过去处于次边缘化区域的国家获得了新的发展机会，为中亚国家提供了新的发展动力，形成了新的合作局面。

7.1.2.3 机制层面：多措并举

中亚五国虽然都属于发展中国家，但发展程度的不同也就导致了国家之间具有不同的利益诉求。同样地，不同国家也面临着不同的多边关系，对于中亚五国来说，应充分发挥上海合作组织、中亚区域经济合作等相关机制的作用，加强与其他国家在设施互联互通方面的发展水平，寻找利益诉求的结合点，确保不同项目的落地实施；当前，我国在与中亚五国互联互通的过程中，面临分裂主义和恐怖主义、跨境民族问题以及由于国际市场油价持续攀升，"高油价时代"的到来威胁着中亚能源主产地和能源通道安全等问题。中国政府主张通过协商合作实现共同发展，重视双边合作并积极开展地区性多边外交，积极合作营建油气通道，双方建立双边合作机制，充分发挥各部门的作用，维护双方的安全稳定。

7.1.3 贸易畅通

贸易作为"一带一路"建设的基点，也是衡量双方合作成效的主要标准之一。2020年以来，全球新冠病毒感染疫情的形势尚未得到有效控制，全球贸易寒冬仍未远离。联结亚太经济圈和欧洲经济圈的"一带一路"倡议强势突围，中国与中亚国家贸易投资保持较快增长。随着"一带一路"倡议步伐的加快，中国与中亚国家的贸易正逐渐步入佳境，合作进程也在不断加快。

7.1.3.1 建设层面：贸易伙伴关系逐步稳定

中国与中亚五国具有良好的合作基础，双方的贸易伙伴关系经历了从缓慢增长到加速增长再转到缓慢增长的过程，中亚已经成为"一带一路"沿线国家贸易额增长最快的地区之一。数据显示，中国已成为哈萨克斯坦、土库曼斯坦第一大贸易伙伴，乌兹别克斯坦、吉尔吉斯斯坦第二大贸易伙伴，塔吉克斯坦第三大贸易伙伴。2017年，中国与中亚五国贸易总额较2016年的300.47亿美元有了较大幅度的提升，达359.81亿美元，增速达到19.7%。其中，中哈双边贸易额为180亿美元，中吉双边贸易额为54.48亿美元，中塔双边贸易额为13.7亿美元，中乌双边贸易额为42.2亿美元，中土双边贸易额为69.43亿美元。

7.1.3.2 联通层面：产能合作与直接投资并重

中亚国家作为发展中国家，其石油、天然气等资源比较丰富，但其基础设施与制造业相对来说还比较落后，而我国能源相对比较稀缺，实现中亚五国与我国的国际产能合作，是实现双方共赢发展的重要基础，我国与哈萨克斯坦、吉尔吉斯斯坦以及塔吉克斯坦开展政府间、大规模的多边产能合作协议。其中，中哈已经签订了超过 52 个领域的多边产能合作协议，总金额超过 240 亿美元，中国引领的国际产能合作，加强了国与国之间的合作交流，扩大了双方产能合作利益的交汇点；2003 年以来，我国对中亚五国的直接投资流量一直保持着较高的增长速度，对哈萨克斯坦的直接投资流量也要明显高于其他四国。吉尔吉斯斯坦国家统计委公布的数据显示，2017 年 1 月至 9 月，吉尔吉斯斯坦吸收的外国直接投资额为 5.03 亿美元，中国对吉投资额在外国对吉投资额中占据第一，为 2.27 亿美元，去年同期为 2.10 亿美元，增长了 8.5%；2018 年哈萨克斯坦全年引入外资总额增长了 15.8%，达到 243 亿美元，主要投资国家中中国位居第五，投资额为 15 亿美元，占比达到 6.1%；2019 年，乌兹别克斯坦外来的投资总额和固定资产贷款达到了 195.9 万亿苏姆。根据乌兹别克斯坦国家统计委员会的数据，截至 2019 年年底，乌兹别克斯坦外来投资中占比最多的投资国为中国，占乌兹别克斯坦总投资的 26.2%。

7.1.3.3　机制层面：加强区域合作来对抗逆全球化浪潮

中美贸易摩擦、英国脱欧、美国主张制造业回流等加剧了逆全球化的浪潮，世界各国纷纷通过设置贸易壁垒的方式来避免自己受到威胁，多边贸易协定陷入停滞状态，在这一全球贸易形势下，"一带一路"倡议却顺利实现与欧盟等国家的对接，提升了中亚五国的贸易便利化水平，区域经济合作呈现出良好的发展态势，助推区域经济复苏。从我国实际情况来看，我国已顺利同中亚五国签订了双边投资协议，并建立了中贸联委会机制和投资合作机制，为我国同其他国家的投资活动提供法律保障，主动推动自贸区建设，强化双边贸易合作机制。

7.1.4　资金融通

资金融通作为"一带一路"建设的重要支撑。近年来，依赖于亚洲基础投资银行、丝路基金、"金砖国家"新开发银行等的资金支持，中国与"一带一路"沿线国家的金融合作不断深化，人民币国际化进程也不断推进。

7.1.4.1　建设层面：机构发力，合作领域不断扩宽

中国与中亚五国之间的双边金融合作最早可追溯到 1992 年，主要集中在交通基础设施和能源行业，如 2006 年，北段塔乌（乌兹别克斯坦）公路项目正式开工，其所需的资金主要来自塔吉克斯坦以上海合作组织成员的身份从中国获得的优惠贷款，才确保了该项目的顺利完工使用。当前，随着"一带一路"倡议的实施，中国与中亚五国在金融方面的合作发展逐渐推进，金融合

作不再局限于交通基础设施和能源行业，开始向农业、旅游业、通信等多领域逐渐扩展，政府间相互扶持中小企业，丝路基金、欧亚合作基金等非金融机构纷纷向融资困难的中亚国家提供贷款融资服务，推动了中亚国家的经济发展。2018年，中国工商银行为了推动与中亚国家"一带一路"合作机制的顺利实施，更是承诺提供200多亿美元的贷款。

7.1.4.2 联通层面：构建体系，人民币逐渐国际化

截至目前，中国已与哈萨克斯坦、乌兹别克斯坦、塔吉克斯坦三国签署双边本币互换协议，与吉尔吉斯斯坦签订边境本币结算协议，上海证券交易所与哈萨克斯坦阿斯塔纳国际金融中心管理局签署合作协议，合作共建阿斯塔纳国际交易所，人民币离岸市场相继建立；中亚国家的人民币流动性在进一步加强。2014年，哈萨克斯坦成立首家人民币清算行，除土库曼斯坦外，哈萨克斯坦、塔吉克斯坦、吉尔吉斯斯坦、乌兹别克斯坦均已是亚投行成员国。亚投行有利于促进亚洲区域的建设互联互通化和经济一体化的进程，加强中国与中亚地区的合作。

7.1.4.3 机制层面：融资机制不断优化

"一带一路"沿线国家更多的是经济发展水平相对滞后的发展中国家，基础设施落后，国家财政水平也相对落后。2014年，"一带一路"建设专项基金——丝路基金正式设立。截至2018年8月底，丝路基金先后对巴基斯坦水电项目、中哈产能项目、亚马尔液化天然气项目等25个项目进行投资，承诺的投资金额超过82亿美元和26亿元人民币，实际出资金额超过68亿美元。除此之外，亚洲投资开发银行、国际货币基金组织等多边金融机构也在充分发挥自己的重要作用，为国际贸易货币结算、跨境投融资、外汇交易、跨境担保、金融租赁等金融活动提供了方便，吸引更多的民间机制加入带来更多资金，进而鼓励多元投资主体加入互联互通建设。

7.1.5 民心相通

民心相通是"一带一路"建设的社会基础与根本归宿。促进民心相通，不仅能够加强"一带一路"沿线国家之间的联系与了解，而且还能够为经济合作交流、政治往来打下良好的民意基础。特别是2016年以来，民心相通使我国与沿线国家交流与合作不断深化，文化谅解备忘录、科技合作谅解备忘录的覆盖范围不断扩大，"国家年""旅游年"等形式的活动也促进了文化交流与合作。中亚五国作为"一带一路"沿线国家，也在推动民心相通方面取得了优异的成果。

7.1.5.1 建设层面：中国与中亚五国交流日益频繁

7.1.5.1.1 孔子学院、孔子课堂发挥关键作用

孔子学院是下设在国外的大学和研究院等的非营利性的社会公益机构。随着与中亚五国友好合作的不断加深，如今，在中亚地区已经建立了13所孔子学院，开设了22个孔子课堂，中国传统文化不断地吸引着当地的年轻人。中国新疆以及中亚五国存在多个跨界而居的民族，宗教信仰的相同，文化与语言的相通，民情风俗的相近，以及相同的民族乐曲等这些特征为中国新疆与中亚五国开展文化交流活动奠定了坚实的人文基础。孔子学院可作为一个对外交流的窗口，让全世界人民消除对中国的误解和刻板印象，看到真正的中国。借着"一带一路"的春风，经过国家和地方政府的努力打造和建设，在近些年建设了一些增进中国与中亚五国人民友好情感的文化交流平台。

7.1.5.1.2 多形式文化活动促进与中亚五国密切交流

中国-亚欧博览会、丝绸之路市长论坛、丝绸之路冰雪风情节等多形式的文化交流活动，极大地促进了中国与中亚五国之间的交流合作。国家为进一步向西开放，更好体现新疆作为西部大门的作用，将1992年起举办的乌鲁木齐对外经济贸易洽谈会（以下简称乌洽会）升格为亚欧博览会，其为中亚五国的文化交流提供了平台，推动两国间的文化合作。丝绸之路市长论坛是由世界公民组织发起的，以丝绸之路沿线国家为主，辐射周边国家，通过组织各方人员共商共建共享，推动了相关地区城市社会、经济、文化和旅游一体化发展。丝绸之路冰雪风情节从2003年开始举办，极大地推动了乌鲁木齐城市经济圈联手打造的冬季冰雪旅游品牌宣传建设，吸引了大批国内外游客。

7.1.5.2 机制层面：互信机制仍有提升空间

为反映"一带一路"沿线国家民众对"一带一路"倡议的关注及评价等舆论情况，中国国家信息中心"一带一路"数据库，通过抓取三年内国内媒体和民众对中国"一带一路"倡议的态度以及评价，以双边期待合作得分作为衡量指标，分析大数据结果，得出国内外民众普遍希望在现有关系的基础上能够再迈入一个新的台阶这一结论。虽然民众对双方进一步合作有明显的期待，但当前双边期待还存在问题，仅有哈萨克斯坦民众对"一带一路"倡议呈现出高正面评价以及高关注度的"双高"现象，其余四国要么关注度不足，要么正面评价不高。

7.2 "一带一路"倡议下中国—中亚"五通"指数评价

7.2.1 "五通"指标体系构建与权重

"一带一路"国别合作度指数围绕《推动共建丝绸之路经济带和 21 世纪海上丝绸之路的愿景与行动》所提出的"政策沟通""设施联通""贸易畅通""资金融通""民心相通"这五项合作重点，构建了包括 5 个一级指标、11 个二级指标和 34 个三级指标在内的测评指标体系，在借鉴并延续 2017 年"一带一路"国别合作度指数基本框架的基础上，构建中亚五国的"五通"指标体系以及分别赋予每个指标相关权重。

表 7-5　中亚五国合作度指标体系

一级指标	二级指标	三级指标
政策 沟通 度 （20）	政治互信（10）	高层互访（5）
		伙伴关系（5）
	双边文件（10）	联合声明（3）
		双边协定（4）
		协议文件（3）
设施 联通 度 （20）	交通基础设施（8）	航空联通度（2）
		公路联通度（2）
		铁路联通度（2）
		港口联通度（2）
	通信设施（6）	移动电话普及率（2）
		宽带普及率（2）
		跨境通信设施联通（2）
	能源设施（6）	跨境输电线路联通（3）
		跨境油气管道联通（3）

表7-5(续)

一级指标	二级指标	三级指标
贸易 畅通 度 （20）	贸易合作（8）	双边贸易额（3）
		双边贸易增速（3）
		跨境电商连接度（2）
	投资合作（12）	对外直接投资（3）
		实际利用外资（3）
		重大合作项目（6）
资金 融通 度 （20）	金融合作（10）	双边货币互换（2）
		亚投行参与（4）
		双边货币结算（4）
	金融支撑（10）	人民币跨境支付系统（2）
		金融监管合作（3）
		银行海外分布（3）
		保险保障（2）
民心 相通 度 （20）	文化与人才交流（12）	友好城市（2）
		交流活跃度（2）
		人员往来便利化（2）
		孔子学院/孔子课堂（3）
		人才联合培养（3）
	双边合作期待（8）	对方合作期待度（4）
		我方合作期待度（4）

7.2.2 "五通"指数评价结果分析

7.2.2.1 总体结果分析

首先，为了便于更加直观地对参评对象进行比较，本书的研究借鉴 2017 年"一带一路"国别合作度评价报告中划分的四种合作类型：深度合作型（80~100 分，含 80 分）、快速推进型（60~80 分，含 60 分）、逐步拓展型（40~60 分，含 40 分）、有待加强型（40 分以下），按照得分依次确定中亚五国当前年度所处的合作类型。其中，哈萨克斯坦与吉尔吉斯斯坦为快速推进型；塔吉克斯坦与乌兹别克斯坦仍处于逐步拓展型；土库曼斯坦合作类型仍然属于有待加强型。中亚五国的国别合作度排名基本保持稳定，如表7-6所示，哈萨克斯坦得分75.92分，排名位列第一，土库曼斯坦排名最为靠后。其中，塔吉克斯坦、乌兹别克斯坦以及土库曼斯坦得分明显低于中亚五国国别合作度指数的平均分54.586，且与去年同期相比，中亚五国除吉尔吉斯斯坦外，国别合作度指数均有一定程度的下降。

表7-6　中亚五国国别合作度国家排名

排名	国家	总分
1	哈萨克斯坦	75.92
2	吉尔吉斯斯坦	64.71
3	塔吉克斯坦	52.30
4	乌兹别克斯坦	48.84
5	土库曼斯坦	31.16

其次，民心相通与政策沟通水平相对较高，贸易畅通度相对落后。如表7-7所示，从五个一级指标得分情况来看，民心相通度指标平均得分最高，为14.03分（满分20分），且中亚五国之间在民心相通度这一指标上的差距相对较小，这在一定程度上反映了我国与中亚五国通过建立孔子学院/孔子学堂、通过中国-亚欧博览会、丝绸之路市长论坛等文化交流活动显著促进了民心相通，中国与中亚五国对"一带一路"建设达成相关共识；资金融通度的得分虽相较于去年有了较大幅度的增加，但国与国之间的差距还是相对较大；政策沟通度以及设施联通度也有所提高，但相对于资金融通度的增加来说，其提高幅度还相对较小。

表7-7　中亚五国国别合作度一级指标得分情况

一级指标	权重	最高得分	最低得分	平均分
政策沟通度	20	16.50	6.50	12.2
设施联通度	20	15.90	4.00	8.9
贸易畅通度	20	12.60	0.66	7.452
资金融通度	20	15.68	4.00	12.004
民心相通度	20	15.24	12.00	14.03

7.2.2.2 分类评价结果

7.2.2.2.1 政治互信不断加强，双边文件涉及的范围逐渐扩大

政策沟通度由两个二级指标构成：政治互信和双边文件，总体平均分为12.2分（满分20分），较以往年度有所提升（见表7-8）。中国与中亚国家在政策沟通方面的程度不断加深，但中亚五国与我国在政策沟通方面的差距较大，哈萨克斯坦与我国政策沟通水平相对较高，得分为16.5分；而土库曼斯坦是中亚五国中与我国政策沟通水平最低的国家。

从二级指标来看：第一，中国与中亚五国借助"一带一路"高峰合作论坛这一重要平台，使高层互访更加频繁。中国与中亚五国就双边关系、能源交通等领域的合作进行了多次会晤，2017年举办的第一届"一带一路"合作高峰论坛，中亚五国中就有哈萨克斯坦、乌兹别克斯坦以及吉尔吉斯斯坦的元首访问中国；2019年第二届"一带一路"合作高峰论坛除上述三个国家元首继续访问中国外，塔吉克斯坦总统也首次加入高峰论坛，并在期间访问中国，双边领导人的高层互访进一步增进了国与国之间的了解，促进了双方政治互信的提升；2020年7月，"中国+中亚五国"首次外长视频会晤召开，中国与中亚五国会晤次数逐年增加。第二，相关配套政策文件逐渐完善。"双边文件"指标平均得分为6.00分（满分为10分），较以往年份有了增加，我国与中亚五国在投资、贸易、本币互换、能源等方面签署了多项合作协议，且相关政策文件的落实推动了2021年中国与中亚五国首次智库合作的实现（见表7-9）。

表 7-8　政策沟通度指标得分排名情况

排名	国家	得分
1	哈萨克斯坦	16.5
2	乌兹别克斯坦	14.5
3	吉尔吉斯斯坦	13.5
4	塔吉克斯坦	10.00
5	土库曼斯坦	6.5

表 7-9　政策沟通二级指标得分情况

一级指标	二级指标	最高分	最低分	平均分
政策沟通	政治互信（10）	9.00	3.00	6.60
	双边文件（10）	7.50	3.50	6.00

7.2.2.2.2 我国与中亚五国有关交通基础设施联通水平不断提高，通信设施还有待进一步加强

"设施联通"主要包括交通设施、通信设施以及能源设施三个二级指标，总体平均分为8.9分（满分20分），如表7-10所示。从二级指标具体来看，交通设施得分3.50分（满分8分）、通信设施得分最低，仅有2.4分（总分6分），能源设施得分位于交通设施与通信设施之间，得分为3分（见表7-11）。

从二级指标来看：第一，铁路、公路联通水平不断增加，中欧班列关键作用日益显现。中亚国家与我国之间已形成由铁路、公路、航空和管道等多种交通运输方式构成的综合运输体系，交通设施联通水平不断提升；依托铁路发展起来的"中欧班列"的常态化运营，成为加强我国与中亚五国之间紧密联系的桥梁，铁路联通范围进一步扩大，公路建设仍在持续推进，在交通基础设施联通水平的得分中，哈萨克斯坦排在首位，这与其作为几条重要"中欧班列"运输通道的必经国家有着密不可分的联系。第二，能源设施构建还有较大的发展空间，中亚五国资源丰富，我国相关企业也在努力促进达成双边在能源开采等方面的合作，虽然当前合作已取得了一定的成果，但还未充分发挥其应有的价值。

表7-10 设施联通度指标得分排名情况

排名	国家	得分
1	哈萨克斯坦	15.9
2	吉尔吉斯斯坦	10.98
3	塔吉克斯坦	7.07
4	乌兹别克斯坦	4.00
5	土库曼斯坦	6.55

表7-11 设施联通度二级指标得分情况

一级指标	二级指标	最高分	最低分	平均分
设施联通	交通设施（8）	7.50	2.00	3.50
	通信设施（6）	3.48	1.00	2.4
	能源设施（6）	5.00	1.00	3.00

7.2.2.2.3 我国与中亚五国贸易畅通水平不断提高，投资合作程度进一步深化

贸易畅通包括贸易合作与投资合作两个二级指标，总体平均分为7.452分

（满分20分），如表7-12所示，哈萨克斯坦和吉尔吉斯斯坦的平均分要高于平均分，土库曼斯坦得分最低，在参与我国"一带一路"的东北亚、东南亚、中亚、南亚、西亚北非以及中东欧六个地区中，中亚与我国贸易畅通水平排在第三位。

从二级指标来看：第一，我国与中亚五国贸易额保持增长态势，但贸易额增速放缓。随着我国对外开放力度的不断加大，我国与中亚五国建立了友好的贸易往来和良好的伙伴关系，但近年来，我国与中亚五国在贸易合作方面的交流有所减少，这主要与中国对中亚五国的海外转移有着密切的联系。第二，双边投资不断拓展，增速有所放缓。目前，中亚五国仍处于经济转型阶段，据相关数据显示，2014年年末我国对转型经济体的直接投资存量为192.21亿美元，但对不同国家之间的直接投资差距较大，其中，39.2%的直接投资流入哈萨克斯坦，其余四国的占比仅为12.2%；同时，我国在对外直接投资的同时也在不断优化国内的营商环境，以吸引"一带一路"沿线国家来华投资。

表7-12　贸易畅通度指标得分排名情况

排名	国家	得分
1	哈萨克斯坦	15.9
2	吉尔吉斯斯坦	10.98
3	塔吉克斯坦	7.07
4	乌兹别克斯坦	4.00
5	土库曼斯坦	6.55

表7-13　贸易畅通度二级指标得分情况

一级指标	二级指标	最高分	最低分	平均分
贸易畅通	贸易合作（8）	7.60	0.36	4.31
	投资合作（12）	5.00	0.30	3.14

7.2.2.2.4　资金融通水平不断提升，中亚五国之间的差距明显

资金融通包括金融合作和金融支撑环境两个二级指标，资金融通的平均得分为12.004分（满分为20分），如表7-14所示，资金融通水平相较于去年有所提升；从五国在资金融通方面的得分来看，中亚五国之间的差距明显，排在首位的哈萨克斯坦得分为12.60分，而土库曼斯坦得分仅有0.66分（满分20分）。

从二级指标来看：第一，我国与中亚五国金融合作不断深化。如表 7-15 所示，二级指标金融合作的平均得分为 6.49 分（满分为 10 分），哈萨克斯坦、塔吉克斯坦以及乌兹别克斯坦与我国的金融合作进展势头良好，截至目前，中国已与哈萨克斯坦、乌兹别克斯坦、塔吉克斯坦三国签署双边本币互换协议，与吉尔吉斯斯坦签订边境本币结算协议，人民币在五国之间的适用范围也进一步扩大。第二，人民币适用范围正在进一步扩大，金融支撑环境得分还有待进一步改善。金融支撑环境的平均分为 5.52 分（满分为 10 分），相较于中国与中亚五国的金融合作得分，金融支撑环境得分还相对较低，近年来，我国各大银行积极向中亚五国提供资金支持，设立分支机构，提高了人民币的适用范围，2014 年哈萨克斯坦就已经成立了境内首家人民币清算行，不断强化我国与中亚五国的金融服务。

表 7-14　资金融通度指标得分排名情况

排名	国家	得分
1	哈萨克斯坦	12.60
2	吉尔吉斯斯坦	10.00
3	塔吉克斯坦	8.00
4	乌兹别克斯坦	6.00
5	土库曼斯坦	0.66

表 7-15　资金融通度二级指标得分情况

一级指标	二级指标	最高分	最低分	平均分
资金融通	金融合作（10）	10.00	2.60	6.49
	金融支撑环境（10）	10.00	1.40	5.52

7.2.2.2.5　我国与中亚国家民心相通水平明显提升

民心相通度指标包括旅游与文化、人才交流以及双边合作期待 3 个二级指标，总体平均分为 14.03 分（满分为 20 分），中亚五国中，除乌兹别克斯坦得分低于平均分意外，其余四国得分均高于平均分。从区域来看，中亚地区在民心相通度上面的排名排在第二位；从国家来看，国与国之间的差距较小，其中吉尔吉斯斯坦得分超过哈萨克斯坦，排在首位，得分 15.26 分，乌兹别克斯坦排在末尾，得分 12.00 分（见表 7-16）。

从二级指标来看：如表 7-17 所示，我国与中亚五国人才交流最为活跃。

二级指标人才交流平均分为 5.00 分（满分 6.00 分），这与中亚五国对高端汉语人才有着强烈需求、对汉语言文学及汉学教育非常注重有关，上述国内形势的变化，推动了中亚五国来华留学人员增多，多元文化相互碰撞，人才交流也更为频繁。第二，双边合作期待有所提升。二级指标双边合作期待平均得分为 5.39 分（满分为 8 分），这和我国与中亚五国双边关系的转变有着必要联系。哈萨克斯坦与我国的关系将上升为永久全面战略伙伴关系，乌兹别克斯坦和塔吉克斯坦分别于 2016 年、2017 年与我国的关系上升为全面战略伙伴关系，吉尔吉斯斯坦、土库曼斯坦与我国的关系也处于战略伙伴状态，双边合作期待水平有了一定程度的提升。

表 7-16 民心相通度指标得分排名情况

排名	国家	得分
1	吉尔吉斯斯坦	15.26
2	哈萨克斯坦	15.24
3	塔吉克斯坦	14.23
4	土库曼斯坦	13.45
5	乌兹别克斯坦	12.00

表 7-17 民心相通度二级指标得分情况

一级指标	二级指标	最高分	最低分	平均分
民心相通	旅游与文化（6）	5.00	2.04	3.66
	人才交流（6）	6.00	4.00	5.00
	双边合作期待（8）	7.20	4.00	5.39

7.3 本章小结

本章首先对中国与中亚五国在"政策沟通""设施联通""贸易畅通""资金融通""民心相通"方面的进展情况进行了总结与概括；然后通过构建"五通"指标体系科学、全面地反映我国与中亚五国的合作进展和成效，及时发现当前合作中存在的短板和问题，为接下来的工作提供实证基础。

8 中国新疆—中亚跨境农产品供应链绩效评价

8.1 绩效评价指标体系构建

8.1.1 绩效评价指标体系构建思路

8.1.1.1 绩效评价的定位

虽然农产品供应链跟传统供应链有一些相同点，但是也有较大的差异性，农产品在供应的时候跟其他传统产品一样，都得经历生产、加工、存放、输送、销售等步骤。因为农产品具有一些特殊性，在各个流程处理中有着更严格的要求，农产品一般供消费者日常食用，它的质量安全密切关系到消费者的健康状况，所以有关这类产品的供应链绩效评价，必须加以注意的指标中最为重要的就是产品品质。农产品的易腐性和鲜活性，要求物流配送必须要高效、快速，因为农产品需要在低温环境下进行存储和配送，高效快速的流通会使企业的成本降到最低，实现利润最大化，因此流转效率成为农产品绩效评价的侧重点（徐贤浩、马士华、陈荣秋，2000）。因为跨境农产品受到两个国家或地区的交通、物流、政策等影响，所以通关效率也成为农产品绩效评价另一大侧重点。在这其中要考虑好三个层面的问题：质量安全、物流流转、通关效率。

8.1.1.2 绩效指标体系构建的思路

跨境农产品运输、储存时形成的数据是跨境农产品供应链的特征表现，在进行绩效评价的时候怎样择取正确的信息，选取多少数据信息进行评价，信息分类的标准是什么，需要我们采取一些巧妙正确的思路对这些存在的问题进行处理。基于这类供应链的特征，本书的研究提出如下两种构思：一是确定绩效评价指标时着重关注与绩效评价相关的成本以及收益。恰当地选取对应的评价指标可以使这类供应链形成相对更好的成效。在绩效指标的选取中要注意抉择，一些评价指标需要参考供应链投入和成本来收集数据信息，可能最后获得的收益会小于成本，这样就造成了资源的浪费。如果对绩效评价要求过于严格和全面，必然会使成本大幅提高，这是得不偿失的。相反地，如果这一评价体系太简单，是无法达成关键信息回馈的，致使各个流程无法进行调整和改进，投入成本不能赚取合理的利润，对于供应链相关绩效管理的作用是负面的（方青、邓旭东，2006）。因此，一是绩效评价必须要找到绩效投入和收益的平衡点，选取一些可获取的有实际评判价值的指标。供应链指标一定要做到合理和切实可行，这样才能够将真实情况展现出来，通过绩效评价环节使供应链效益获得提升。二是过程绩效和结果绩效同样重要。结果绩效重点评价其运营的最终成果，过程绩效重点关注供应链情况以及实际效率。过程绩效和结果绩效两者在绩效评价体系中是密不可分的，必须将两者相结合进行系统评价，这样才能达到最优的效果。借助于对过程绩效还有结果绩效的评价，绩效管理就把过程调节和相应的结果评价联系起来，管理者能够站在整个供应链的视角查看其中的任何一个指标，确保供应链持续稳定成长。

8.1.2 绩效评价指标体系构建方法

8.1.2.1 层次分析法简述

层次分析法（AHP）也被称作多层次解析方法，从根本上来说，这是一种定性以及定量彼此联系的评价办法，能准确、有效地分析出体系内各层次间存在的序列和非序列关系。细究本质，可以发现，层析分析法其实就是一种思维数学化的过程，它将一些复杂的问题分解成具有阶梯形状特征的或层层相扣的组成因素，通过对各层因素的对比来明确各层元素对该层目的的重要程度，建立形成判断矩阵，计算获得各层因素相应的重要程度的权重，最后通过综合排序的方法确定最终排名。

8.1.2.2 层次分析法步骤

①构造评价系统的层次分析结构模型。

②根据判断尺度，构造判断矩阵。确定影响因素，需要专家组成员根据准则层和指标层因素，按照 Thomas L. Saaty 1～9 之间整数及其倒数比例标度法打分确定判断矩阵相应元素的比值。

③计算权重。

④一致性检验。计算公式如下：

$$CI = \frac{\lambda \max - n}{n - 1} \tag{8-1}$$

其中，λmax 为判断矩阵的最大特征根，n 为阶数，或者元素个数。此外，还需要查到平均随机一致性指标 RI（见表 8-1）的值，计算比较矩阵的一致性比率 CR。当 CR=CI/RI<0.1 时，认为判断矩阵一致性检验通过，即相应的权重系数分配是合理的；否则，需要调整判断矩阵中元素的值，重新分配权重系数。

表 8-1　随机性指标 RI 的值

阶数	1	2	3	4	5	6	7	8	9
RI	0	0	0.58	0.09	1.12	1.26	1.36	1.41	1.46

⑤综合指标值的确定。

采用线性加权和法确定各指标层系统评价值。

计算公式：

$$X = \sum_{i=1}^{n} W_i \times X_i \tag{8-2}$$

其中，X 为综合评价值，W_i 为各评价指标权重，X_i 为单个指标标准化后的值，n 为评价指标个数。利用在 Python 中 Pandas 的 qcut 函数实现。

8.1.3　构建绩效评价指标体系

8.1.3.1　绩效评价指标的确定

一般来说，跨境农产品供应链由生产（种植）、产品标准化处理（食品加工）、报关报检、跨境运输、异国销售等不同环节组成。中国新疆—中亚跨境农产品供应链主体由生产者（农户）、农产品企业、分销商、中亚消费者、物流服务商等主体构成，由采购、生产、销售、通关四个环节构成（隋博文，2019）。所以笔者认为，对中国新疆—中亚跨境农产品供应链绩效的评价应该是多指标评价，选取指标既要保证其全面性又要保证其独立性。本书的研究通过学习借鉴国内外有关学者的意见建议（孙宇、吕丽静、王婷婷、李云鹏，2016），并结合中国新疆—中亚跨境农产品供应链发展现状，最终将评价指标体系分为三个层面，分别构建评价指标进行评价。因此，中国新疆—中亚跨境农产品供应链绩效评价指标体系有以下三个层次。目标层，中国新疆—中亚跨境农产品供应链绩效评价；准则层，主要包括物流指标、通关指标、运营指标、合作稳定性四个部分；指标层，主要包括库存损失率、运输损失率、产品柔性、时间柔性、数量柔性、人均经济增加值、总资产报酬率、顾客投诉率、交货及时性、交货准确性、通关查验率、通关时间、通关成本占比、年报关量、合作伙伴变化率、政策透明程度、合作伙伴间信息共享程度、合作伙伴间借助彼此核心能力程度18个部分。这是整个指标体系的基础和核心（见表8-2）。

表8-2　中国新疆—中亚跨境农产品供应链绩效评价指标体系一览表

目标层 A	准则层 B	指标层 C
中国新疆—中亚跨境农产品供应链绩效评价 A	物流指标 B_1	库存损失率 C_{11}
		运输损失率 C_{12}
		产品柔性 C_{13}
		时间柔性 C_{14}
		数量柔性 C_{15}
	运营指标 B_2	人均经济增加值 C_{21}
		总资产报酬率 C_{22}
		顾客投诉率 C_{23}
		交货及时性 C_{24}
		交货准确性 C_{25}
	通关指标 B_3	通关查验率 C_{31}
		通关时间 C_{32}
		通关成本占比 C_{33}
		年报关量 C_{34}
	合作稳定性 B_4	合作伙伴变化率 C_{41}
		政策透明程度 C_{42}
		合作伙伴间信息共享程度 C_{43}
		合作伙伴间借助彼此核心能力程度 C_{44}

资料来源：笔者根据资料整理。

8.1.3.2　评价指标设置及含义

本书采用层次分析法，在实地调研及前人研究中国新疆—中亚跨境农产品供应链绩效评价的基础上，从物流指标、运营指标、通关指标、合作稳定性四个层面对影响中国新疆—中亚跨境农产品供应链的因素进行分析，遴选出具有参考价值的相关指标，并采用专家咨询法以问卷和面谈的方式构建了中国新疆—中亚跨境农产品供应链绩效评价指标体系。本书根据中国新疆—中亚跨境农产品供应链发展的基本情况，整理出由物流、运营、通关、合作稳定性4个维度，18 个评价指标建立的绩效评价指标体系。表 8-3 具体展示了中国新疆—中亚跨境农产品供应链绩效评价指标含义及计算公式。

表 8-3　中国新疆—中亚跨境农产品供应链绩效评价指标含义

准则层 B	指标层 C	评判指标或量化公式
物流指标 B_1	库存损失率 C_{11}	库存损失的产品价值÷产品价格总和×100%
	运输损失率 C_{12}	运送损失的价值÷运送产品总价值×100%
	产品柔性 C_{13}	新增加产品种类÷市场上总的产品种类×100%
	时间柔性 C_{14}	从收到顾客请求到完成需求所花费的时间
	数量柔性 C_{15}	能提供的需求总数÷市场的需求总数×100%
运营指标 B_2	人均经济增加值 C_{21}	（营业利润−资本成本）÷员工总数
	总资产报酬率 C_{22}	净利润÷净资产×100%
	顾客投诉率 C_{23}	顾客投诉次数÷总的交易次数×100%
	交货及时性 C_{24}	及时交货数÷交货总量×100%
	交货准确性 C_{25}	准确交货数量÷交货总量×100%
通关指标 B_3	通关查验率 C_{31}	通关查验数÷通关总量×100%
	通关时间 C_{32}	通关所需时间
	通关成本占比 C_{33}	通关成本÷运营总成本×100%
	年报关量 C_{34}	年报关量
合作稳定性 B_4	合作伙伴变化率 C_{41}	更换的合作伙伴数量÷目标总合作伙伴数量×100%
	政策透明程度 C_{42}	政策公开透明程度
	合作伙伴间信息共享程度 C_{43}	合作伙伴之间信息共享程度
	合作伙伴间借助彼此核心能力程度 C_{44}	各企业间借助彼此核心能力程度

资料来源：笔者根据资料整理。

　　①库存损失率。农产品在进行物流配送的时候特别容易变质，跟其他产品比起来，进行物流配送的时候损失会更严重，因此配送耗费率是一项关键性绩效指标。

②运输损失率。同库存损失率，综合考虑农产品物流运作过程，库存损失率、运输损失率可以比较准确地表现物流运作情况。

物流服务柔性主要指供应链物流服务在各种突发情况下的应变能力，也可以理解为对环境的适应能力。顾客和消费者不会考虑企业遇到的各种困难和突发状况，他们最关心的是能否将他们所要的产品及时、准确的配送到位。因此，这需要供应链公司以相对更高的物流服务柔性来处理可能面临的一系列突发状况。物流服务柔性可以分成三类，分别是产品柔性、时间柔性还有数量柔性。

③产品柔性。它重点表现为生鲜农产品供应链可以给消费者供给的农产品的类别，在消费者巨大的需求下，供应链公司需要在这些方面做充分准备。

④时间柔性。供应链物流服务对用户需求的反应时长以及对需求的突然改变能做出快速反应，这就要求供应链企业在面对客户需求时做到高效、快速的反应。

⑤数量柔性。通常消费者需求具有波动性，在没法确定消费者需求的情况下，怎样得知产品需要多少的输送量，这需要更加准确以及高效的信息处理。

⑥人均经济增加值。存储和配送是供应链的重心，因为农产品的特殊性，存储和配送过程中需要严格要求，农产品供应链需要投入更多人力来保证农产品的质量和配送的效率，所以人均经济增加值可以作为一个重要指标。

⑦总资产报酬率。货币收益是供应链运作在财务方面体现的最直观结果，也是每个供应链企业最关注的一个指标，它能准确地在财务报表中进行量化，反映出供应链企业在一段时间内投入的直接产出。可以采用总资产收益率作为货币收益的绩效评价标准。

⑧顾客投诉率。顾客投诉率可以准确地体现出顾客对于供应链物流服务具有怎样的感知，对于消费者的不满要理性对待，在第一时间进行调整可以有效提升供应链企业在顾客眼中的形象，有利于提高企业效益。

⑨交货及时性。交货及时性直接展示了消费者对供应链物流服务的信任程度，良好的物流服务可以给消费者的需求进行充分的保证，及时准确的物流服务可以快速积累用户，获得用户的黏性。

⑩交货准确性。同交货及时性。

⑪通关查验率。海关查验是指海关在接受报关单位的申报后，依法为确定进出境货物的性质、原产地、货物状况、数量和价值是否与货物申报单上已填报的详细内容相符，对货物进行实际检查的行政执法行为。查验是国家赋予海关的一种依法行政的权力，也是进口申报通关过程中必不可少的重要环节。海

关查验率的高低很大程度上影响着整条供应链的效率。

⑫通关时间。通关时间是指通关所需的时间。通关时间的长短也对整条供应链有着重要影响。

⑬通关成本占比。通关是需要向海关支付通关手续费的，这属于通关成本。

⑭年报关量。企业的年报关量直接反映着该企业的年业务量。

⑮合作伙伴变化率。即合作稳定性，企业之间在相互信任的基础上达成的发展长期的、信赖的合作关系，双方相互信任，共担风险，共享信息，共同进步。合作伙伴的变化率是企业合作关系的重要指标。

⑯政策透明程度。即政府对进出口相关政策的公开程度，政府政策的公开程度也是影响企业开展业务的重要指标。

⑰合作伙伴间信息共享程度。同合作伙伴变化率一样，信息共享程度影响着企业双方的共赢效果。

⑱合作伙伴间借助彼此核心能力程度。同合作伙伴变化率一样，彼此的稳定合作才能共赢。

8.1.3.3　绩效评价标准的确定

基于得分的高低进行数据划分，综合考虑中国新疆—中亚跨境农产品供应链绩效的总体发展情况，将指标得分情况划分为"好""较好""一般""差""较差""差"五个等级，按照 5 分制进行打分，确定评定等级集合为 ｛1，2，3，4，5｝。

8.2　绩效评价结果分析

8.2.1　样本企业概况

本书的研究所选择的 20 家跨境农产品贸易样本企业，均来自笔者在 2019年 5 月—2019 年 10 月的实地调研与问卷调查。所选取的 20 家样本企业均为霍尔果斯口岸、阿克苏地区、博州地区、克州地区、塔城地区、吐鲁番国家级农产品对外贸易企业、自治区级农产品对外贸易、地区级农产品对外贸易的典型企业。具体如表 8-4 所示。

表 8-4 调研样本企业概况

地区企业	经营范围及服务类型	企业性质
阿克苏地区企业 A	果蔬种植、果品收购、保鲜、加工、出口为主，集配送、批发	国家级
阿克苏地区企业 B	果品种植、收购、加工、储藏保鲜及销售	自治区级
阿克苏地区企业 C	果蔬加工	地区级
博州企业 A	番茄收购、加工及番茄制品的外销	自治区级
博州企业 B	枸杞鲜果的收购、加工、销售	地区级
博州企业 C	新鲜苹果包装、销售	地区级
霍尔果斯口岸企业 A	农产品仓储物流、农产品贸易	国家级
霍尔果斯口岸企业 B	农产品仓储物流、农产品贸易	国家级
霍尔果斯口岸企业 C	农产品贸易	自治区级
霍尔果斯口岸企业 D	农产品加工、农产品仓储物流、农产品贸易	地区级
霍尔果斯口岸企业 E	农产品加工、农产品仓储物流、农产品贸易	地区级
克州企业 A	农产品收购加工与销售、冷藏保鲜、边贸服务、冷链物流、农贸市场、果业协会	国家级
克州企业 B	葡萄种植、农产品保鲜仓储、包装	自治区级
克州企业 C	农产品的加工、销售	地区级
吐鲁番企业 A	农产品收购、加工、包装、销售	自治区级
吐鲁番企业 B	农产品收购、加工、包装、销售	自治区级
吐鲁番企业 C	农产品收购、加工、包装、销售	国家级
塔城地区企业 A	种植业、林业、农产品加工、仓储物流	国家级
塔城地区企业 B	种植业、林业、农产品加工、仓储物流	自治区级
塔城地区企业 C	种植业、林业、农产品加工、仓储物流	地区级

资料来源：笔者根据资料整理。

8.2.2 数据收集与处理

8.2.2.1 数据收集

本书的研究通过收集整理相关的研究和文献资料，结合中国新疆—中亚跨境农产品供应链的特点，以自治区农业农村厅国际合作处于 2019 年 5 月—

2019年10月对南北疆农产品贸易企业的调研为依托，选取新疆20家农产品贸易企业作为样本企业。由于农产品企业要求相关资料保密，故不公开该企业名称。

此次调研一共发放问卷20份（按照问卷企业数量），收回的有效问卷一共20份，问卷的有效率为100%。本研究还通过与地方农业部门、口岸管委会的部分同志开展了座谈、个别访谈，以直接获取对相关问题的感性认识。以下是本书的研究数据收集情况：

①库存损失率。通过对20家样本企业发放问卷、开展访谈与查询资料，根据库存损失率=库存损失的产品价值÷总的产品价格总和×100%，平均计算得知，库存损失率为3.88%，即C11=3.88%。

②运输损失率。通过对20家样本企业发放问卷、开展访谈与查询资料，根据运输损失率=运送损失的价值÷运送产品总价值×100%，平均计算得知，库存损失率为2.20%，即C12=2.20%。

③产品柔性。通过对20家样本企业发放问卷、开展访谈与查询资料，根据产品柔性=新增加产品种类÷市场上总的产品种类数×100%，平均计算得知，产品柔性为1.00%，即C13=1.00%。

④时间柔性。通过对20家样本企业发放问卷、开展访谈与查询资料得知，时间柔性为3天，即C14=3天。

⑤数量柔性。通过对20家样本企业发放问卷、开展访谈与查询资料，根据数量柔性=能提供的需求总数÷市场的需求总数×100%，平均计算得知，数量柔性为95.50%，即C15=95.50%。

⑥人均经济增加值。通过对20家样本企业发放问卷、开展访谈与查询资料，根据人均经济增加值=（营业利润-资本成本）÷员工总数，平均计算得知，人均经济增加值为12万元，即C21=12。

⑦总资产报酬率。通过对20家样本企业发放问卷、开展访谈与查询资料，根据总资产报酬率=净利润÷净资产×100%，平均计算得知，总资产报酬率为2.70%，即C22=2.70%。

⑧顾客投诉率。通过对20家样本企业发放问卷、开展访谈与查询资料，根据顾客投诉率=顾客投诉次数÷总交易次数×100%，经过平均计算得知，顾客的投诉率为3.33%。

⑨交货及时性。通过对20家样本企业发放问卷、开展访谈与查询资料，根据交货及时率=及时交货数÷交货总量×100%，平均计算得知，交货及时率为89.55%，即C24=89.55%。

⑩交货准确性。通过对 20 家样本企业发放问卷、开展访谈与查询资料，根据交货准确率＝准确交货数量÷交货总量×100%，平均计算得知，交货准确率为 92.20%，即 C25＝92.20%。

⑪通关查验率。通过对 20 家样本企业发放问卷、开展访谈与查询资料，根据通关查验数÷通关总量×100%，平均计算得知，通关查验率为 4.55%，即 C31＝4.55%。

⑫通关时间。通过对 20 家样本企业发放问卷、开展访谈与查询资料得知，通关时间为 3 天，即 C32＝3 天。

⑬通关成本占比。通过对 20 家样本企业发放问卷、开展访谈与查询资料，根据通关成本占比＝通关成本÷运营总成本×100%，平均计算得知，通关成本占比为 2.16%，即 C33＝2.16%。

⑭年报关量。通过对 20 家样本企业发放问卷、开展访谈与查询资料得知，年报关量为 4 500 份，即 C34＝4 500 份。

⑮合作伙伴变化率。通过对 20 家样本企业发放问卷、开展访谈与查询资料，根据合作伙伴变化率＝更换的合作伙伴数量÷目标总合作伙伴数量×100%，平均计算得知，合作伙伴变化率为 44.76%，即 C41＝44,76%。

⑯政策透明程度。通过对 20 家样本企业发放问卷、开展访谈与查询资料得知，政策透明程度为 90.00%，即 C42＝90.00%。

⑰合作伙伴间信息共享程度。通过对 20 家样本企业发放问卷、开展访谈与查询资料得知，合作伙伴间信息共享程度为 68%，即 C43＝68%。

⑱合作伙伴间借助彼此核心能力程度。通过对 20 家样本企业发放问卷、开展访谈与查询资料得知，合作伙伴间借助彼此核心能力程度为 55%，即 C44＝55%。

8.2.2.2 无量纲化处理

由于本书的各研究指标的单位不同，为了方便起见，采用不同指标归一化到 [0，1] 区间来反映。原理：

$$Xscaled = \frac{X - X. \min(axis=0)}{X. \max(axis=0) - X. \min(axis=0)} \cdot (\max - \min) = \min$$

$$(8-3)$$

利用公式（8-3）对各项指标进行无量纲化处理，处理后的数值范围在 [0，1] 区间，中国新疆—中亚跨境农产品供应链绩效评价指标量值及归一化值见表 8-5。

表 8-5　中国新疆—中亚跨境农产品供应链绩效评价指标量值及归一化值

指标层	现状值	归一化值
库存损失率 C11	7.88	0.03
运输损失率 C12	8.50	0.13
产品柔性 C13	1.00	0.10
时间柔性 C14	3	0.31
数量柔性 C15	95.50	1.00
人均经济增加值 C21	12	0.12
总资产报酬率 C22	2.70	0.18
顾客投诉率 C23	3.33	0.21
交货及时性 C24	89.55	0.94
交货准确性 C25	92.20	0.96
通关查验率 C31	4.55	0.04
通关时间 C32	0.5	0.05
通关成本占比 C33	2.16	0.01
年报关量 C34	4 500	0.47
合作伙伴变化率 C41	44.76	0.46
政策透明程度 C42	90.00	0.94
合作伙伴间信息共享程度 C43	68.00	0.71
合作伙伴间借助彼此核心能力程度 C44	55.00	0.57

资料来源：笔者根据资料整理。

8.2.2.3　确定指标权重

本书的研究在构建以上指标的基础上，运用层次分析法通过专家判断矩阵确定各指标的权重，使用 yaahp10.3 软件进行处理，邀请农产品贸易供应链方面的相关专家参与了调查问卷，在调查问卷中专家对指标进行两两比较，并对指标进行打分。为确定各项指标权重，共发放调查咨询表 25 份，回收 21 份有效问卷（见表 8-6）。鉴于专家打分权重有较强的主观性和判断差异性，又邀请个别专家进行了二轮评分，征得所有专家意见后运用层次分析法通过专家判断矩阵确定各项指标的权重，利用 yaahp10.3 软件进行处理。各项指标和一致性检验结果如表 8-7、8-8、8-9、8-10、8-11 所示。

表 8-6　专家咨询名单

单位	工作职务
中国农业国际交流协会	副会长
农业农村部对外经济合作中心	副处长
农业农村部规划设计研究院	原院长
农业农村部全国农技推广中心	处长
农业农村部规划院农业发展与投资所	所长、研究员
商务部研究院外国投资研究所	副主任
商务部国际贸易经济合作研究院	助理研究员
国家林草局中心	副处长
清华大学公共管理学院	副院长
对外经贸大学国际经济贸易学院	教授
华中农业大学经管学院	教授
自治区农业厅国际合作处	处长
自治区农业厅对外经济合作处	副处长
新疆农业大学经贸学院	教授
新疆农业大学经贸学院	副教授
新疆财经大学工商管理学院物流与供应链运营系	教授
新疆财经大学国际贸易学院	教授
霍尔果斯市农业局	副局长
霍尔果斯金亿国际贸易（集团）有限公司	董事长
霍尔果斯竞天贸易有限公司	副总经理
塔城市永利商贸有限责任公司	总经理

资料来源：笔者根据资料整理。

表 8-7　准则层各指标的权重及一致性检验结果

	物流指标 B1	运营指标 B2	通关指标 B3	合作稳定性 B4	权重
物流指标 B1	1	1	3	1	0.283 06
运营指标 B2	1	1	5	3	0.418 48
通关指标 B3	1/3	1/5	1	1/3	0.081 20
合作稳定性 B4	1	1/3	3	1	0.217 27

资料来源：笔者根据资料整理

一致性检验：λmax = 4.115 46；CI = 0.038 486 8；CR = 0.043 24<0.1，因此，层次分析排序结果通过一致性检验，权重系数分配合理。

表8-8　物流指标下各指标的权重及一致性检验结果

	库存损失率C11	运输损失率C12	产品柔性C13	时间柔性C14	数量柔性C15	权重
库存损失率C11	1	1	1/3	1/3	3	0.131 64
运输损失率C12	1	1	1/3	1/3	3	0.131 64
产品柔性C13	3	3	1	3	5	0.421 57
时间柔性C14	3	3	1/3	1	3	0.254 31
数量柔性C15	1/3	1/3	1/5	1/3	1	0.060 85

资料来源：笔者根据资料整理。

一致性检验：λmax = 5.239 7；CI = 0.059 926；CR = 0.053 51<0.1，因此，层次分析排序结果通过一致性检验，权重系数分配合理。

表8-9　运营指标下各指标的权重及一致性检验结果

	人均经济增加值C21	总资产报酬率C22	顾客投诉率C23	交货及时性C24	交货准确性C25	权重
人均经济增加值C21	1	3	1/3	3	3	0.242 83
总资产报酬率C22	1/3	1	1/3	3	3	0.163 99
顾客投诉率C23	3	3	1	5	5	0.448 89
交货及时性C24	1/3	1/3	1/5	1	1	0.072 15
交货准确性C25	1/3	1/3	1/5	1	1	0.072 15

资料来源：笔者根据资料整理。

一致性检验：λmax = 5.206 73；CI = 0.051 681 3；CR = 0.046 15<0.1，因此，层次分析排序结果通过一致性检验，权重系数分配合理。

表 8-10　通关指标下各指标的权重及一致性检验结果

	通关查验率 C31	通关时间 C32	通关成本占比 C33	年报关量 C34	权重
通关查验率 C31	1	1/5	1/5	1/5	0.060 61
通关时间 C32	5	1	1	1	0.303 01
通关成本占比 C33	5	1	1	3	0.399 17
年报关量 C34	5	1	1/3	1	0.237 22

资料来源：笔者根据资料整理。

一致性检验：λmax = 4.154 5；CI = 0.051 500 3；CR = 0.057 87<0.1，因此，层次分析排序结果通过一致性检验，权重系数分配合理。

表 8-11　合作稳定性下各指标的权重及一致性检验结果

	合作伙伴变化率 C41	政策透明度 C42	合作伙伴间信息共享程度 C43	合作伙伴间借助彼此核心能力程度 C44	权重
合作伙伴变化率 C41	1	5	3	3	0.501 08
政策透明度 C42	1/5	1	1/3	1/3	0.076 84
合作伙伴间信息共享程度 C43	1/3	3	1	1/3	0.159 09
合作伙伴间借助彼此核心能力程度 C44	1/3	3	3	1	0.262 99

资料来源：笔者根据资料整理。

一致性检验：λmax = 4.198 07；CI = 0.066 022 6；CR = 0.074 18<0.1，因此，层次分析排序结果通过一致性检验，权重系数分配合理。

8.2.2.4　总排序一致性检验

最后，需要对层次总排序进行一致性检验，具体如下所示：

CR = CI÷RI = 0.069 29÷1.057 83 = 0.065 8<0.1

符合一致性检验。

8.2.2.5　计算综合评价结果

运用上述指标体系，并收集相关科学的数据，本书的研究采用专家调查的方法，并利用线性加权法将调研获取的数据与专家打分得到的权重相结合，得到中国新疆—中亚跨境农产品供应链绩效评价研究的各项等级及综合评价结果（见表 8-12）。

表 8-12　中国新疆—中亚跨境农产品供应链绩效评价研究结果

目标层 A	准则层 B	指标层 C	得分	等级
中国新疆-中亚跨境农产品供应链绩效评价 A	物流指标 B1	库存损失率 C11	0.008 9	3
		运输损失率 C12	0.006 6	3
		产品柔性 C13	0.050 3	1
		时间柔性 C14	0.096 3	2
		数量柔性 C15	0.061 9	2
	运营指标 B2	人均经济增加值 C21	0.052 9	1
		总资产报酬率 C22	0.014 2	1
		顾客投诉率 C23	0.093 8	2
		交货及时性 C24	0.069 8	2
		交货准确性 C25	0.071 7	2
	通关指标 B3	通关查验率 C31	0.002 5	1
		通关时间 C32	0.020 3	1
		通关成本占比 C33	0.017 2	1
		年报关量 C34	0.115 0	3
	合作稳定性 B4	合作伙伴变化率 C41	0.282 6	5
		政策透明程度 C42	0.073 7	2
		合作伙伴间信息共享程度 C43	0.118 3	3
		合作伙伴间借助彼此核心能力程度 C44	0.165 3	3
总分			0.037 0	2

资料来源：笔者根据资料整理。

利用线性加权的方法进行评价，得到中国新疆—中亚跨境农产品供应链绩效评价综合得分为 0.370 分，等级得分 2，属于较好等级。

8.2.3 绩效评价指标系统分析

8.2.3.1 运营指标系统分析

由权重可知，中国新疆—中亚跨境农产品供应链绩效评价系统中运营指标是最重要的因素，权重为 0.418 48。

①在运营指标中，交货及时性指标和交货准确性指标是最为重要的。交货及时性和交货准确性的权重都是 0.721 6，交货及时性得分 0.069 8，交货准确性得分 0.071 7，等级都属于 2。这说明该农产品供应链企业在产品运输上较为高效快捷，交货较为及时和准确。

②在运营指标中，顾客投诉率指标第二重要，权重是 0.448 89，得分 0.093 8，等级属于 2。这说明该农产品供应链企业比较能满足顾客的各种需求，企业在顾客眼中的形象较好，顾客对其满意度较高。

③在运营指标中，人均经济增加值指标权重是 0.242 83，得分 0.052 9，等级属于 1。作为企业最关注的指标之一，这说明该农产品供应链企业的员工薪酬较高。

④在运营指标中，总资产报酬率指标权重是 0.163 99，得分 0.014 2，等级属于 1。作为企业另一个最关注的指标之一，这说明该农产品供应链企业的收益较好。

8.2.3.2 物流指标系统分析

由权重可知，中国新疆—中亚跨境农产品供应链绩效评价系统中物流指标占第二位，权重为 0.283 06。

①在物流指标中，产品柔性指标是最为重要的，权重是 0.421 57，得分 0.050 3，等级属于 1。这说明该农产品供应链企业的产品种类对环境的适应能力较强，面对变幻莫测的市场需求可以将顾客和消费者所需要的产品及时准确地配送到位，产品种类可以较全面地满足消费者的需求。

②在物流指标中，时间柔性指标第二重要，权重是 0.254 31，得分 0.096 2，等级属于 2。这说明该农产品供应链企业在面对客户需求时能高效、快速的反应。

③在物流指标中，数量柔性指标第三重要，权重是 0.060 85，得分 0.061 9，等级属于 2。这说明该农产品供应链企业在没法确定消费者需求产品的输送量时，能比较准确、高效的处理信息。

④在物流指标中，库存损失率指标和运输损失率指标同样重要，权重是 0.131 64，库存损失率得分 0.008 9，运输损失率得分 0.006 6，等级都属于 3。

这说明该农产品供应链企业的硬件设施一般，不够完善，比如冷藏车、冷藏库、冷链系统一体化没有达到现实所需。

8.2.3.3　合作稳定性系统分析

由权重可知，中国新疆—中亚跨境农产品供应链绩效评价系统中合作稳定性占第三位，权重为0.217 27。

①在合作稳定性指标中，合作伙伴变化率指标是最为重要的，即合作伙伴的稳定性，权重是0.501 08，得分0.282 6，等级属于5。在该农产品供应链企业中，合作稳定性作为一条重要指标，得分较低、等级较差，这说明合作关系不稳定，合作双方没有长期的、彼此信赖的稳定关系，合作伙伴之间不能共担风险、共享信息、共同进步，不能很好地实现共赢。

②在合作稳定性指标中，合作伙伴间借助彼此核心能力程度指标第二重要，权重是0.262 99，得分0.165 3，等级属于3。这也说明该农产品供应链企业未能很好地利用彼此的核心力量，包括设备、信息、管理方式等。

③在合作稳定性指标中，合作伙伴间信息共享指标第三重要，权重是0.159 09，得分0.118 3，等级属于3。这说明该农产品供应链企业合作伙伴间信息不畅，没有做到信息共享，难以达到共赢局面。

④在合作稳定性指标中，政府政策稳定性指标第四重要，权重是0.076 84，得分0.073 7，等级属于2。这说明政府在信息公开程度上做得比较好，利民政策能够高效地往下传达。

8.2.3.4　通关指标系统分析

由权重可知，中国新疆—中亚跨境农产品供应链绩效评价研究系统中通关指标占第四位，权重是0.081 2。

①在通关指标中，通关成本占比指标最为重要，权重是0.399 17，得分0.017 2，等级属于1。这说明该农产品供应链企业在通关中支付的手续费较少，较为合理，所占成本低。

②在通关指标中，通关时间指标第二重要，权重是0.303 01，得分0.020 3，等级属于1。时间即效率，效率即资产，该农产品供应链企业通关花费时间少，节约了时间成本。

③在通关指标中，年报关量第三重要，权重是0.237 22，得分0.115，等级属于3。这说明该条农产品供应链企业的每年业务量属于一般水平，加大业务量、提升交易次数是今后要努力的方向。

④在通关指标中，海关查验率权重是0.060 1，得分0.002 5，等级属于1。总体质量决定着海关的查验率，这说明该农产品供应链企业产品质量较高，查验率低，也节省了时间成本。

9 "一带一路"建设背景下中国新疆—中亚跨境农产品贸易潜力分析

中国新疆是"丝绸之路经济带"上连接多区域的关键枢纽和辐射中心，是我国西向开放的"桥头堡"和国家实施陆上开放战略的重要支点，正从亚欧大陆的地理中心向亚欧交通枢纽、经济合作发展中心转变。新疆建设"丝绸之路经济带核心区"的战略定位已然先得到国家认可。新疆是我国重要的粮、棉、果、畜及特色农业生产基地，农业是新疆参与"丝绸之路经济带"建设的重要组成部分和物质基础。加强中国新疆与丝绸之路经济带沿线国家间的农业合作不仅是实施中国农业"走出去"战略的重要途径，也是中亚、西亚这一世界经济"凹陷带"国家的必然诉求。农业合作包括贸易、投资、科技、人才交流等多个方面，其中，农产品贸易是农业合作的基础和前提，其作用不仅在于可以使双边或多边国家（地区）互通有无，满足各地消费者多样化的消费需求，提高各国居民的消费水平和国民福利，还能促进农业投资、科技和人才交流与合作。因此，中国新疆与丝绸之路经济带沿线国家进行农业合作，必先以广泛的农产品贸易为基础，通过与丝绸之路经济带沿线国家进行农业领域的分工与交换，发挥优势，充分利用沿线国家的农业资源与市场，实现全面快速发展。因此，本书的研究应用贸易引力模型，分析影响新疆与丝绸之路经济带沿线国家农产品贸易的主要因素，并进一步测算新疆与这些国家农产品贸易的潜力，以期为新疆农业参与丝绸之路经济带建设提供理论参考。

在国际贸易领域，引力模型主要用于研究双边贸易量，按照影响双边贸易流量的主要因素设置不同的解释变量，通过引力模型分析这些影响因子对贸易流量的影响方向和程度，也广泛用于预测贸易潜力、估算贸易壁垒的成本等。引力模型也被延伸到国际投资研究，用于解释国际投资的区位分布、预测投资潜力等。

9.1　分析模型

引力模型的基本思想源于牛顿万有引力定律。20 世纪 40 年代，地理学家、社会学家与经济学家为了解释与预期人类在地理空间上的经济、社会及政治相互影响、相互作用的方式，对牛顿万有引力公式进行了延伸，提出了一个比较完整且简便的经济学模型——引力模型，认为两个经济体之间的单项贸易流量与它们各自的经济规模（一般用 GDP 表示）成正比，与两个经济体之间的距离成反比。模型基本形式如下

$$X_{ij} = AY_iY_j \div D_{ij}$$

其中，X_{ij} 表示 i 国对 j 国的双边贸易量，A 是引力系数，Y_i 和 Y_j 分别表示 i、j 两国的国内生产总值，D_{ij} 表示两国间的距离，通常用两国首都或经济中心的距离衡量。该公式表明，i 国向 j 国出口总量的大小与 i 国与 j 国的国内生产总值成正比，与两国之间的距离成反比。

将原模型两边取自然对数，得：

$$LnX_{ij} = \alpha_0 + \alpha_1 LnY_i + \alpha_2 LnY_j + \alpha_3 LnD_{ij} + \varepsilon_{ij}$$

其中，LnX_{ij}、LnY_i、LnY_j 分别为 X_{ij}、Y_i、Y_j 的自然对数形式，α_0、α_1、α_2、α_3 为回归系数，ε_{ij} 为随机误差项。

9.2　影响因素

9.2.1　模型构建与变量设定

本书的研究选择新疆与亚欧区域主要国家的农产品进出口贸易总额作为被解释变量；选择这些国家的人口、人均 GDP、人均 GDP 之差、农业增加值、耕地面积等指标，作为解释变量，反映其经济发展水平和农业生产条件与基础。此外，引入是否加入"联合国开发计划（UNDP）'丝绸之路'项目"以及"是否加入 WTO""是否是上海合作组织（SCO）成员"这三个虚拟变量。

建立新疆对亚欧区域主要国家农业合作及农产品贸易的引力模型：

$$LnY_{ij} = \alpha_0 + \alpha_1 LnAG_j + \alpha_2 LnPOP_j + \alpha_3 LnD_{ij} + \alpha_4 LnPG_j + \alpha_5 LnIIT_j + \alpha_6 LnAL_j + \alpha_7 LnWTO + \alpha_8 UNDP + \alpha_9 SCO + \varepsilon_{ij}$$

$$(9-1)$$

令 i 为新疆,j 为亚欧区域国家,X_{ij} 为新疆对 j 国农产品进出口贸易总额,α_0 为总体均值截距项,α_0、α_1、α_2、α_3、α_4、α_5、α_6、α_7、α_8、α_9 为各个解释变量的回归系数,ε_{ij} 为随机误差项。各变量含义及其预期系数符号说明见表9-1。

表9-1 贸易引力模型变量含义及预期符号说明

变量	含义	预期符号	变量解释
Y_{ij}	新疆对各国农产品进出口贸易总额		被解释变量
AG_j	各国的农业增加值	+	农业增加值越大,农业经济规模越大,农业发展水平越高,对外合作的可能性和潜力越大
POP_j	各国的人口数量	+ / -	一方面,一个国家人口越多,农产品市场需求量越大,潜在的进口需求也越高,对外农业合作及农产品贸易的倾向也越大;另一方面,一个国家人口越多,农产品消费需求量越大,潜在的出口贸易可能越小,贸易倾向会减少
D_{ij}	新疆与各国的距离	-	距离越远运输成本越高,中国新疆与丝绸之路经济带各国的农业合作及农产品贸易与距离成反比
PG_j	各国的人均GDP	+	人均GDP越高,经济越发达,对外农业合作的基础和条件越好,越有利于开展农产品贸易
IIT_{ij}	中国与各国人均GDP之差的绝对值	-	人均GDP之差的绝对值越小,反映两国经济发展水平越相近。根据"林德假说",两国相似的人均收入水平决定了相似的需求格局,即绝对值越小,需求越容易发生重叠,农业合作的可能性越大

表9-1(续)

变量	含义	预期符号	变量解释
AL_j	各国的耕地面积	+ / -	一方面,理论上耕地面积越大,农业生产能力越强,农产品自给能力越高,相应地会减少进口;另一方面,耕地面积越大,农业生产规模越大,农产品产出越多,越倾向于出口,减少进口
WTO	虚拟变量。亚欧区域各国是否是 WTO 成员。是取"1",否取"0"	+	同属 WTO 成员,贸易壁垒减少,有利于促进双边或多边农业合作和农产品贸易
SCO	虚拟变量。各国是否是 SCO 成员。是取"1",否取"0"	+	同属一个区域合作组织,有利于该组织内部的经济合作和贸易,但也会限制和排斥不属于该组织的国家。SCO 成员包括中国、俄罗斯、哈萨克斯坦、吉尔吉斯斯坦、塔吉克斯坦、乌兹别克斯坦
UNDP	虚拟变量。各国是否参与联合国开发计划"丝绸之路"项目。是取"1",否取"0"	+	参与同一个合作项目,共同的合作目标会加大合作机会,促进贸易。联合国开发计划"丝绸之路"项目参与国有中国、哈萨克斯坦、吉尔吉斯斯坦、塔吉克斯坦、乌兹别克斯坦。

9.2.2 样本选取和数据来源

9.2.2.1 样本选取

由于本书研究的目的是分析新疆与丝绸之路经济带沿线国家农业合作和农产品贸易的联系紧密程度及潜力,我们依据 2004—2016 年新疆农产品进出口贸易总体状况及国家和区域布局,筛选出新疆与亚欧区域农产品贸易量较大的 48 个国家,同时考虑到本书前面的研究范围,增加了与新疆农产品贸易量不大但处于丝绸之路经济带沿线的叙利亚、格鲁吉亚、阿富汗三个国家,其中,由于伊拉克没有农业增加值,亚美尼亚与新疆没有贸易额,均不能满足模型设定要求,予以剔除。最终确定为 49 个国家。2004—2016 年新疆与这 49 个国家的农产品贸易总额达 72.74 亿美元，占新疆农产品这九年进出口总额（84.22 亿美元）的 86%，其中，出口额 49.99 亿美元，进口额 22.92 亿美元，分别占新疆农产品出口总额的 85%、进口总额的 91%。由此可以看出，样本国的选取和覆盖范围符合新疆参与丝绸之路经济带建设农业合作及农产品贸易引力模型的设定要求，具有显著的代表性。测算模型包括了丝绸之路经济带沿线的 24 个主要国家。

表 9-2　2004—2016 年新疆对丝绸之路经济带
国家农产品贸易平均额　　　　　　单位：万美元

地区	国家	出口额	进口额	进出口额
中亚	乌兹别克斯坦	297.29	17 397.15	17 694.44
	哈萨克斯坦	923.29	1.14	11 970.47
	吉尔吉斯斯坦	3 958.74	2 072.50	6 031.24
	土库曼斯坦	11.80	560.17	571.97
	塔吉克斯坦	1 381.17	—	390.58
西亚	阿曼	307.36	0.42	2 769.18
	以色列	171.62	60.48	2 088.88
	沙特阿拉伯	1 561.85	22.40	1 584.25
	阿联酋	1 338.22	18.39	1 356.61
	约旦	134.67	—	1 212.03
	黎巴嫩	122.44	—	1 101.96
	也门	746.46	—	746.46
	土耳其	265.22	410.88	676.10
	伊朗	292.87	53.33	346.20
	阿塞拜疆	46.68	25.49	66.50
	叙利亚	15.15	34.79	49.94
	格鲁吉亚	8 767.99	3 202.48	31.98
	阿富汗	1.57	0.86	2.44
南亚	印度	914.22	803.97	1 718.19
	巴基斯坦	731.46	67.63	799.08

表9-2(续)

地区	国家	出口额	进口额	进出口额
东南亚	马来西亚	2 804.22	145.67	26 549.09
	印度尼西亚	2 315.74	6.62	20 888.01
	泰国	475.85	179.09	12 430.51
	菲律宾	23.09	8.90	10 349.76
	越南	1 085.94	6.04	9 827.79
东亚	日本	3 675.55	0.70	33 086.22
	韩国	2 507.77	136.42	8 317.63
	蒙古	135.79	111.89	2 229.13
欧盟	罗马尼亚	617.33	—	5 555.98
	意大利	5 223.62	1.97	5 225.58
	德国	6 000.98	54.14	2 644.18
	捷克	290.11	—	2 611.00
	西班牙	270.70	1.24	2 447.46
	比利时	222.83	—	2 005.51
	立陶宛	192.84	—	1 735.53
	奥地利	179.52	—	1 615.68
	英国	1 413.51	0.30	1 413.74
	爱尔兰	135.85	—	1 222.67
	葡萄牙	128.37	—	1 155.33
	保加利亚	127.20	—	1 144.80
	波兰	1 000.85		1 000.85
	荷兰	747.53	0.80	748.33
	拉脱维亚	83.08	—	747.68
	克罗地亚	68.81	—	619.31
	法国	1 149.97	—	576.67
东欧	俄罗斯	548.63	28.04	6 055.12
	乌克兰	761.54	13.16	774.69

表9-2(续)

地区	国家	出口额	进口额	进出口额
北欧	瑞士	582.06	—	5 238.55
中欧	挪威	298.25	—	2 684.26

数据来源：新疆海关数据，经笔者整理而得。

注：2020年12月31日英国正式脱欧，但在本书的研究中，英国仍属西欧。

9.2.2.2 数据来源

为了消除短期波动的影响，本书的样本数据选用新疆与丝绸之路经济带上24个贸易伙伴国2004—2016年连续13年的进出口贸易额的平均值。其中，新疆与以上24个贸易伙伴国农产品进出口贸易数据来自新疆乌鲁木齐海关，丝绸之路经济带各国的农业增加值、人均GDP、耕地面积等指标，均来自世界银行集团（www.worldbank.org.cn）提供的数据；WTO成员划分标准来自WTO网站（www.wto.org）；距离数据来自著名地理网站（www.geobytes.com）的城市距离计算器，并选取新疆乌鲁木齐作为测量起点，丝绸之路经济带各国的首都作为测量终点，其中，哈萨克斯坦以原首都阿拉木图作为终点，主要原因是考虑到阿拉木图在哈萨克斯坦和中亚地区的贸易地位。

9.2.2.3 回归检验

运用SPSS19.0软件，采用普通最小二乘法基于截面数据进行多元线性回归分析的方法。本书的研究所使用的样本为横截面数据，不存在序列相关问题，模型通过对数变换也基本上克服了引力方程的异方差问题。

考虑到所选指标中某些变量的 t 值过低，故采用"后向法"对解释变量进行筛选，每次减少一个解释变量，标准是其 t 统计值不显著且最小。按照 t 统计值由小到大的顺序逐一进行剔除，直到新模型的方程中所有变量的回归系数的 t 统计值都至少10%的水平上显著为止。

新疆与丝绸之路经济带沿线主要国家农产品贸易引力模型的运行结果如表9-3所示。其涵义：首先通过模型回归检验，得到方程（1），整体在1%水平上显著，通过F检验，地理距离变量符号为负，与预期一致，但其 t 值过低，表明新疆与丝绸之路经济带沿线各国的距离对其贸易往来和农业合作产生阻碍作用。然而，得益于现代运输技术的改进以及社会信息化水平的提高和全球一体化加快，距离的阻碍力度有所减弱，距离的阻碍系数也在变小，已不是影响和制约其农产品贸易和农业合作的主要因素，故在这里将其剔除。继续逐步回归得到方程（2），SCO变量符号为正，与预期一致，但没有通过 t 检验，将此变量剔除，说明上海合作组织这个区域组织对新疆与丝绸之路经济带沿线国家的农业合作和农产品贸易影响不显著。进一步回归得到方程（3），农业增加值不通过 t 检验，说明各国农业经济发展状况对新疆与丝绸之路经济带沿线国家农业合作和农产品贸易的影响不显著。最后得到调整后的回归方程（4），经济理论检验、拟合优度检验及 F 检验都通过，各变量系数符号与预期基本一致，且具有一定的显著性水平，最后得到新的扩展模型如下：

$$\text{Ln}Y_{ij} = -2.71 + 0.9\text{Ln}POP_j + 1.01\text{Ln}PG_j - 0.59IIT_{ij} - 0.41AL_j + 1.58\text{WTO} + 3.78\text{UNDP}$$

表 9-3　新疆农产品对外贸易引力模型回归结果

解释变量	主要方程		调整的方程	
	（1）	（2）	（3）	（4）
常量	1.53 （0.28）	−1.89 （−0.85）	−2.1 （−0.95）	−2.71 （−1.30）
POP_j	0.98 （3.64）***	0.94 （3.60）***	0.93 （3.56）***	0.9 （3.49）***
PG_j	1.08 （3.60）***	1.01 （3.62）***	1.02 （3.69）***	1.01 （3.66）***
IIT_{ij}	−0.57 （−2.37）**	−0.57 （−2.38）**	0.512 （−2.41）**	−0.59 （−2.50）**
AL_j	−0.43 （−2.08）**	0.42 （2.06）**	−0.383 （−1.94）	−0.41 （−2.07）**
AG_j	−0.09 （−1.07）	−0.09 （−0.94）	−0.082 （−0.89）	
D_{ij}	−0.49 （−0.67）			
WTO	1.53 （2.57）***	1.44 （2.50）**	1.46 （0.02）**	1.58 （2.84）***
SCO	1.28 （0.85）	1.17 （0.79）		
UNDP	1.99 （1.03）	2.57 （1.50）	3.72 （4.28）***	3.78 （4.36）***
P 值	0.000	0.000	0.000	0.000
R^2	0.490	0.484	0.476	0.465
调整后 R^2	0.372	0.380	0.386	0.389
F 值	4.155	4.682	5.311	6.093
DW 值	2.191			

注：（1）括号内为 t 值；

（2）*、**、*** 分别表示统计量在 10%、5%、1% 的显著性水平上通过 t 检验。

9.2.2.4 模型结果分析

上述回归模型结果表明,丝绸之路经济带沿线国家的人口、人均 GDP、耕地面积、与中国的人均 GDP 之差的绝对值,以及是否加入 WTO、是否参与 UNDP 丝绸之路项目这六个因素对与新疆农业合作和农产品贸易的影响显著,也就是说,新疆与丝绸之路经济带沿线国家开展农业合作和农产品贸易主要受以上六个因素的影响,且分别在 1%、1%、5%、5%、1% 和 1% 的显著性水平上通过 t 检验。其中人口、人均 GDP、WTO 和 UNDP 四个变量对新疆与丝绸之路经济带沿线国家的农业合作和农产品贸易产生正向的促进作用,而耕地面积、与中国的人均 GDP 之差对双方的农业合作和农产品贸易产生负向的阻碍作用,与预期一致。

结果分析如下:

①丝绸之路经济带沿线国家的人口数量对新疆与其的农业合作和农产品贸易产生显著的正向影响。显著性水平达到 1%,回归系数为 0.9,表明在其他条件保持不变时,这些国家人口数量每增加 1%,将带动与新疆农产品贸易额增加 0.9%。这反映出这些国家人口数量越大,国内需求也会增加,相应的对外贸易机会增加,进口需求能力提高,从而对其与新疆的农业合作起到明显的推动作用。

②丝绸之路经济带沿线国家经济发展水平(人均 GDP)对其与新疆农业合作产生显著影响。人均 GDP 系数为 1.01,在 1% 的置信水平上通过 t 检验,表明在其他条件不变时,丝绸之路经济带沿线国家的人均 GDP 每增加 1%,将带来其与新疆农产品贸易增加 1.01%。这说明随着丝绸之路经济带沿线国家经济发展水平提高、人均 GDP 增加,购买力增强,需求也增加,对其与新疆的农业合作具有显著的正向影响。

③新疆与丝绸之路经济带沿线国家的农产品贸易符合"林德定理",即影响一国需求结构的主要因素是收入水平,一国的人均收入水平决定了该国特定的偏好模式,而两国之间收入水平越相近,两国偏好模式也越相似,需求结构也越相近,也就是说,重叠需求的量越大,两国间贸易量就越大。人均 GDP 之差绝对值的系数为负,在 5% 的水平上显著,表明新疆与丝绸之路经济带沿线国家的农产品贸易与人均 GDP 之差呈反比,即中国与丝绸之路经济带沿线国家人均收入差距越大,双方的需求与产品差异越大,需求重叠越小,因此相互间贸易强度也就越小,不利于双边农产品贸易的扩大。模型显示,中国与丝绸之路经济带沿线国家人均 GDP 差异每提高 1%,将使得新疆与其农产品贸易减少 0.59%。

④丝绸之路经济带沿线国家的耕地面积对新疆与其农业合作产生阻碍作

用。丝绸之路经济带各国耕地面积的回归系数为 -0.41，在 5% 水平上显著，表明在其他条件保持不变时，丝绸之路经济带沿线国家的耕地面积每增加 1%，其对新疆农产品的进口需求将减少 0.41%。这说明这些国家的耕地面积越大，表明农业生产规模增加、生产能力提高，农产品自给能力高，使得国内农业生产在一定程度上能替代国外农产品，从而减少农产品进口，导致与新疆的农产品贸易机会减少，因此，对其与新疆农产品贸易流量造成负向影响。

⑤参加 UNDP "丝绸之路" 项目有利于新疆与丝绸之路经济带沿线国家的农业合作的加强和农产品贸易的扩大。回归方程结果显示，虚拟变量 UNDP 的回归系数为 3.78，在 1% 的置信水平上显著，表明当其他因素不变时，新疆与参与 UNDP "丝绸之路" 项目成员国的农产品贸易额比非成员国的农产品贸易额高出 4.5 倍 [exp (3.78) -1=4.5]。这表明参与 UNDP "丝绸之路" 项目对于促进新疆与丝绸之路经济带沿线国家的农业合作和农产品贸易起着至关重要的作用。这一结论也与事实相符，目前新疆最大的农产品贸易伙伴（哈萨克斯坦、吉尔吉斯斯坦、乌兹别克斯坦等）都是 UNDP "丝绸之路" 项目的参与国。

⑥加入 WTO 对新疆与丝绸之路经济带沿线国家农业合作及农产品贸易产生重要的促进作用。回归结果显示，虚拟变量 WTO 的系数为正（=1.58），说明 WTO 具有较强的贸易创造效应，当其他因素不变时，新疆与 WTO 成员方的农产品贸易额比非成员国农产品贸易额高出 1.7 倍 [exp (1.13) -1=1.7]。这一结果与现实相符，WTO 作为全球最具权威的国际贸易组织，是协调世界经济发展的全球化支柱机构，主要作用是实现贸易投资自由化，其贸易优惠制度安排和区域经济一体化有力地推动着各方合作和贸易发展。

9.3 潜力预测

9.3.1 测算结果

引力模型的重要应用在于计算实际贸易流量与模拟的理论值的比值，以估算其贸易及合作的潜力。根据前面构建的新疆农产品对外贸易引力模型（4），模拟估算新疆与丝绸之路经济带沿线国家的农业合作及农产品贸易潜力，对其中 24 个主要贸易伙伴国的合作潜力分别进行测算分析，结果如表 9-4 所示。

表9-4　新疆与丝绸之路经济带主要伙伴国农产品贸易潜力

区域	国家	比值
中亚	吉尔吉斯斯坦	16.24
	乌兹别克斯坦	6.15
	哈萨克斯坦	3.27
	土库曼斯坦	0.84
	塔吉克斯坦	0.35
南亚	印度	0.91
	巴基斯坦	0.28
西亚	沙特阿拉伯	0.66
	也门	0.43
	阿联酋	0.25
	土耳其	0.15
	伊朗	0.14
	阿富汗	0.11
	叙利亚	0.10
	阿塞拜疆	0.04
	格鲁吉亚	0.01
欧盟	意大利	12.28
	德国	3.33
	法国	1.96
	英国	0.82
	荷兰	0.80
	波兰	0.38
东欧	俄罗斯	1.11
	乌克兰	0.12

资料来源：比值＝实际值÷模拟值，实际值来自新疆海关数据，模拟值通过引力模型测算而得。

本书的研究中，我们把实际贸易额与理论值的比值结果分为两类，分别加以分析和讨论：

①潜力再造型，实际值与理论值的比值大于 1.00；

②潜力挖掘型，实际值与理论值的比值低于 1.00。

9.3.2 结果分析

9.3.2.1 潜力再造型

表 9-4 的测算结果显示，新疆与丝绸之路经济带沿线的 7 个伙伴国农产品贸易的实际值大于模拟的理论值，属于贸易过度，需要潜力再造。

一是新疆与中亚的吉尔吉斯斯坦、乌兹别克斯坦、哈萨克斯坦的农产品贸易处于过渡状态，需要调整和提升。测算结果显示：新疆与这三个国家农产品贸易的实际值与理论值的比值分别为 16.24、6.15、3.27，为贸易过度和潜力再造型。其原因及调整的方向分析如下：

吉尔吉斯斯坦较低的经济发展水平是制约新疆与其进行农业合作及农产品贸易的主要因素，2016 年吉尔吉斯斯坦人均 GDP 仅为中国的 1/5，其次是其较小的人口规模，同时，吉尔吉斯斯坦与新疆农业生产具有很大的相似性，均具有果蔬农产品等生产优势，其农产品进出口结构相似。因此，较低的经济发展水平、较小的人口规模以及与新疆在农业生产和农产品贸易上的相似性，导致吉尔吉斯斯坦国内农产品市场需求空间有限，与新疆的农产品贸易潜力受到限制。然而，吉尔吉斯斯坦却是中亚地区最早加入 WTO 的国家，也是 UNDP "丝绸之路"项目的参与国，贸易政策环境相对较好，对贸易的各种限制程度也较低。因此，中国新疆与吉尔吉斯斯坦仍有较大的农业合作与农产品贸易的潜力，需要在保持原有积极因素的基础上，通过优化贸易产品结构，大力培育新的因素推动双方的农业合作。

乌兹别克斯坦经济发展水平也较低，人均 GDP 不足中国的 1/3，国内居民消费水平较低，同样，乌兹别克斯坦也与中国新疆农业生产结构和农产品贸易具有很大的相似性，而且与新疆没有实现口岸相通，农产品进出口需要通过第三国，贸易成本较高，与新疆农产品贸易潜力有限。然而，乌兹别克斯坦是新疆农产品进口的最主要国家，2016 年新疆进口乌兹别克斯坦占新疆农产品进口总额的近 80%，乌兹别克斯坦是我国重要的棉花进口国，新疆与其农产品贸易过度主要是进口（棉花）多、进出口逆差很大所致。此外，乌兹别克斯坦也是 UNDP "丝绸之路"项目的参与国，为中亚人口最多的国家，具有较大的市场需求潜力。因此，需要新疆优化进出口贸易结构，在保持进口棉花及皮毛等农产品的基础上，加大中国新疆农产品对其的出口，并注重出口农产品结构的多样化，提高农业合作及农产品贸易的质量。

哈萨克斯坦是中国新疆农产品出口的第一大国，与新疆有 7 个口岸相通，也是唯一与新疆开通了铁路、公路和航空运输方式的国家，新疆与其农产品贸易的成本最低。同时，哈萨克斯坦是中亚经济最发达的地区，居民消费水平较高，对农产品消费的质量要求也较高，从俄罗斯及欧洲的进口较多。此外，俄罗斯、白俄罗斯、哈萨克斯坦三国关税同盟的成立对新疆与哈萨克斯坦的农产品贸易产生了重大的影响，造成一定的贸易壁垒，加上哈萨克斯坦人口较少，导致国内农产品需求空间有限。因此，新疆与哈萨克斯坦进一步开展农业合作和农产品贸易应在保持现有积极因素的前提下，进一步发掘新的增长因素，提升农产品贸易层次，优化农产品贸易结构，拓展双方贸易的发展空间。

二是中国新疆与欧盟的意大利、德国、法国的农产品贸易也处于过渡状态。测算结果显示：中国新疆与这三个国家农产品贸易的实际值与理论值的比值分别为 12.28、3.33、1.96，也为贸易过度和潜力再造型。意大利、德国、法国均属于发达国家，与中国的人均收入差距很大，农产品消费需求层次高，又是丝绸之路经济带的末端国家，鲜活农产品贸易受限制，中国新疆与这些国家的农产品贸易主要是对其出口番茄酱，贸易结构单一，加上这些国家不是UNDP "丝绸之路" 项目成员国，均是影响新疆与其农产品贸易潜力过度的主要因素。然而，这些国家是新疆农产品出口欧洲最大的国家，其人均消费水平很高，消费结构和层次也高，与我国及新疆农产品进口互补性也较强，仍然具有很大的合作与贸易潜力。在丝绸之路经济带建设框架下，中国新疆与这些国家农业合作及农产品贸易的重点应放在加强农业科技合作、提高农产品贸易的质量和附加值方面。

三是中国新疆与俄罗斯的农产品贸易的实际值与理论值的比值为 1.11，也为贸易过度和潜力再造型。近十年来，新疆与俄罗斯农产品贸易呈增加态势，但整体贸易规模仍不大，其原因一方面可能是俄罗斯人均收入远高于中国，是中国人均收入的近 3 倍，消费者对农产品的消费层次较高，另一方面中国新疆与俄罗斯农产品贸易条件和基础与东北相比没有其优越，仅有一个口岸（还没有正式开通），农产品贸易要经过第三国，转口贸易成本较大。因此，中国新疆与俄罗斯农业合作及农产品贸易应加强农业科技合作，提高科技含量，在保持原有农产品优势出口贸易因素的基础上，努力提高对俄农产品贸易层次，增加附加值，改善双边贸易结构。

综上所述，相对于其他贸易伙伴而言，目前中国新疆与丝绸之路经济带沿线的以上 7 个国家的农产品贸易潜力已经非常有限。但是，就发展趋势来看，这并不表示新疆与这些国家的农产品贸易将会停滞，无可开发的贸易潜力，而是需要在与这些国家保持现有优势贸易因素的基础上，更要注意发展其他促进贸易发展的因素，注重优化贸易结构、提升产品附加值、改善贸易环境等，深化、开发和创造新的贸易空间和机会。

表 9-5　中国新疆与丝绸之路经济带主要伙伴国农产品贸易潜力分类

	潜力再造型	潜力挖掘型
第一类国家	中亚的吉尔吉斯斯坦、乌兹别克斯坦、哈萨克斯坦，欧盟的意大利、德国、法国、俄罗斯	
第二类国家		中亚的土库曼斯坦、塔吉克斯坦，南亚的印度、巴基斯坦，西亚的沙特、也门、阿联酋、土耳其、伊朗、阿富汗、叙利亚、阿塞拜疆、格鲁吉亚，欧盟的英国、荷兰、波兰、乌克兰

9.3.2.2　潜力挖掘型

根据表 9-5 模型潜力测算结果显示：中国新疆与丝绸之路经济带 17 个国家农产品贸易处于不足和潜力可挖掘状态。这意味着中国新疆与丝绸之路经济带沿线的绝大多数国家的农业合作及农产品贸易还不足，双方的农业合作及农产品贸易的潜力还较大。

一是中国新疆与中亚的塔吉克斯坦和土库曼斯坦两国的农业合作及农产品贸易的潜力还很大。测算结果显示：中国新疆与土库曼斯坦和塔吉克斯坦的实际贸易额与理论值的比值分别为 0.84、0.35，表明目前贸易不足，还有潜力可挖。

塔吉克斯坦是中亚地区经济发展水平最低的国家，与新疆开通的陆路口岸只有 1 个，且为季节性口岸，发挥作用有限，货物通过量不高，说明交通因素和经济因素是制约中国新疆与塔吉克斯坦农产品贸易的主要因素。但是，塔吉克斯坦是目前中亚唯一与中国签署农业合作备忘录的国家，而且与新疆果蔬产品互补性较高，双方的农业合作潜力较大。因此，为了充分挖掘与塔吉克斯坦农业合作及农产品贸易的潜力，应注重改善贸易条件，降低贸易成本，加强与塔吉克斯坦的农业合作，加大我国及新疆优势农产品的出口。

土库曼斯坦是中亚第二大经济发展国家，与中国的经贸合作主要在天然气等能源领域，对与中国及新疆的农业合作和农产品贸易的重视程度较低。土库曼斯坦是中亚地区唯一没有与新疆接壤的国家，经济贸易往来一般通过哈萨克斯坦和吉尔吉斯斯坦，增加了贸易成本，而且双方的农业合作很不稳定，常受政治因素干扰，这也是制约其与中国新疆农业合作及农产品贸易的重要因素。然而，2014年中土两国签署农业合作备忘录，为双方未来的农业合作提供了良好的条件，具有一定的农业合作及农产品贸易的潜力。

二是中国新疆与南亚的印度和巴基斯坦也处于农业合作及农产品贸易潜力可挖状况。中国新疆与印度、巴基斯坦农产品贸易的实际额与理论值的比值分别为0.91和0.28，属于贸易不足，特别是巴基斯坦还处于潜力巨大可挖掘状态。中国新疆与巴基斯坦有发展基础较好的陆路口岸（红旗拉普口岸）相通，同时，巴基斯坦也是中国重要的战略合作伙伴，并且中巴两国签署了《中华人民共和国国家粮食局与巴基斯坦伊斯兰共和国食品、农业和畜牧部合作谅解备忘录》，包括确定把喀什作为我国向西开放的重要窗口，这些均为进一步深化中国新疆与巴基斯坦农业领域的合作创造了条件，双方的农业合作及农产品贸易的潜力很大。

三是中国新疆与西亚的沙特阿拉伯、也门、阿联酋、土耳其、伊朗、阿富汗、叙利亚、阿塞拜疆、格鲁吉亚9个国家的农产品贸易均不足，贸易规模很小，测算结果显示，中国新疆与这些国家的农产品贸易的实际额与理论值的比值分别为0.66、0.43、0.25、0.15、0.14、0.11、0.10、0.04、0.01，处于潜力巨大和可挖掘状况。这些国家基本上都是能源强国，人均收入水平均较高，农产品消费能力较强，大都与新疆具有一定的农产品贸易基础，也具有较强的农业生产及农产品贸易的互补性，中国新疆与这些国家还具有广阔的合作空间和前景。丝绸之路经济带建设的提出和实施，进一步推进了中国与这些国家的农业合作，如中国与伊朗签署了《中伊关于加强农业合作的谅解备忘录》。但是，这些地区的一些国家政治不稳定，战争和社会动乱频发，如阿富汗、叙利亚、土耳其，可能会在今后一段时期对中国新疆与其开展农业合作和农产品贸易带来较大的社会风险和政治风险。

四是中国新疆与英国、荷兰、波兰的农产品贸易潜力较大，测算结果显示：中国新疆与这三国农产品的实际贸易额与理论值的比值分别为0.82、0.80、0.38，属于还有潜力可挖型。这些国家均属于发达国家，人均收入水平很高，农产品消费层次也很高。但是，目前我国与这些国家农产品贸易还存在较严重的贸易壁垒，通过共建丝绸之路经济带提升我国增加新疆与这些国家的农业合作层次、增加农产品贸易，还需要提升质量，注重品质，消除贸易壁垒，扩大双方的农业合作空间。

五是中国新疆与乌克兰农业合作及农产品贸易的潜力巨大。测算结果显示：中国新疆与乌克兰农产品实际的贸易额与理论值的比值为0.12，表明双方的农产品贸易还严重不足，双方农业合作的潜力还很大。乌克兰农业资源丰富，曾是苏联重要的农业基地，我国及新疆农业向西走出去也已在乌克兰逐步推进，如新疆生产建设兵团与乌克兰签署农业合作备忘录，向该国农业投资26亿美元，表明我国及新疆与乌克兰农业合作的空间还很大。但是，近年来受其国内战乱、局势不稳定的影响，中国新疆与乌克兰农业合作也存在较大的政治风险和社会风险。

9.4　主要结论与政策建议

9.4.1　主要结论

本书的研究引入相关变量，运用贸易引力模型对中国新疆与丝绸之路经济带沿线的国家农产品贸易影响因素进行实证分析。实证结果表明：人口、人均GDP、WTO和UNDP四个变量对中国新疆与丝绸之路经济带沿线国家的农产品贸易产生正向的促进作用，耕地面积、人均GDP之差对双方的农产品贸易产生负向的阻碍作用。

此外，本书的研究利用贸易引力模型，测算出中国新疆与丝绸之路经济带沿线国家的贸易潜力。中国新疆与中亚的吉尔吉斯斯坦、乌兹别克斯坦、哈萨克斯坦，欧盟的意大利、德国、法国，俄罗斯处于潜力再造状态，需要保持现有积极因素，同时发展培育其他促进贸易发展的因素；中国新疆对中亚的土库曼斯坦、塔吉克斯坦，南亚的印度、巴基斯坦，西亚的沙特、也门、阿联酋、土耳其、伊朗、阿富汗、叙利亚、阿塞拜疆、格鲁吉亚，欧盟的英国、荷兰、波兰，乌克兰农产品贸易处于潜力挖掘状态，说明双方的农产品贸易不足，还有合作拓展空间。

9.4.2　政策建议

第一，积极开拓农业贸易新领域，提升贸易层次。在丝绸之路经济带建设框架下，中国新疆积极加强与沿线贸易伙伴国的合作交流，在保持现有优势贸易因素的基础上，更要注意发展其他促进贸易发展的因素，加强科技合作，注重优化贸易结构，提升产品附加值，改善贸易环境等，深化、开发和创造新的贸易空间和机会。

第二，在寻求农产品贸易合作伙伴时，选择与中国经济发展水平相似的国家是更加合适的。实证研究说明农产品贸易国之间经济发展水平的差异对农产品贸易有抑制作用，从农产品贸易的角度上看，选择同为发展中国家阵营的合作或贸易伙伴是更为恰当的。

第三，中国新疆与丝绸之路经济带沿线国家农业合作需要政府高位推动。实证研究表明：优惠贸易安排对农产品贸易起到很大的促进作用。中国应该在现有的优惠贸易安排的基础上，充分利用《上海合作组织成员国政府间农业合作协定》，加强双方高层合作与互访交流，建立农业投资和农产品贸易的高层对话机制，为中国新疆与中亚及俄罗斯农业合作提供制度保障。

第四，建立高效、实用的农业信息共享网络平台。农业信息共享网络平台是我国与丝绸之路经济带沿线国家开展合作与交流的有效途径。我国加强农业实用数据库、农业宏观决策支持数据库的建设，强化信息的深加工，努力联合开发高层次、预见性的决策信息和高价值的农业信息资源，建立起信息齐全、覆盖面广、兼容沿线各国的通用大型农业信息数据库。

10 "一带一路"建设背景下跨境农产品供应链运行模式选择

10.1 "一带一路"建设背景下跨境农产品供应链运行模式的前提假设

10.1.1 具备完善的跨企业和跨国家的供应链协同流程和机制

跨境农产品供应链不仅是跨部门、跨企业的，更是跨国界的，一家企业的供应链再强大，也无法统领整个跨境供应链。因此，在建立某一跨境农产品供应链运行模式时，需要加强企业之间、国家之间在供应链上面的协同，以流程为抓手，统筹协调各个企业部门、企业间的各个合作伙伴，让参加整个跨境农产品供应链运行模式的各个参与者朝着共同的方向努力。

10.1.2 具备完善的跨境供应链风险控制流程

供应链在运作过程中会面临无数的风险、无数的不确定性，对于跨境农产品来说，其面临的风险与不确定性更甚，不仅需要考虑产品的质量，而且跨境过程中还会受到他国农产品壁垒的影响。因此，在针对跨境农产品建立供应链运行模式时，要搞清楚在整个链条上企业将会面临的风险、企业应该采取举措，建立起相关的风险控制流程，通过事前、事中、事后的管控将整个供应链条上的风险降到最低。

10.1.3 具备完备的产品和服务生命周期管理

完善的产品和服务才是跨境农产品最终交付的成果，现有许多国家为保护本国产品免受他国进口农产品的影响，往往会通过设置技术性贸易壁垒来排斥他国产品进入本国市场，例如制定严苛的质量认证、环保、安全防护、卫生及包装标识等，然而现有供应链运行模式上的参与者地理距离相隔甚远，彼此的交叉比较少，关联性比较弱，对服务生命周期所架构的供应链流程还未充分掌握。在设计跨境农产品供应链运行模式时，可根据农产品所处的周期，尽可能地增加链条上参与者的交叉性和关联性，通过共同监督，及时发现产品存在的问题，尽量减少产品在跨境时可能存在的风险。

10.2 "一带一路"建设背景下跨境农产品供应链运行模式的总体目标

传统的跨境农产品供应链运行模式由于运行模式比较落后、信息不流畅、参与环节较多以及专业化程度也相对较低，作业周期长、农产品供应链过程复杂等问题，传统的跨境农产品供应链运行模式已经不能满足当前时代的发展和社会的要求。随着大数据、数字经济时代的来临，选择一种更能适应当前形势的跨境农产品供应链运行模式已迫在眉睫。

跨境农产品供应链的产生有着深刻的供求和技术背景，2013年习近平总书记提出"一带一路"倡议以后，我国与"一带一路"沿线国家的农产品贸易往来逐年增加。由于农产品具备易腐烂、易变质的特性，为尽可能地在双方贸易往来过程中，确保农产品的新鲜度以及尽可能地减少农产品受到贸易壁垒的影响，跨境农产品供应链运行模式的总体目标就是在确保供应链运行的基础上，严格把控整个供应链运行过程，实现对供应链各个过程的优化配置，确保供应链各环节的有效衔接，及时对国外市场的具体情况进行反应和尽可能地提高自身的适应能力。

10.3 "一带一路"建设背景下跨境农产品供应链运行模式的设计原则

纵观整个跨境农产品供应链，从农产品的种植、收获、拣选、加工、包装到运输，每个环节既相互独立又紧密相接，在对供应链运行模式进行选择的过程中既要考虑整个链条，又要对每个环节进行独立设计。

10.3.1 总体设计原则

总体设计原则的目的在于能够使整个跨境供应链顺利进行，协调整个跨境供应链的各个环节，从而完成农产品的跨境过程，具体提出以下几个原则：

10.3.1.1 合理性

跨境农产品供应链环节繁多且过程也较为复杂，在农产品跨境过程中不仅牵扯到我国，还牵扯到其他国家，因此，在设计供应链运行模式时就需要协调各方，才能够使得整个过程有效运作，在进行跨境时要对整体进行总体把控，满足流程的合理化。

10.3.1.2 安全性

面对农产品这种特殊的跨境对象，由于每个国家对跨境农产品的要求非常严格，确保整个供应链的安全性是最至关重要的。农产品既包括生鲜农产品，亦包括粮食等传统意义上的农产品，其中生鲜产品属于易腐烂易变质产品，为了尽可能地保证产品的新鲜度，整个过程不宜运输时间过长，并且运输过程还需要实时监控产品所处环境的温度与湿度，进而缩短跨境农产品供应链的运输环节，保证产品质量，确保整个跨境农产品供应链运行模式的安全性。

10.3.1.3 经济性

选择何种模式旨在为企业带来利润，在选择整个模式时要尽可能地确保企业有最小的运输成本。企业应该尽可能地借助网络信息技术，实现整个运输环节的自动化，尽量减少跨境供应链上的非必要环节，使得模式更加经济化。

10.3.1.4 可持续性

在规划和设计农产品供应链运行模式时，不只是对农产品的选择，跨境运输方式的选择，还要使用必要的信息处理系统，这需要各种运行模式根据当前国家、地区的具体情况进行及时的调整。在考虑当前形势的前提下，还应尽可能地满足未来形势的要求。

10.3.2 模块设计原则

各模块设计的原则是为了尽可能地使整个供应链上的环节能够有效运作，只有供应链上的各模块间相互紧密配合才能顺利完成农产品的跨境任务，具体提出以下两个原则：

10.3.2.1 流程简洁高效

农产品属于易腐烂产品，不管是我国还是其他国家和地区，都对其有着较高的要求，因此，在农产品运输过程中要及时地关注其所处环境的湿度与温度以及潜在的机械损伤等威胁，其中机械损伤可能会加快农产品腐烂的速度。繁杂的运输环节与流程加大了机械损伤的可能性，不管是供应链的下游，还是上游，都应该尽可能地简化流程，减少整个供应链的环节，实现高效运输。

10.3.2.2　功能实现最大化

各板块主要是指农产品的供应商、分销商、海关等相关部门，每个板块所负责的工作内容不同，这也就导致每个板块所要实现的功能不同，为了尽可能地确保农产品的安全性，确保市场上提供的产品是新鲜安全的，此时就需要各板块发挥其功能的最大化，完善各个板块的功能，严格确保农产品质量，才能实现整个跨境供应链的功能最大化。

10.4　"一带一路"建设背景下跨境农产品供应链运行模式的设计思路

跨境农产品供应链的组织模式包括物流园区主导型供应链、仓储基地主导型供应链、农产品出口企业主导型供应链、国际物流公司主导型供应链、口岸主导型供应链、批发市场主导型供应链以及电商平台主导型供应链七种组织类型，从核心企业一般所处环节（或节点）看，农产品批发市场、物流园区、加工企业、出口企业、仓储基地、国际物流公司以及口岸等有一定的顺序性（隋博文，2015），基于集成式供应链的理论基础、隋博文（2016）有关联盟绩效以及关系稳定性的约束等，本书的研究将从以下两个方面探讨跨境农产品供应链运行模式：集成式和独立式。

10.4.1　集成式供应链运行模式

10.4.1.1　集成式供应链运行模式的概念

集成式供应链运行模式是将所有供应链成员作为一个整体，从供应链成员的整体利益出发进行跨境贸易，共同制定统一的物流服务标准，从而能够有效管理、控制和关联整条供应链上的相关企业。本书的研究借鉴隋博文（2016）广西-东盟集成式跨境农产品供应链优化模型，给出中国新疆—中亚五国集成式跨境农产品供应链运作模式，如图10-1所示。

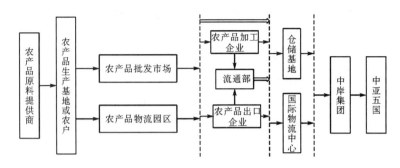

图 10-1　集成式供应链运作模式

10.4.1.2　集成式供应链运行模式的优劣势

集成式供应链运行模式的优势可分为以下几点：

①降低了跨境农产品供应链成本及风险。集成式供应链将不同类型的供应链组织模式结合起来，有利于信息整合，实现不同类型模式间的信息和知识共享，通过建立健全数据信息共享平台系统，不同类型的组织模式可将企业内部所拥有的信息发布到共享平台，而组成该模式的其他企业、物流园区、口岸等可登录此平台获取相关的产品市场信息、价格信息、流通情况、天气状况、产品质量信息、农产品跨境标准以及农产品贸易壁垒等信息，可促使整个链条上的相关企业根据实时状况，调整自己的计划，减少不必要的农产品跨境成本浪费，从而降低跨境农产品供应链成本及可能面临的出口风险。

②促进了跨境农产品供应链运作效率和资源利用率的提升。集成式供应链运行模式有利于相关企业、物流园区、农产品批发市场等实现农产品互通有无和资源补给，链条中的某一企业出现农产品短缺或仓储中转压力较大时，可就近从物流园区及时调配货物，一方面，进一步提高了物流园区的运作效率和资源利用率，减少了物流园区的库存压力；另一方面，也减少了不必要的风险，更有利于促进整个链条的分工协作。

③提高了跨境农产品供应链的核心竞争力。通过与其他涉农企业或者物流园区等建立联盟，整个链条对外形成整体力量，提高了跨境农产品供应链的核心竞争力。随着技术进步和市场需求的不断发展变化，面临缩短交货期限、提升产品质量的压力的同时，又得降低生产成本的压力，集成式供应链运作模式通过将不同类型的主体整合到同一个链条上，能够及时提供货物，降低成本，且在进行农产品跨境交易过程中，是以整体的力量与竞争对手抢夺市场，竞争能力明显增强。

集成式供应链运行模式的劣势有如下几点：

①核心主体缺失或作用不明显。根据供应链的内涵，在供应链构建运行过程中，必然存在核心企业对整个供应链的组建、运行以及领导带动作用，而集成式供应链整个链条上参与主体较多，会产生核心主体不明确现象，无论是农产品批发市场等的核心主导地位，亦或是口岸的核心主导地位，其统领、引导作用均未显现出来，核心作用有明显缺失。

②难以结成稳健的合作伙伴关系。集成式供应链运作模式包括农产品生产资料提供者、农户、农产品批发市场、物流园区、仓储基地、农产出口企业、国际物流公司、口岸以及电商平台等主体，其组成在一起可能是为了降低其参与跨境贸易成本、为了有资格和能力在国际市场上分一杯羹。随着企业发展规模的逐渐壮大，追求自身利润最大化的需求也会日益显现，那么相关企业极有可能选择退出集成式供应链运作模式，进而选择独立式供应链运作模式，例如农产品批发市场和物流园区存在一定程度的内部竞争，如果其中一个发展实力壮大威胁到另外一个的进一步发展，放弃合作的可能性就可能增强。

10.4.2 独立式供应链运行模式

10.4.2.1 独立式供应链运行模式的概念

独立式供应链是指参与农产品跨境的各企业有较强的独立性，彼此之间相互独立、一个链条上只有一个核心企业，以追求自身利益最大化作为目标。本书的研究借鉴隋博文（2016）广西-东盟独立式跨境农产品供应链优化模型，给出新疆—中亚五国独立式跨境农产品供应链运作模式，如图10-2所示。

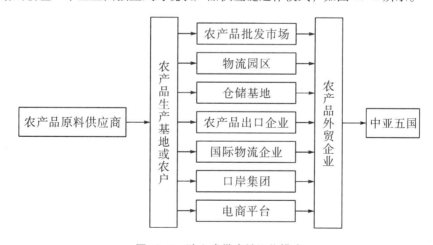

图 10-2　独立式供应链运作模式

10.4.2.2 独立式供应链运行模式的优劣势

独立式供应链运行模式的优势可分为以下几点：

①有利于对供应链运行过程的各个环节进行有效的监督、控制。集成式供应链运作模式需要有一个核心企业对整个农产品跨境贸易过程进行总体的把控，从而确保整个链条能够顺利运转，但极易导致上游基层供应商处于不利地位；而独立式供应链运作模式则可以让上游基层供应商摆脱弱势地位，由于独立式供应链运行模式整个链条上相关参与企业与集成式供应链运作模式相比数量较少，可以有效监督整个供应链的运作过程。

②有利于企业自身获取最大利润。独立式供应链运作模式即包括物流园区、农产品批发市场等七类供应链组织模式，分别作为独立的核心企业参与到农产品跨境贸易中，整个交易过程所获得的大部分利润由企业自身享有，同集成式供应链相比，参与企业数量明显减少，此时，独立参与供应链运作模式的企业将获得最大利润。

独立式供应链运行模式的劣势可分为以下几点：

①加剧企业自身成本。单独参与农产品跨境供应链运作模式的企业，可能会为了尽可能满足订单需求，不合理的产能使用和无谓的物流运输导致企业自身单位成本的增加；同时，为了尽力满足出口需求，避免因库存不足而导致订单丧失的可能性，这就需要储存比"牛鞭效应"存在时更高的库存水平，此时企业的仓储压力和运输压力也由于高水平的库存随之增加，企业的库存成本也相应增加。

②降低企业运作效率，缺货现象严重。市场需求快速变化，不成熟的企业采用独立式供应链运作模式时，往往难以全面安排企业的生产计划，经常出现生产能力与市场需求、企业库存不相匹配的现象，同时由于不同跨境农产品企业、农贸市场、物流园区、口岸等作为独立个体参与跨境农产品贸易，彼此之间存在一定的竞争，那么从其他地区调配产品的可能性大大降低，延长了补货周期，运作效率大打折扣，缺货现象也进一步加重。

③供应链各成员企业关系恶化。物流园区、仓储基地等作为独立式供应链运作模式的主体，其单个个体作为整条供应链上的核心企业，为了使自身利益最大化，可能会威胁其他成员的相关利益，各独立主体之间相互埋怨，互不信任，欺骗行为的存在放大了彼此间的不信任，从而加剧成员间关系的恶化。

综上，通过对上述两种供应链运作模式的概念以及优劣势进行分析，得出两种模式的区别如表10-1所示。

表 10-1　两种供应链运作模式对比

项目	独立式供应链运作模式	集成式供应链运作模式
目的	追求自身利益最大化	追求整体利润最大化
企业之间的关系	竞争	合作
竞争力	较低	较高
成本	较高	较低

10.5 "一带一路"建设背景下跨境农产品供应链运行模式选择

"一带一路"倡议下，跨境农产品供应链运行模式的选择要符合当前供应链的发展状况和物流业的发展水平，认真研究各种模式的优劣势，企业或物流园区、农产品批发市场等根据自身发展特点，选择适合的供应链运行模式。总体而言，基于"一带一路"倡议，跨境农产品供应链运行模式的选择应遵循成本最优、适用性原则、标准化原则与便于控制原则。

10.5.1 选择原则

首先，适用性原则。企业应根据企业自身的发展实力与规模等选择适合自己进一步发展的供应链运行模式。若企业自身实力与规模较强，不需要依赖其他企业便可独自进行跨境农产品贸易，企业为了自身可获得最大利润，可选择更有利于自己的独立式供应链运作模式；但对于一些小企业而言，自身实力与规模均一般，且在农产品跨境出口方面缺少话语权或者是经验，但又想参与到跨境贸易中去，以此为企业提供更好的发展机会，那么选择集成式供应链模式更有利于企业的发展。

其次，成本最优原则。立足于经济学视角，企业是理性的，其目的是为了追求自身的利润最大化。农产品跨境企业在选择供应链运作模式时，成本最优是首要考虑的影响因素。

再次，标准化原则。农产品在国际贸易中居重要地位，其不仅牵扯到食品安全问题，而且还涉及农业人口收入等关系国计民生的问题，这也就使得跨境农产品贸易对农产品的标准和资质有着特殊要求，进行跨境农产品贸易的企业应联合行业协会制定适应国际供应链需要的运作标准。根据不同农作物品种的供应链国际标准，加强供应链标准化建设。

最后，便于控制原则。企业以及物流园区等在选择供应链运作模式时需要满足自身对供应链的控制要求，供应链服务对企业的经营有着直接影响。因此，企业需要对整个供应链环节加以监督、控制。

10.5.2　指标体系的构建

根据以上跨境农产品供应链运行模式的选择原则，建立以下供应链模式选择评价指标体系（见表10-2）：

表 10-2　供应链模式选择评价指标体系

一级指标 A	二级指标 U	三级指标 M
供应链运行模式选择	自身规模与实力 U1	自身规模与实力 M1
		供应链管理能力 M2
	供应链成本 U2	供应链协调成本 M3
		供应链功能成本 M4
	农产品质量绩效 U3	农产品出口标准 M5
		农产品出口资质 M6
		ISO9000 系列认证 M7

具体而言，本书的研究将跨境农产品供应链运行模式选择评价指标分为三个层次：一级指标（目标层）为供应链运行模式选择；二级指标（主准则层）三个，分别为自身规模与实力、供应链成本以及农产品质量绩效；三级指标（子准则层）七个，分为自身规模与实力、供应链管理能力、供应链协调成本、供应链功能成本、农产品出口标准、农产品出口资质以及 ISO9000 系列认证。

供应链运行模式选择以自身规模与实力、供应链成本、农产品质量绩效三个指标为评价标准。其中，自身规模与实力分为自身规模与实力和供应链管理能力两个指标。自身规模与实力是指参与企业自身的管理能力，跨境农产品供应链所面临的外部环境较为严峻，不同的供应链运行模式实力和对成本的要求也不尽相同，为了尽可能地在跨境农产品供应链管理中掌握主动权，企业强大的自身实力便成为关键因素；供应链管理能力是指跨境企业对供应链的控制能力。供应链成本是指在供应链运行过程中，供应链生产产品和有关服务、开展各项业务等所需支付的人力、财力等的货币表现，其主要包括供应链功能成本和供应链协调成本两个指标，供应链协调成本主要指同上下游企业进行信息共享、协调合作等花费的一系列成本，主要与企业的需求不确定性、市场竞争状况等有关。农产品质量绩效包括农产品出口标准、农产品出口资质以及 ISO9000 系列认证三个指标。农产品出口标准要求跨境农产品必须满足 WTO 规定的标准才可进行流通贸易；农产品出口资质是跨境农产品在出口时所必须办理的包括质量检测部门等在内的相关产品出口手续；国际标准化组织制定的"第三方认证"制度 ISO9000，若跨境农产品的质量通过了权威认证机构的质量认证，则证明达到了 ISO9000 的标准要求。

由上可知，丝绸之路经济带下跨境农产品供应链运行模式选择有如下几种情形：一种是企业自身评价较高，自身规模与实力以及供应链管理能力都较强，以追求企业自身利润为目标，且企业自身能够完成一系列农产品质量认证，此类企业可选择独立式供应链运行模式；二是供应链成本是跨境农产品供应链运行模式选择的首要考虑因素，企业自身实力一般，且企业自身无法提供符合跨境出口标准的农产品，以及以追求整体最大利润为目标，此类企业可选择集成式供应链运作模式。

简言之，无论跨境农产品选择何种供应链运作模式，都需要从多角度出发，权衡企业或者是物流园区等综合考虑自身状况以及发展需求，选择最适合的供应链运作模式，使企业获得最大利润的同时又能够降低企业成本。

11 "一带一路"建设背景下中国新疆—中亚跨境农产品供应链发展路径

11.1 优化供应链物流系统

11.1.1 优化供应链物流管理

现代物流技术是现代物流体系最重要的组成部分，也是现代物流效率提高的关键所在，物流标准化是我们一直追求的目标。利用现有的信息网络技术和信息网络平台来建立跨境物流标准体系，将具有更高的实用性、更强的执行力和监管力。未来跨境农产品供应链物流的发展，在引进物流信息化技术和设备时应有计划、有重点，物流业的经营网点可以通过网络平台和信息技术连接起来，这样既能够优化企业内部资源配置，又能够通过网络与用户、制造商、海关、供应商及相关单位连接起来，对物流的各个环节采取实时跟踪、有效控制并全程管理，完成资源共享，信息共用。要实现供应链物流管理的优化，首先要保障跨境农产品的品质，研究物流过程中的各个技术环节，引导物流企业采用标准化物流的方式，尤其在物流的运输、仓储、装卸、通关、包装等环节要使用与国际接轨的标准化物流手段。其次要探索以信息技术集成方式为主的跨境供应链管理模式，将现代物流理念及操作流程渗透到跨国企业日常生产经营活动中去，如准时制物流、精细化物流、快速化物流系统等。实现供应链物流发展的关键，在于进一步加强物流园区、加工配送中心、仓储设施等物流基础设施建设和设备标准化体系构建等。经调查发现，在美国、英国、新加坡等部分主流市场中，制造商、供应商等相关供应链公司利用第三方物流集成模式实现了70%~80%的消费品运输。中国新疆随着现代供应链物流发展和农业供应链物流经营模式的不断更新，对第三方物流有了更多的现实需求。在相对落后的新疆地区，采用基于第三方物流模型的农产品第三方物流集成模型无疑是合适的。从根源来看，在农户的有序组织和农产品分类管理的基础上，进一步加强农村劳动力资源的整合与优化，发展农产品的规模化生产基地，成立统一的专业化农业经营公司，整合农产品销售商和第三方国际物流企业，从而最大限度地实现资源的优化配置。从现实上看，通过电子商务的方式构建以消费者为导向的专业生产销售模式，有利于实现生产和销售的有机衔接，避免盲目生产和无序消费。同时，借鉴第三方物流一体化模式构建的一体化企业，最大的优点在于打通了生产、运输、配送、通关、消费等多个环节，能更加合理地预测消费需求，更加明确国际市场的现实需求，显著提高农产品的分配效率（靳瑶，2017）。

从表 11-1 中我们可以看出，物流专业化的基础是第三方物流一体化，这是现代物流发展的必然性，其优点在于以跨境农产品的需求为业务核心，通过现代的电子商务等平台，将落后的农产品生产销售的单一供应链进行企业性质的一体化整合，使运输、配送、消费等多个环节能更加合理地预测消费需求，更加明确国际市场的现实需求，显著提高农产品的分配效率。

表 11-1　传统物流与第三方物流的区别

项目	第三方物流	传统物流
服务功能	提供功能完备的全方位、一体化物流服务	仓储或运输单一功能服务
物流成本	规模经济性、先进的管理方法和技术等使得物流成本相应较低	资源利用率低，管理方法落后，物流成本较高
增值服务	可以提供订单处理、库存管理、流通加工等增值服务	较少提供增值服务
与客户关系	客户的战略同盟者，长期的契约关系	临时的买卖关系
运营风险	需要加大投资、运营风险大	运营风险小
利润来源	与客户一起在物流领域创造新价值	客户的成本性支出
信息共享程度	每个环节的物流信息都能透明地与其他环节进行交流，共享程度高	信息的利用率低，没有共享有关的需求资源

11.1.2　加强装备技术管理

跨境农产品具有旺盛的国际市场需求，理应发展迅速，但由于其本身存在的供应时间不长、腐烂变质较快等无法回避的问题，在很大程度上影响了物流一体化发展，这些特殊性更是对保鲜的设施装备提出了非常高的要求（丁莉，2016）。先进的加工装配技术能提高资源的综合利用，改善活性成分的提取，减少食品营养素的流失。例如，法国 MAF 公司开发的水果选择器可以通过扫描来识别水果的质量，并根据其颜色、形状和质量自动对水果进行分类；美国一家高压研究公司开发的流体静压保存技术可以杀灭食物中的大肠杆菌和沙门氏菌，并保持食物原有的味道和营养，延长了食物的使用寿命。日本研发的超高压灭菌器能在 304～507 兆帕的压力下杀死果汁和果酱中的细菌，营养含量流失很少，维生素不会被破坏，产品有丰富的香气。设备设施是农产品价值升值的关键，为设备设施建立档案、持续的分析跟踪和控制设备设施、定期维护设备设施、实时质量监控是很有必要的。俗话说"磨刀不误砍柴工"，设备设施的良好运转才能保证提供好的商品。

11.2　加强出口农产品生产基地建设

11.2.1　建设果蔬出口加工基地

新疆果蔬出口加工基地建设在科学合理发展的前提下，带动生产产品的初级加工向精深加工转变，扶持农产品精深加工业的发展，建立特色农副产品加工基地，帮助大型农产品出口加工企业引进先进技术、设备和管理方法，提升产品的质量和档次，打造具有新疆特色的国际知名品牌，带动新疆农产品出口加工业的健康发展。选择在距离果蔬原料生产地近且具备发展果蔬加工业产业链条件的地区（如喀什、克州、阿克苏、和田地区），重点建设特色林果业精深加工出口基地、乌昌出口加工基地、塔城地区绿色、无公害农产品精深加工出口基地。

11.2.2　建设出口物流仓储基地

随着新疆农产品出口量的扩大与农产品加工项目的落实，需要建立一体化的仓储物流链以满足市场需求及相关配套服务。在哈萨克斯坦、塔吉克斯坦、俄罗斯等国家边境口岸建设辐射面广、带动能力强的各类境内外果蔬批发市场、物流园区、大中型仓储中心、物流配送中心及配套设施，使其成为产品和生产资料流通的重要集散地。通过实施这些项目形成以仓储物流为纽带的新疆企业境外农业投资一体化的经营网络，掌握产品和资源流通的主动权，延长产业链条，拓宽企业经营范围，有利于打造具有综合竞争力的大型农业企业集团。重点建设伊犁霍尔果斯口岸果蔬商品出口仓储基地、塔城巴克图口岸果蔬产品国际物流园、南疆地区伊尔克什坦口岸果蔬物流园区、昌吉农产品国际物流园。

11.2.3 基地生产与科学研究紧密结合

从建立农产品的"产、学、研"体系入手，实现科研、生产与自主产品开发相结合。以农产品出口基地为基础，以政府政策扶持为导向，以龙头企业和科研单位相结合，针对国际市场需求进行研发，提高主要出口农产品的科技含量（李睿，2016）。发挥科研单位、大专院校的优势，鼓励科研机构与出口企业合作，优化出口产品的品种，加强出口产品的储藏、保鲜、包装技术研究，提升出口产品的质量。通过在地方相关机构设立定点合作机构、科研站、教授站等形式，与农业院校、科研院所开展全方位合作，使基地生产与科学研究的关系从松散变为紧密结合，解决质量不优、档次不高、包装不好等问题，确保有力而稳定的支持系统和环境条件，可使基地生产形成良性循环。

11.3 实行标准化生产，提高农产品质量

11.3.1 全面推进标准化工作

全面推进出口基地农产品标准化工作，既有利于提高农产品质量，增强国际市场竞争力，又有利于满足消费需求，确保人民群众身体健康。因此，必须把标准化生产作为出口基地农产品生产的重点。各县（市）区农业主管部门具体负责本辖区内农产品标准化出口基地建设、生产、加工、流通管理，并配合有关部门组织好标准化蔬菜的基地认定和产品认证等工作。

11.3.2 建立健全质量安全追溯体系

建设农产品质量安全追溯体系是一个系统工程，最基础的就是从农田到餐桌，即从原材料的生产一直到加工成消费品被消费的全流程追溯。利用物联网技术记录农产品信息以及其他现代信息技术，以农产品出口企业为主体，在出口农产品产地环境、种植、农业化学投入品采购使用、收获、储藏、运输、加工、包装、出口各环节和各关键点进行信息收集和记录并实现逆向查询，实现出口农产品质量安全源头可追溯、流向可跟踪、信息可查询。

11.3.3　强化科技培训，全面提高基地农户素质

以加强科技培训、提高农户素质为重点，加快新疆农业从劳动密集型企业向技术密集型产业转变的步伐。通过编印科普丛书、举办各类培训班、发展带头户、科技下乡等方式加大新技术、新成果的普及推广力度，全面提高基地农户的种植与管理水平

11.4　强化与供应链战略伙伴的协作

11.4.1　实现企业与供应链各节点企业间的资源协同

要提高跨境农产品企业的竞争力，最重要的是要让各节点企业之间实现协同商务。协调商务作为农产品供应链管理的关键一环，是供应链节点企业的生命。"协同"有两层含义：一层含义是企业内部资源的协同，有各业务部门之间的业务协同、不同指标和目标之间的协同及各种资源约束的协同，如库存、生产、销售、财务的协同，这些都需要一些工具来进行协调和统一；另一层含义是指企业外部资源的协同，也就是整个供应链之间的协同，如客户的需求、采购、生产、销售间的协同。协同商务是指以核心企业为主导，通过运用现代有关技术，达到对整个供应链上的信息流、物流、资金流、业务流和价值流的有效规划和控制，从而将供应商、研发中心、制造商、销售商、客户和服务商等合作伙伴连成一个完整的网链结构，通过对整个交互过程中的信息进行共享，使指令协同一致，实现和满足不断增长的客户需求，同时也满足企业本身的能力，通过对整个跨境农产品供应链体系竞争优势的提升和整合，提高获利能力，共同创造和获取最大的商业价值（张思雨，2016）。

11.4.2　健全供应链各节点企业诚信管理机制

研究表明，战略伙伴协作的进行受到诸多因素的影响：第一，很多企业认为，战略伙伴关系的建立需要很长的时间并且效果并不理想；第二，一些具有潜力的市场机会会被合作框架所局限；第三，向同一个供应商采购不同种产品时，可能存在不平等现象；第四，客户可能会利用自身的合作关系、优势地位而压价；第五，对于联合开发的产品，其归属权可能引发战略伙伴之间的冲突；第六，当采购占比较小时，很难与供应商建立战略伙伴关系，因为共同受益的潜力很小；第七，从市场安全出发，对于客户集中度很高的小企业而言，

其业务风险较大。从以上情况看，要促成农产品供应链企业与战略伙伴的协作，必须解除供应链节点企业对合作诚信的顾虑，这种诚信是农产品供应链节点企业存在和发展的基础。

11.5 优化农产品贸易结构

11.5.1 实行标准化生产，提高农产品质量

积极支持和鼓励主要农产品生产基地、出口企业申报获取国际认可的产品认证体系，鼓励企业执行国际标准的质量保障流程体系。推动出口产品质量安全示范区建设，加快推进重点出口市场的检验检测、认证认可体系和证书互认。加强重要产品追溯体系建设，完善产品质量安全风险预警与快速反应机制，建立完善出口产品质量检测公共平台，支持出口企业开展质量管理体系认证。开展出口食品、农产品质量提升工作，加大对外技术质量磋商谈判力度。

11.5.2 开展农产品深加工，提高竞争力

促进新疆地区农产品初加工、精深加工及综合利用加工的协调发展，着重发展遵循食品安全要求和出口要求的绿色、无公害和生态有机农产品加工业，打造一批出口型农产品加工示范基地和创业基地、产值过百亿元的特色农产品加工产业链和加工产业集聚区，要实现这些目标需重点依靠现有的国家级重点农业产业化龙头企业和农产品出口加工企业，建设一批农产品加工技术研发创新中心，形成出口重点市有加工示范基地和创业基地、县有加工集聚区、重点镇有加工园的农产品加工体系，提升新疆农产品精深加工等级，全面提高新疆农业国际竞争力，带动新疆农业加工品的出口规模和档次提升。

11.5.3 加强品牌建设，提高产品知名度

国家要鼓励已经在国外市场立足的外贸农业企业创立自主品牌，支持有实力的企业收购品牌，为企业开展商标和专利的国外注册保护提供法律、管理、咨询服务，协助开展海外维权行动；建立品牌商品出口统计制度，建设外向型企业经营大数据平台，定期发布产品动态信息、市场信息和合作信息，为相关企业提供决策依据和参考；推动有条件的地区、行业和企业建立品牌推广中心，推介自主研发、拥有核心技术的品牌产品，大力培育区域性、行业性品牌；采取多种方式，加大新疆农业品牌海外推介力度，定期开展重点专业性境外品牌展会。

11.6 做大做强对外合作主体

国家要鼓励外向型农业企业发展壮大，赋予有条件的企业自营出口权，积极引导企业加快技术提升改造，稳步扩大生产规模，增强跨国供应链竞争实力。

11.6.1 积极培育大中型农业跨国公司

国家要积极引导大型外向型农业企业"走出去"，推动优势产业对接和产能合作，加快农业资源整合，延长产业链，进而增强国际市场的竞争力，提升品牌知名度；鼓励有实力的农业公司延长产业链，进行跨国并购，获得目标企业的核心技术、管理团队和营销渠道，提高新疆外向型农业企业的国际化经营水平；推动疆内农业外向型企业与国内各领域各地区农业领军企业进行强强联合、跨地区兼并重组和对外投资合作；积极与政府相关部门沟通协调，共同推动农业进出口的监管便利化、行业推介、农业品牌展位、金融保险等方面的政策支持体系建设，努力建成几个在全球范围内配置要素资源、布局市场网络的具有跨国经营能力的新疆本土农业企业。

11.6.2 鼓励中小企业发展

国家要创造良好的农业外向型小微企业创业创新发展环境，支持有创新能力的中小型农业企业国际化发展。国家要支持小型外向型农业企业发挥自身优势，运用国家政策及新疆就自身实况推行的措施，与国内外大企业积极合作，吸引国外资本的投资，提升企业在国际上的知名度及参与国际分工、开拓国际市场的能力；引进一批符合国家产业政策、示范作用广、带动能力强的科技型与出口型农业项目；进一步培育外向型现代农业服务业主体，扩大农业服务领域对外交流，不断加强业界区域间合作，构建与国际规则相衔接的农业服务业体系。

11.6.3 形成产业联合体

国家要鼓励农业企业、农民专业合作社和家庭农场等经营主体与外向型农业企业联合，促进订单生产、建立联合基地，基于分工协作、规模经营，使得以利益联结的一体化农业经营组织联盟进行外向型发展；增强龙头企业带动能力，发挥其在农业产业化联合体中的引领作用；龙头企业积极制定农产品流程标准，以引导农民合作社和家庭农场从事标准化生产；提升农民合作社服务能力，发挥其在农业产业化联合体中的纽带作用，支持农业合作社围绕产前、产中、产后环节从事生产经营和服务；鼓励家庭农场办理工商注册登记，引导家庭农场与农民合作社、龙头企业开展产品对接、要素联结和服务衔接，实现互利共赢；加强产业链条上各成员的高效沟通及协作，坚持民主决策、合作共赢，共同制定章程，明确权利、责任和义务，提高运行管理效率。

11.6.4 提升果蔬附加值和质量安全管理水平

一是推进将塔城盆地、伊犁河谷定位成外向型设施农业（果蔬）发展的重点出口基地。支持建设一批生产标准化、管理规范化、经营国际化的出口果蔬种植基地和加工企业，重点支持创建优势果蔬出口种植基地及加工企业，并以此为依托，发展一批有带动作用的示范性质的大型出口农产品原料基地和加工龙头企业。

二是按照"公司+基地+标准化"生产管理模式和"区域化"生产管理模式，支持和帮助出口蔬菜种植基地和加工企业向规模化、区域化、集约化和标准化方向发展，为扩大出口、确保产品质量夯实基础。

三是进一步推进出口蔬菜种植基地检验检疫登记备案管理，农业、林业、检验检疫协作，帮助开展种植基地 GAP 体系认证，鼓励和督促出口加工企业建立种植基地，指导种植基地科学合理使用农业投入品，确保源头安全。

四是进一步推进出口农产品加工企业卫生注册管理，努力实现出口市场多元化。大力支持和帮助企业开展 ISO9000、ISO14000、HACCP 质量体系认证，建立较为完善的质量管理体系；指导和帮助企业开展产品认证，提高名特优产品知名度和竞争力。深入出口企业和基地检查指导，从出口企业内部管理、种植基地溯源及企业对基地的监控能力、种植基地的技术保障、有害生物监测控制、农药使用管理等多方面入手，推动出口企业和种植基地自身的提高和管理体系的规范，为标本兼治打好了良好的基础。加大对蔬菜在采收、加工、贮藏、分级、包装和运输等方面的技术创新，充分发挥出口龙头企业的带动作用，改变新疆在这些领域的落后局面，保证出口蔬菜标准化生产和管理有效实施，促进新疆蔬菜生产、深加工和包装水平的快速提升。

五是优化外向型农业发展环境，有效应对发达国家的技术性贸易壁垒，促进新疆出口农产品质量不断提高，出口规模不断扩大。农业部门加强对农产品出口基地有害生物的发生与防治、有毒有害物质使用、检测情况的管理，负责收集、发布国内的相关政策法规、生产技术要求和市场信息，为企业安全生产和质量提高提供信息服务；检验检疫部门加强国际间技术标准和市场准入条件的交流，负责收集、发布国外的相关政策法规、贸易技术措施、产品标准等信息，为企业扩大出口和调整生产结构提供信息服务。

六是建立双方联合促进农产品出口的合作机制，定期召开联席会议，协商探讨促进农产品出口的办法，总结分析农产品出口的形势，沟通情况，互通信息，研究工作，为新疆外向型农业发展作出更大贡献。对主管部门的业务管理人员、种植户、技术人员、出口企业人员进行必要的培训。

11.7 提升与"一带一路"沿线国家农业合作水平

优化资源配置，着力节本增效，提高新疆农产品国际竞争力。实施地方特色优势农产品出口提升行动，扩大高附加值农产品出口。新疆充分利用我国农业贸易促进政策体系，深化与"一带一路"沿线国家和地区农产品贸易关系；继续稳定劳动密集型、资金密集型、技术密集型优势农产品对沿线国家的出口规模，抓住沿线大部分国家对解决饥饿和贫困问题、保障粮食安全与营养的愿望需求，顺应新疆农业供给侧结构性改革与农业转型升级发展趋势，加快水果、蔬菜和农业加工制成品的出口，扩大与沿线国家农产品贸易，加快与相关国家的食品农产品国际互认合作；加大从沿线国家进口国内紧缺农产品的力度，缓解国内农产品结构性失调，同时促进地区间的贸易平衡。

11.7.1 深化与周边国家的农业合作

农业发展是中国新疆周边国家国民经济发展的重要基础，开展农业合作是中国与周边各国的共同诉求。中国新疆周边的俄罗斯、蒙古、中亚五国、西亚、南亚诸国单位面积产量水平、农业发展水平均处于较低水平，提高农业科技水平和农业用地生产率是周边各国农业发展的迫切需求。中国能够与周边国家形成资源优势互补，鼓励中国新疆农业外向型企业积极扩大知名度、开拓新市场、寻求市场新机遇的同时，努力拓展农业对外合作领域，充分利用国外农业资源开展种养基地投资建设，促进中亚地区农业资源开发，提升农业附加值，提高农业国际合作的广度和深度。推动装备出口，带动我国农业机械设备出口及过剩产能转移。中国新疆推进企业"走出去"，共同建设农业产业园区或基地，带动劳动力资源和技术资源流向当地空白区域，促进果蔬种植与加工、粮食综合生产与深加工、棉花仓储物流及加工等，拓展全产业链。

充分发挥新疆对外贸易的地域优势，加强金融结算、仓储、物流、进出口服务、口岸、自贸区等基础设施和功能区建设，进一步强化新疆作为国内农产品销往中亚及周边国家市场的"桥头堡"和核心贸易平台地位。同时，加大新疆地产农产品的出口能力建设，继续加大核桃、苹果、番茄、葡萄等地产优势出口产品的品牌宣传、市场知名度和市场占有率推广力度，努力打通地产蔬菜、肉类及加工农产品出口渠道，加强对中亚地区紧缺蔬果等鲜活农产品及深加工产品的出口。

大力发展边境贸易。将边贸政策与扶贫政策相结合，完善边境贸易政策措施，提高贸易便利化水平，推动边境贸易及企业发展。通过中央财政对边境地区转移支付资金，继续支持边境贸易和边境小额贸易企业能力建设，并督促地方规范资金使用，确保将资金落实到基层一线地区，大力促进边境小额贸易企业发展。

11.7.2 积极开拓新型市场

紧抓中国《共同推进"一带一路"建设农业合作的愿景与行动》提出的农业国际合作政策历史机遇，推动新疆农产品进出口市场结构从以中亚各国、俄罗斯、巴基斯坦传统市场为主向多元化市场全面发展转变，开拓并深耕发达国家传统市场，加大新兴市场开拓力度，综合考虑经济规模、发展速度、资源禀赋、风险程度等因素，选择主要目标新兴市场进行重点开拓。扩大先进农业装备、优势农产品、农业制成品的出口规模，助推质量好、档次高、具有比较优势的农产品出口。

坚持农产品对外的多元化发展，探究国际贸易方式的新动向，积极开展海外市场研究、营销策划、产品推介、市场促销等农产品贸易推广活动，充分利用国际性农业（食品）展会、亚欧博览会、新疆优势农产品推介展会等，广泛开展新疆农业宣传和产品宣传，加强农产品产销对接，提升新疆优势农产品国际知名度。优化外贸产品结构，推动精深加工农产品出口，支持自主经营外贸企业开展境外贸易，赢得农产品出口主动权。每年组织一批农产品出口企业赴国（境）外参展，开展产品推介和促销活动，广泛联络新老客户，拓展农产品销售渠道。进一步创新农产品营销方式，构建农产品海外营销网络，支持有条件的企业和海外客商在农产品进口国（地区）建立农产品展销窗口，推动国内外农业企业的产销信息及业务对接，促进新疆特色农产品组团销售。稳步推进农产品跨境电子商务，发展市场采购贸易，拓宽市场空间。

参考文献

［1］贾鸿燕，冷志杰. 我国农产品质量安全追溯体系建设中存在的问题与对策［J］. 民营科技，2013（11）：272.

［2］冷志杰，高艳，耿晓媛. 大宗粮食供应链上发展农业循环经济的微观组织模式构建研究［J］. 中国管理科学，2012，20（2）：810-814.

［3］冷志杰. 农产品供应链的四维网络优化集成分析框架［C］//第六届中国青年运筹与管理学者大会论文集，2004：540-546.

［4］李彩凤. 基于SD法的农产品供应链成本模型设计［J］. 中国物价，2009（2）：29-32.

［5］达庆利，张钦，沈厚才. 供应链中牛鞭效应问题研究［J］. 管理科学学报，2003（3）：86-93.

［6］沈厚才，陶青，陈煜波. 供应链管理理论与方法［J］. 中国管理科学，2000（1）：1-9.

［7］隋博文. 新时期西南民族地区农业外向化"五位一体"推进路径探析：基于跨境农产品供应链的视角［J］. 西部经济管理论坛，2019，30（4）：1-5，24.

［8］隋博文，谭翔. 跨境农产品供应链脆弱性的影响因素：基于中国—东盟的实证分析［J］. 中国流通经济，2019，33（6）：66-73.

［9］霍佳震，马秀波. 供应链整体绩效评价的体系构建［J］. 物流技术，2004（4）：42-45.

［10］单靖，张乔楠. 中欧班列："一带一路"的钢铁驼队［J］. 经济导刊，2019（11）：80-86.

［11］王钢，阮永娇. 基于AHP的农产品供应链信息共享影响因素研究［J］. 农村经济与科技，2019，30（17）：152-153.

［12］卢彦铭. 丝绸之路经济带背景下新疆农产品出口贸易转型升级研究［D］. 乌鲁木齐：新疆农业大学，2017.

［13］许雯.一带一路战略背景下新疆农产品出口政策研究［D］.咸阳：西北农林科技大学，2017.

［14］李元太.新形势下新疆优势农产品中亚市场开拓研究［D］.乌鲁木齐：新疆农业大学，2016.

［15］冷志杰，赵佳，马伊茗.粮食供应链管理的模式创新研究［J］.中国粮食经济，2019（5）：44-47.

［16］刘志林.当前新疆农产品流通体系存在的问题及改进建议［J］.新疆财经，2018（4）：21-29.

［17］房丽娜，郭静.供应商行为对农产品供应链绩效影响实证研究［J］.商业经济研究，2015（34）：29-31.

［18］姜方桃，杜新征，刘梦云.我国农产品供应链质量安全追溯体系构建研究［J］.合作经济与科技，2015（23）：65-67.

［19］朱长宁.基于可追溯系统的生鲜农产品供应链协调机制研究［J］.农村经济，2015（6）：106-109.

［20］王晓倩，曹殿立.郑州市生鲜农产品供应链绩效评价研究［J］.浙江农业科学，2015，56（6）：946-949.

［21］孙宇，吕丽静，王婷婷，等.农产品供应链绩效评价指标选取研究［J］.中国商贸，2014（31）：101-102.

［22］韩啸，何枫.农产品封闭供应链运作模式对供应链绩效的影响：以256家农业龙头企业为例［J］.财经科学，2014（11）：92-101.

［23］王浩澂.供应链环境下BSC-SCOR联合模型在农产品物流绩效评价中的应用［J］.物流技术，2014，33（19）：242-246.

［24］黄建业，霍佳震.BP神经网络在供应链绩效评价中的应用［J］.上海管理科学，2006（3）：57-59.

［25］王宇波.我国农业产业化进程中支持农产品供应链的几点思考［J］.财政与发展，2004（12）：43-45.

［26］刘琦.供应链关系稳定性因素对其绩效的影响研究［D］.宁波：宁波大学，2014.

［27］余燕芳.基于网络数据包络分析的供应链绩效评估［J］.统计与决策，2013（1）：51-53.

［28］宋巧娜.农产品供应链绩效评价研究［J］.安徽农业科学，2012，40（22）：11532-11534.

［29］高艳，冷志杰.基于农产品供应链的农业循环经济微观组织模式分

析［J］.中国农机化，2012（3）：47-51.

［30］周树华.“农超对接”引领中国农产品流通现代化［J］.商场现代化，2011（24）：5-8.

［31］林乐碳.基于DEA模型的农超对接模式的绩效研究［D］.北京：北京交通大学，2010.

［32］方青，邓旭东.绿色供应链绩效评价指标体系的研究［J］.商场现代化，2006（30）：116-117.

［33］邓俊淼，戴蓬军.行业协会发展与农产品供应链信息管理［J］.农村经济，2006（5）：38-41.

［34］王宁，黄立平.基于信息网络的农产品物流供应链管理模式研究［J］.农业现代化研究，2005（2）：126-129，144

［35］陈志祥.AHP方法在敏捷供应链协调绩效评价决策系统的应用［J］.计算机工程与应用，2003（33）：33-34，41.

［36］徐贤浩，马士华，陈荣秋.供应链绩效评价特点及其指标体系研究［J］.华中理工大学学报（社会科学版），2000（2）：69-72.

［37］徐贤浩，马士华，陈荣秋.供应链关键绩效评价指标及优化［J］.华中理工大学学报，2000（3）：30-32.

［38］刘柳.鲜食农产品跨境物流供应链管理模式的研究［J］.科学咨询（科技·管理），2019（10）：26-27.

［39］武雅敏，郭丽芳，马家齐，等.冲突管理、执行力与跨境农产品供应链联盟绩效影响研究［J］.世界农业，2018（7）：53-59.

［40］锁冠侠，熊政力.基于“一带一路”倡议背景下甘肃省农产品跨境电子商务发展策略［J］.社科纵横，2018，33（7）：33-35.

［41］唐艺青.中国-东盟农产品供应链物流问题研究［J］.中国市场，2017（26）：148-149.

［42］刘莉.运用跨境电商营销平台，扩大农产品海外营销渠道［J］.吉林农业，2016（23）：31-32.

［43］丁莉.“互联网+”背景下农产品供应链的发展趋势及完善途径［J］.商业经济研究，2016（20）：158-160.

［44］李睿.基于质量安全的农产品供应链管理创新研究［J］.江苏商论，2016（10）：15-17.

［45］赵清华，刘国峰，宋雨晨.基于层次分析法的环保型企业绩效模糊综合评价［J］.中国乡镇企业会计，2019（8）：170-171.

[46] 王霞, 张鹏金, 宋寒琪, 等. 层次分析法下长江经济带绿色发展的绩效评价: 以安徽省为例 [J]. 山西农经, 2019 (12): 1-4.

[47] 李中东, 尉迟晓娟, 刘龙山. 信息传导下的食品安全可追溯系统评价: 基于灰色模糊层次分析法 [J]. 食品安全导刊, 2019 (18): 179-182.

[48] 喻红, 罗容. 基于层次分析法的 YC 物流公司运输业务外包绩效评价 [J]. 智库时代, 2018 (50): 190-191.

[49] 王琳. 模糊综合层次分析法在战略绩效评价中的应用 [J]. 中外企业家, 2018 (11): 115-117.

[50] 杜丽霞. 基于平衡计分卡的绿色供应链绩效评价研究 [J]. 商业经济, 2017 (11): 124-125, 128.

[51] 柴利, 董晨. 贸易便利化的空间溢出对中国新疆与丝绸之路经济带沿线国家双边贸易的影响研究 [J]. 经济论坛, 2019 (8): 104-115.

[52] 张红丽, 刘芳. 丝绸之路经济带国际物流绩效对新疆进出口贸易影响研究 [J]. 石河子大学学报 (哲学社会科学版), 2018, 32 (1): 19-26.

[53] 许峰, 刘磊. 新疆与中亚五国农产品进出口贸易影响因素研究 [J]. 农业科学研究, 2017, 38 (3): 34-37.

[54] 张蕾. 新疆地区外商投资与进出口贸易关系的实证分析 [J]. 中央民族大学学报 (哲学社会科学版), 2015, 42 (1): 65-69.

[55] 马骥, 王志远. 中亚五国对外贸易与新疆经济增长的相关性 [J]. 南通大学学报 (社会科学版), 2015, 31 (1): 143-148.

[56] 彭丽琼, 任华. "丝绸之路经济带" 背景下新疆交通运输基础设施建设与进出口贸易的关系分析 [J]. 新疆社科论坛, 2014 (3): 60-65.

[57] 党菲, 孙慧, 付迪. 新疆出口贸易分析 [J]. 中国商贸, 2013 (32): 102-103.

[58] 原帼力. 新疆积极发展进口贸易的意义及对策 [J]. 新疆社科论坛, 2010 (1): 18-22.

[59] 高志刚, 刘伟. "一带" 背景下中国与中亚五国贸易潜力测算及前景展望 [J]. 山东大学学报 (哲学社会科学版), 2015 (5): 24-34.

[60] 刘琳秀. "一带一路" 背景下新疆面临的机遇和挑战 [J]. 经济论坛, 2015 (4): 41-43.

[61] 迪丽努尔·阿西木. 新疆与中亚五国贸易障碍分析 [J]. 合作经济与科技, 2015 (3): 76-77.

[62] 吴盼盼. 新疆与中亚五国边境贸易发展现状、制约因素及对策建议

[J]. 对外经贸, 2015 (1): 36-38.

[63] 贺铮. 新疆与中亚五国开展地缘经济合作必要性探析 [J]. 合作经济与科技, 2009 (23): 18-19.

[64] 靳瑶. 新疆兵团对中亚五国农产品出口的问题及对策研究: "一带一路" 背景下 [J]. 现代商贸工业, 2017 (24): 38-39.

[65] 张思雨. 基于供应链管理模式下农产品加工企业绩效评价研究 [D]. 哈尔滨: 哈尔滨商业大学, 2016.

[66] 李红, 张庆平, 尤立杰. 面向中亚国家的中国新疆农产品物流模式探讨 [J]. 俄罗斯中亚东欧市场, 2012 (2): 48-53.

[67] 孙林. 中国农产品贸易流量及潜力测算: 基于引力模型的实证分析 [J]. 经济学家, 2008 (6): 7.

[68] 胡鞍钢, 马伟, 鄢一龙. 丝绸之路经济带: 战略内涵、定位和实现路径 [J]. 新疆师范大学学报 (哲学社会科学版), 2014, 35 (2): 1-10.

[69] 丁晓星. 丝绸之路经济带的战略性与可行性分析—兼谈推动中国与中亚国家的全面合作 [J]. 人民论坛·学术前沿, 2014 (2): 71-78.

[70] 王保忠, 何炼成, 李忠民. "新丝绸之路经济带" 一体化战略路径与实施对策 [J]. 经济纵横, 2013 (11): 60-65.

[71] 张海森, 谢杰. 中国—东欧农产品贸易: 基于引力模型的实证研究 [J]. 中国农村经济, 2008 (10): 9.

[72] 李金叶, 舒鑫. "丝绸之路经济带" 构建中新疆经济定位的相关思考 [J]. 新疆大学学报 (哲学·人文社会科学版), 2013, 41 (6): 18-22.

[73] 唐立久, 穆少波. 中国新疆: "丝绸之路经济带" 核心区的建构 [J]. 新疆师范大学学报 (哲学社会科学版), 2014, 35 (2): 19-24.

[74] 高志刚, 杨习铭. 打造 "丝绸之路经济带" 特色商圈研究: 以霍尔果斯经济开发区为例 [J]. 新疆大学学报 (哲学·人文社会科学版), 2019, 47 (4): 1-8.

[75] 王晓鸿, 马旭东. 丝绸之路经济带文化产业全要素生产率: 时空演化与空间集聚 [J]. 财经理论研究, 2019 (4): 8-15.

[76] 蒿红可, 郭文强, 韩硕. "丝绸之路经济带" 背景下中国与中亚五国物流绩效研究 [J]. 物流科技, 2019 (7): 128-132.

[77] 蔡青青, 张文中. "丝绸之路经济带" 背景下中国与土库曼斯坦能源合作问题 [J]. 对外经贸实务, 2019 (6): 18-21.

[78] 解蕾, 方小刚. 丝绸之路经济带建设背景下中国与哈萨克斯坦能源

合作的法律问题研究 [J]. 俄罗斯研究, 2014 (6): 181-196.

[79] 卓乘风, 白洋, 邓峰. 产业转移、基础设施投资与区域创新能力研究: 基于丝绸之路经济带地区面板数据的分析 [J]. 华东经济管理, 2019 (7): 1-7.

[80] 王林彬, 李超光. 双边投资条约视阈下中国与中亚投资法律机制之完善 [J]. 新疆大学学报 (哲学·人文社会科学版), 2019, 47 (4): 35-42.

[81] 李文霞, 杨逢珉. 中国农产品出口丝绸之路经济带沿线国家的影响因素及贸易效率: 基于随机前沿引力模型的分析 [J]. 国际贸易问题, 2019 (7): 100-112.

[82] 杨波, 唐朱昌. 共建"丝绸之路经济带": 欧亚经济联盟国家学界的认知综述 [J]. 欧亚经济, 2019 (3): 102-124, 126, 128.

[83] 许涛. 丝绸之路经济带视角下的中亚地区文化环境研究 [J]. 俄罗斯东欧中亚研究, 2019 (3): 1-18, 155.

[84] 袁丹, 詹绍文. 政府补助、金融支持与丝绸之路经济带文化旅游业上市公司效率 [J]. 华东经济管理, 2019, 33 (6): 78-83.

[85] 王琴梅, 李娟. 产业结构演进对丝绸之路经济带"核心区"物流业效率的影响研究 [J]. 陕西师范大学学报 (哲学社会科学版), 2019, 48 (3): 128-140.

[86] 周晶. 丝绸之路经济带沿线国家贸易发展与经济增长关系的实证检验 [J]. 统计与决策, 2019, 35 (7): 141-144.

[87] 赵珊珊, 李红, 唐洪松. "丝绸之路经济带"沿线国家物流水平对新疆国际贸易的影响研究 [J]. 干旱区地理, 2017, 40 (4): 897-905.

[88] 张亚斌, 马莉莉. 丝绸之路经济带: 贸易关系、影响因素与发展潜力: 基于 CMS 模型与拓展引力模型的实证分析 [J]. 国际经贸探索, 2015, 31 (12): 72-85.

[89] 张海森, 谢杰. 中国—非洲农产品贸易的决定因素与潜力: 基于引力模型的实证研究 [J]. 国际贸易问题, 2011 (3): 45-51.

[90] 王维然. 哈萨克斯坦对外贸易的贸易引力模型实证研究 [J]. 俄罗斯研究, 2009 (2): 91-98.

[91] FISHER M L. What is the right supply chain for your product [J]. Harvard Business Review, 1997 (3): 105-116.

[92] AHUMADA O, VILLALOBOS J R. Application of planning models in the agrifood supply chain: A review [J]. European Journal of Operational Research,

2009, 196 (1): 1-20.

[93] BLANDON J, HENSON S, ISLAM T. Marketing preferences of small-scale farmers in the context of new agrifood systems: A stated choice model [J]. Agribusiness, 2009, 25 (2): 251-267.

[94] WILDING R, The supply chain complexity triangle-uncertainty generation in the supply chain [J]. International Journal of Physical Distribution & Logistics Management, 1998, 28 (8): 599-616.

[95] LEE H L, PADMANABHAN V, WHANG S J. The bullwhip effect in supply chain [J]. Sloan Management Review, 1997, 38 (4): 93-102.

[96] LEE H L, PADMANABHAN V, WHANG S J. Information distortion in a supply chain: The bullwhip effect [J]. Management Science, 1997, 43 (4): 546-558.

[97] BARRAT, MARK. Understanding the meaning of collaboration in the supply chain [J]. Supply Chain Management, 2004, 9 (1): 73-84.

[98] GUTTMAN J M. On the evolutionary stability of preferences for reciprocity [J]. European Journal of Political Economy, 2001 (6): 5-16.

[99] STOKKE H E. Multinational supermarket chains in developing countries: does local agriculture benefit [J]. Agricultural Economics, 2009, 40 (6): 645-656.